हिंदी भाषा के अध्येता

हिंदी भाषा के अध्येता

कैलाशचंद्र भाटिया

वाणी प्रकाशन

वाणी प्रकाशन

'लोगो' वाणी प्रकाशन : मक़बूल फ़िदा हुसेन

वाणी प्रकाशन, 4695, 21-ए, दरियागंज, नयी दिल्ली-110002
वाणी प्रकाशन, अशोक राजपथ (पटना कॉलेज के सामने), पटना (बिहार)

HINDI BHASHA KE ADHYETA

by Kailashchandra Bhatia

Linguistic

ISBN : 978-93-5000-484-5

प्रथम संस्करण

मूल्य : 350/-

वाणी प्रकाशन

फ़ोन : 0091#11#23273167, फ़ोन व फ़ैक्स 23275710

वेबसाइट : www.vaniprakashan.in

ई-मेल : vaniprakashan@gmail.com

आर.टेक ऑफसेट द्वारा दिल्ली-110095 में मुद्रित

विश्वविख्यात भाषाविद्
हिंदी की अस्मिता के प्रबल पोषक
प्रो. रवींद्रनाथ श्रीवास्तव
की स्मृति में

कुछ अपनी बात

अर्द्धशताब्दी से भी पहले भाषा-विज्ञान के उच्च अध्ययन से जुड़ा हुआ हूँ। पता नहीं कितने विश्वप्रसिद्ध भाषाशास्त्रियों से पढ़ने का अवसर मिला, उनसे विचार-विमर्श किया। सोचा, जो इस शास्त्र के आधारस्तंभ रहे हैं, उनके कृतित्व से नई पीढ़ी का परिचय कराया जाए। इसका ही प्रतिफल प्रस्तुत पुस्तक है।

मानव संसाधन विकास मंत्रालय के अंतर्गत उच्चशिक्षा विभाग में केंद्रीय हिंदी निदेशालय, नई दिल्ली की पत्रिका **'भाषा'** के स्तंभ **'भारतीय भाषाविद्'** का प्रारंभ भी मेरे आलेख से हुआ। बाद में भी इससे जुड़ा रहा। इस स्तंभ में लिखी गई सामग्री समेकित रूप से यहाँ दी जा रही है।

अनेक भारतीय विद्वानों ने हिंदी भाषा के विभिन्न पक्षों पर शोधपरक कार्य किए हैं जिनके कृतित्व पर परिशिष्ट में अकारादि क्रम से दिया गया है।

अनुप्रयुक्त भाषा विज्ञान के अनेक क्षेत्र विकसित हो गए हैं जिनमें से कुछ का विवरण भूमिका रूप में दिया जा रहा है। **इंटरनेट** के लिए जो विभिन्न चिट्ठे (ब्लाग) तैयार हो रहे हैं, उनका मात्र विवरण पृथक् पुस्तक का विषय है।

आज सबसे पहले स्मरण आ रहा है—ऋषि तुल्य व्यक्तित्व के धनी डॉ. सिद्धेश्वर वर्मा (जन्म सन् 1887) जिनके द्वारा शिक्षा मंत्रालय में पड़ी नींव पर ही आज भारत सरकार के केंद्रीय हिंदी निदेशालय तथा वैज्ञानिक तकनीकी शब्दावली आयोग स्थित हैं। अर्द्ध शताब्दी पूर्व आगरा विश्वविद्यालय में शिक्षा मंत्री द्वारा उनकी संस्तुति पर ही 'अंग्रेजी t और d' शोधपरक आलेख पर पुरस्कार शिक्षा मंत्री से ग्रहण किया था। डॉ. सिद्धेश्वर वर्मा द्वारा कुछ उल्लेखनीय कार्य हैं :

—क्रिटिकल स्टडीज इन फ़ोनेटिक आब्जर्वेशन्ज़ ऑफ इंडियन ग्रामेरियन्ज़

—ऐंटिनॉलोजीज ऑफ़ यास्क

—दरदी पहाड़ी, हिमालय की अनेक पहाड़ी बोलियाँ

—वैदिक वर्ड कॉनकार्डेंस (Concordance)

—स्टडीज इन द एक्सेंचुएशन ऑफ़ सामवेद 16 खंड

—Summary of G.A. Grierson's Linguistic survey of India प्रकाशित 1972-76, 3 vol. in 1500 Pages. संस्कृत तथा भारतविद्या विश्वेश्वरानंद विश्वबंधु संस्थान होश्यारपुर

अन्य व्यक्तियों में सर्वोपरि हैं—डॉ. रघुवीर (सन् 1902-1963)। डॉ. रघुवीर ने अनेक समस्याओं से जूझते हुए हिंदी में उस युग में शब्दावली-निर्माण का कार्य किया। संस्कृत की धातुओं के आधार पर उपसर्ग-प्रत्ययों के योग से विज्ञान तथा वनस्पति जगत के शब्द बनाए। अंग्रेजी की पारिभाषिक शब्दावली ग्रीक और लैटिन पर आधारित होती हैं। An themis nobilis के लिए 'कर्पूर-पुष्प' बनाया क्योंकि इस फूल में कर्पूर जैसी गंध होती है। जिन शब्दों के कारण उनके कार्य की आलोचना की गई, वे उनके शब्दकोश में नहीं हैं। उन्होंने चार लाख शब्दों का निर्माण कर सन् 1955 ई. में 'ए कॉम्प्रहेन्सिव इंगलिश-हिंदी डिक्शनरी' तैयार की। उन्होंने बाली, जावा, सुमात्रा, लाओस, वियतनाम, चीन, जापान, मंगोलिया आदि देशों की यात्राएँ कीं और दुर्लभ सामग्री एकत्र की। कोश का भूमिका भाग अत्यधिक महत्त्वपूर्ण है। उनके सिद्धांत के अनुसार ''प्रत्येक धातु से छह से आठ हजार तक संप्रयुक्त शब्द प्राप्त हो सकते हैं।''

डॉ. रघुवीर ने प्रायः हिंदी में लिखा। कुछ आलेख अवश्य अंग्रेजी में लिखे जिनका अनुवाद श्री रामचंद्र शर्मा ने हिंदी में किया है। उनके ये सभी आलेख 'हिंदी की ऊर्जा' सन् 1998 शीर्षक से प्रकाशित हैं (भगवती प्रकाशन, दिल्ली-53)। पाँच सौ धातुओं, बाईस उपसर्गों और अस्सी प्रत्ययों के योग-संयोग से लाखों शब्दों का निर्माण-कार्य किया गया है।

आचार्य देवेंद्रनाथ शर्मा ने हिंदी के विविध पक्षों पर अनेक ग्रंथ लिखे। लालबहादुर शास्त्री राष्ट्रीय प्रशासन अकादमी, मसूरी में जब भाषा-प्रयोगशालाओं (तार व बेतार) के लिए सामग्री-निर्माण की संगोष्ठी-कार्यगोष्ठी आयोजित की गई तो तत्कालीन निदेशक श्री टी.टी. साठे के निर्देश पर प्रो. देवेंद्रनाथ जी के निर्देशन में डॉ. महावीर सरन जैन, डॉ. सूरजभान सिंह, डॉ. अमरबहादुर सिंह तथा डॉ. जगन्नाथन के सहयोग से ही अखिल भारतीय तथा केंद्रीय सेवाओं के अधिकारियों के प्रशिक्षण हेतु पाठ तैयार किए गए। आचार्य शर्मा के कृतित्व पर वाणी प्रकाशन से ही 'आचार्य देवेंद्रनाथ शर्मा : समष्टिगत व्यक्तित्व' ग्रंथ प्रकाशित हुआ।

सुप्रसिद्ध कोशकार आचार्य रामचंद्र वर्मा की शताब्दी पर लेखक के सहयोग से 'कोश-विज्ञान सिद्धांत' ग्रंथ प्रकाशित हुआ। आचार्य ब्रजमोहन ने गणित के प्रोफ़ेसर होते हुए हिंदी भाषा के विविध पक्षों पर अनेक ग्रंथ लिखे :

अर्थविज्ञान, वाणी प्रकाशन, नई दिल्ली-2

भाषा और व्यवहार, वाणी प्रकाशन, नई दिल्ली-2

हिंदी की प्रकृति और शुद्ध प्रयोग, वाणी प्रकाशन, नई दिल्ली-2

विशेषण प्रयोग, वाणी प्रकाशन, नई दिल्ली-2

इंजीनियर होते हुए भी डॉ. महेशचंद्र गुप्त ने ऐतिहासिक महत्त्व की सामग्री पर 'हिंदी भाषा' में शोधकार्य किए। रेल मंत्रालय से निदेशक, राजभाषा (हिंदी) के पद से अवकाश प्राप्त किया। दूसरे शास्त्र में निष्णात होते हुए कई विद्वानों ने हिंदी के लिए कार्य किया।

'लिपि' के क्षेत्र में महामहोपाध्याय डॉ. गौरीशंकर हीराचंद ओझा (सन् 1863-1947) का नाम सर्वोपरि है। प्राचीन भारतीय लिपियों के द्वारा तथा शिलालेखों के पढ़ने में ओझा जी अद्वितीय थे। उनकी सुप्रसिद्ध पुस्तक लिपि माला के शताब्दी समारोह के अवसर पर चौदह सितंबर सन् 1994 को पुरातत्त्व संग्रहालय तथा भाषा निदेशालय के तत्वावधान में जयपुर में इन पंक्तियों के लेखक को विशिष्ट भाषण देने का अवसर मिला। ओझा जी ने नागरी प्रचारिणी पत्रिका का संपादन भी किया। उनके विश्वप्रसिद्ध ग्रंथ हैं :

1. प्राचीन लिपिमाला, सन् 1894 ई.।
2. प्राचीन लिपिभाषा (बृहद् रूप), सन् 1918 ई.।
3. अशोक की धर्मलिपियाँ।

लिपि के क्षेत्र में संत विनोबा का अद्वितीय योगदान है। डॉ. परमानंद पांचाल के नेतृत्व में नागरी लिपि परिषद्, नई दिल्ली-2 यह कार्य कर रही है। एक लिपि विस्तार की दृष्टि से बंगाल के जस्टिस शारदाचरण मित्र (सन् 1848-1917 ई.) का नाम उल्लेखनीय है। शताधिक शोधार्थी इस कार्य में संलग्न हैं। नागरी प्रचारिणी सभा, वाराणसी का सराहनीय कार्य है। महामना मदनमोहन मालवीय के सतत प्रयासों से बीस अप्रैल, 1900 को कचहरी में नागरी लिपि का पुनः प्रवेश हुआ जिसक़े शताब्दी समारोह सन् 2000 में लखनऊ में लेखक का सम्मान हुआ। कंप्यूटर की दृष्टि से भा.प्रौ.सं. कानपुर व सी-डैक पुणे के इंजीनियरों ने कमाल कर दिया है।

विदेशियों द्वारा हिंदी भाषा के विविध पक्षों पर सैकड़ों शोधकार्य किए गए

है। हिंदी की प्रथम-प्रथम व्याकरण लिखने का श्रेय डच निवासी केटलर को है। मात्र 'क्रिया' से संबंधित कार्य भी अनंत है। हार्नले के धातु संग्रह (वर्ब रूट्स) का विस्तार से वर्णन किया गया है। अन्य कार्यों में उल्लेखनीय हैं :

- आधुनिक साहित्यिक हिंदी में कठिन अस्पष्ट क्रियाएँ–करना, होना, देना (वी.ए. चेर्नीशेव), मास्को, सन् 1961
- हिंदी क्रिया (नारमन जाइड), शिकागो, सन् 1964
- हिंदी की सरल क्रियाओं में बलात्मक स्वराघात (आरपद डेब्रेकज़ेनी), सन् 1972
- विधेय का कर्त्ता और मुख्य क्रिया (जा.मो. दीमशित्स) हिंदुस्तानी-21 (3) सन् 1960
- हिंदी कृदंत (विनसेक पोरिज्का) सन् 1950
- हिंदी में यौगिक और संयुक्त क्रिया (जे. बर्टन पेज) SOAS, लंदन, 19 (3) सन् 1957
- हिंदी भाषा में 'रहना' क्रिया (वी.एम. ब्रेस्कोवनिज) (अनेक शोधपरक आलेख) सन् 1960
- संभावनार्थक, हेतुमद और आज्ञार्थक वृत्ति (वी.पी. लिपरोवस्किज) मास्को, 1962
- हिंदी क्रियापद (ओ मेन वैन) शोध प्रबंध, टेक्सास, सन् 1970
- भाववाचक क्रियार्थक वाक्यविचार (माइकेल सी. शपीरो), सन् 1974, शिकागो
- निरपेक्ष रचना (राल्फ शुभिशेर), फ्रेंकफर्ट, सन् 1977
- हिंदी क्रिया कोश–डॉ. हेल्मुत नेस्पिताल, लोकभारती, इलाहाबाद
- हिंदी क्रियार्थक धातु (ओडोलेन स्माइकेल स्मेकल), प्राहा, सन् 1971
- हिंदी में यौगिक क्रिया (पीटर एडविन हुक), पेंसिलवेनिया, सन् 1973
- हिंदी में काल तथा पक्ष (ज्याफ़री जेम्स हैकमेन) इलिनाय, सन् 1976
- सहायक क्रियाओं के प्रयोग (पाल हैकर) जर्मनी, मेन्ज़, सन् 1963
- 'हुआ' कृदंत के गुण तथा प्रयोग (मार्गोट हैलसिग) लीपज़िग (जर्मनी), सन् 1967
- हिंदी में क्रिया : एक व्याकरणिक अनुसंधान (आलेग जार्जविच उलातिसिफिरोवा), पराग प्रकाशन, दिल्ली, 1979

– हिंदी क्रियाओं में विषमता (रूरी) (टी.के. एलिजाऐनकोवा), मास्को, सन् 1962 ई.

– साधारण तथा व्युत्पन्न क्रियाएँ (एन.वी. गुरोव), रूस, सन् 1960 ई.

भारतीय भाषाओं के प्रबल पोषक टर्नर, ज़्यूल ब्लाख़ से आज तक दीर्घ परंपरा है। सब भारतीय भाषाओं के अध्येताओं के नाम अनगिनत हैं।

'शुद्ध हिंदी' (मानक हिंदी) कैसे लिखें, इसके भी निरंतर प्रयास भारतेंदु काल से होते रहे और आचार्य महावीर प्रसाद द्विवेदी ने **'सरस्वती'** पत्रिका के माध्यम से निरंतर प्रयास किए। बाद में श्रीनारायण चतुर्वेदी के संपादकत्व में भी यह प्रयास चलता रहा। आचार्य रामचंद्र वर्मा की लिखी **'अच्छी हिंदी'** के पर्याप्त संस्करण निकलते रहे। उनके उत्तराधिकारी डॉ. बदरीनाथ कपूर भी इस दिशा में लिखते रहे। दैनिक समाचार-पत्र **'जनसत्ता'** के माध्यम से **'रचना'** द्वारा काफ़ी समय तक स्तंभ चलता रहा।

डॉ. रमेशचंद्र महरोत्रा विभिन्न पत्रिकाओं के माध्यम से पाठकों को इस दिशा में सजग करते रहे। भाषा प्रयोगों पर डॉ. बालमुकुंद लिखते रहे। यही बात निम्नलिखित पुस्तकों में भी जोरदार शब्दों में प्रस्तुत की गई :

हिंदी शब्द मीमांसा (आचार्य किशोरीदास वाजपेयी), वाणी प्रकाशन, न. दि.-2।

अच्छी हिंदी : कैसे बोलें, कैसे लिखें (डॉ. भोलानाथ तिवारी) लिपि प्रकाशन, सन् 1978।

शुद्ध हिंदी कैसे सीखें (राजेंद्रप्रसाद सिन्हा), भारती भवन, पटना, सन् 1940।

हिंदी भाषा का वर्तमान रूप (चंद्रगुप्त वार्ष्णेय), साहित्यागार, जयपुर, सन् 1991।

हिंदी की प्रकृति और शुद्ध प्रयोग (ब्रजमोहन), वाणी प्रकाशन, न. दि.-2

कई पत्रिकाओं में 'शब्दचर्चा', 'भाषानुशासन', 'शब्दों की निरुक्ति', 'ये बंजारे शब्द', 'भाषायी शुचिता' 'अक्षर' आदि स्तंभ चल रहे हैं।

'भाषा और प्रौद्योगिकी' पर यत्र-तत्र पुस्तकों में अध्याय तो हैं ही पर पहली बार भारतीय प्रौद्योगिकी संस्थान कानपुर में इस विषय पर विशाल संगोष्ठी संपन्न हुई जिसका विवरण **'भाषा और प्रौद्योगिकी'** शीर्षक से डॉ. गिरिराज किशोर के संपादकत्व में सन् 1988 ई. में प्रकाशित हुआ जिसमें लेखक का आलेख **'विज्ञान तथा तकनीकी क्षेत्र में संक्षिप्तियों का महत्त्व'** प्रकाशित हुआ है। भा.प्रौ.सं. कानपुर में ही अनुवाद की यांत्रिक पद्धति पर आधारित **'अनुसारक'** विकसित हुआ। **'जिस्ट'** के विकास का श्रेय भी इसी संस्थान को है।

इस दिशा में अन्य उल्लेखनीय पुस्तकों के प्रकाशन का श्रेय वाणी प्रकाशन को है :

'भाषा और प्रौद्योगिकी' (डॉ. विनोद प्रसाद, भा.प्र.सं., मुम्बई) सन् 1999

'कंप्यूटर के अनुप्रयोग' (डॉ. विजयकुमार मल्होत्रा) सन् 1996 ई.

अन्य उल्लेखनीय नाम हैं, सी-डैक पुणे के श्री हेमंत दरबारी, डॉ. वी.एन. शुक्ल, डॉ. वी. सिन्हा, डॉ. सूरजभान सिंह, डॉ. ओमविकास, डॉ. शैलेंद्र शर्मा आदि, अनेक।

अब तो कंप्यूटर के विभिन्न पक्षों पर खिचड़ी भाषा के स्थान पर मूलतः कंप्यूटर भाषा **'रचना'** इंटेल अभियांत्रिकी महाविद्यालय कोटा के तत्त्वावधान में बना ली गई है।

दक्षिण भारत की द्रविड़ भाषाओं का विशेष अध्ययन दकन कॉलेज, पुणे में रहते हुए प्रो. मीनाक्षीसुंदरम् की कक्षाओं में किया। बाद में सन् 1957 में शरदकालीन स्कूल में अण्णामलै विश्वविद्यालय में रहने का सौभाग्य मिला। उसके अनंतर कई बार अण्णामलै विश्वविद्यालय जाता रहा। **हिंदी में अंत्य 'अ'** की स्थिति की जाँच-पड़ताल भी इसी विश्वविद्यालय की प्रयोगशाला में की गई।

शोधकार्य की दृष्टि से हिंदी-मलयालम तथा हिंदी-कन्नड़ की समान शब्दावली का अध्ययन क्रमशः प्रो. वेल्लयाणी अर्जुनन तथा डॉ. सोम शेखर 'सोम' से करवाया। **'हिंदी को केरल की देन'** पर अध्ययन डॉ. जी. गोपीनाथन ने किया, जो वर्तमान में महात्मा गाँधी अंतरराष्ट्रीय हिंदी विश्वविद्यालय, वर्धा के कुलपति रहे हैं। कन्नड़ के विद्वान डॉ. आर.सी. हिरेमठ दकन कॉलेज, पुणे में मेरे साथ ही रहते थे, जो बाद में कन्नड़ विश्वविद्यालय, धारवाड़ के कुलपति भी रहे।

केरल विश्वविद्यालय, तिरुअनंतपुरम् को ही प्रो. सुब्रह्मनियम के नेतृत्व में **'केरल की भाषायी एटलस'** बनाने का सौभाग्य प्राप्त हुआ। हैदराबाद स्थित केंद्रीय विश्वविद्यालय के कुलपति प्रो. भ. कृष्णमूर्ति द्वारा बनाए गए **'तेलुगु कोश'** का भरपूर प्रयोग **'भाषा-भूगोल'** (उ.प्र. हिंदी संस्थान) पुस्तक में किया गया।

हिंदी के मूर्द्धन्य प्रो. धीरेंद्र वर्मा की स्मृति में जो भाषणमाला हिंदुस्तानी एकेडेमी, इलाहाबाद में मेरे द्वारा दी गई, उसका विषय था—**'हिंदी तथा भारतीय भाषाओं में समान तत्त्व'**। यह ग्रंथ पुस्तकाकार भी एकेडेमी से प्रकाशित हुआ है।

भाषा-शास्त्र के अनुप्रयोग के विविध क्षेत्र हैं, जिनमें अनुवाद और भाषा-शिक्षण प्रमुख हैं। अनुवाद के क्षेत्र में केंद्रीय अनुवाद ब्यूरो (राजभाषा-विभाग) तथा भारतीय अनुवाद परिषद्, नई दिल्ली-1 प्रमुख संस्थाएँ हैं। व्यावहारिक अनुवाद के क्षेत्र में

दक्षिण का केरल राज्य सक्रिय है, जहाँ वयोवृद्ध डॉ. एन.ई. विश्वनाथ अय्यर, सबसे आगे हैं। डॉ. अय्यर की तीन पुस्तकें हैं :

व्यावहारिक अनुवाद

अनुवाद : भाषाएँ-समस्याएँ

अनुवाद कला

महात्मा गाँधी अंतरराष्ट्रीय हिंदी विश्वविद्यालय, वर्धा के पूर्व कुलपति डॉ. जी. गोपीनाथन ने विश्वविद्यालय में जहाँ अनुवाद के पाठ्यक्रम निर्धारित किए हैं, वहीं उनकी निजी पुस्तक भी है, जिस पर नातालि पुरस्कार से सम्मानित भी किए गए थे। श्री कंदस्वामी के साथ बृहत् परिवेश में **'अनुवाद की समस्याएँ'** (The Problems of Translation) सन् 1993 ई. (लोकभारती, इलाहाबाद) संपादित की थी। कालीकट विश्वविद्यालय के प्रो. आरसु तथा कोचीन विश्वविद्यालय के प्रो. अरविंदाक्षन इस दिशा में सक्रिय हैं। केरल विश्वविद्यालय, तिरुवनंतपुरम् के हिंदी विभाग की प्रो. तंकमणि अम्मा को भारतीय अनुवाद परिषद्, नई दिल्ली सम्मानित कर चुका है। भारतीय अनुवाद परिषद्, नई दिल्ली की तिरुवनंतपुरम् शाखा भी काफ़ी लोकप्रिय है। हिंदी अकादमी के अध्यक्ष डॉ. विश्वम भी इस दिशा में आगे हैं। यही स्थिति सभी राज्यों की है। भारतीय अनुवाद परिषद्, नई दिल्ली से 'अनुवाद' पत्रिका भी प्रकाशित होती है।

इस दिशा में लेखक की दो पुस्तकें प्रकाशित हो चुकी हैं :

अनुवाद कला : सिद्धांत और प्रयोग, तक्षशिला प्रकाशन, नई दिल्ली-2

अनुवाद : प्रक्रिया और स्वरूप, तक्षशिला प्रकाशन, नई दिल्ली-2

इस क्षेत्र में भारतीय अनुवाद परिषद् काफी सक्रिय है, प्रथम पुस्तक पर प्रथम 'नातालि पुरस्कार' प्रदान किया गया।

वाणी प्रकाशन से निम्नलिखित प्रमुख पुस्तकें इस क्षेत्र में प्रकाशित हुई हैं :

अनुवाद : प्रक्रिया एवं परिदृश्य—डॉ. गीतारानी पालीवाल

अनुवाद सिद्धांत की रूपरेखा—डॉ. सुरेश कुमार

अनुवाद कार्यदक्षता—डॉ. महेंद्रनाथ दुबे

भाषांतरण कला, एक परिचय अन्य अनेक पुस्तकें—डॉ. मधु धवन

भारतीय भाषाएँ और हिंदी अनुवाद : समस्या-समाधान—डॉ. कैलाशचंद्र भाटिया

अनुवाद क्या है?—डॉ. राजमल बोरा

अनुवाद का क्षेत्र सीधे प्रयुक्ति (रजिस्टर) से संबंधित है :

राजभाषा हिंदी विवेचना और प्रयुक्ति—डॉ. किशोर वासवानी

राजभाषा विविधा—डॉ. माणिक मृगेश

गुजरात विद्यापीठ के हिंदी-विभाग में कार्यरत डॉ. रामगोपाल सिंह की अनेक पुस्तकें इस क्षेत्र में हैं। वह अनुवाद सिद्धांत पर पत्रिका भी प्रकाशित करते हैं।

कोशकारों में देशी-विदेशी अनेक विद्वान हैं। संस्कृत कोशों की दीर्घ परंपरा है। हिंदी कोश कार्य में बाबू श्यामसुंदर दास के नेतृत्व में यह कार्य पिछली शताब्दी के प्रारंभ में शुरू हुआ जिसको पूर्ण करने में आचार्य रामचंद्र शुक्ल व बाबू रामचंद्र वर्मा प्रमुख रहे। अकेले कार्य करने में डॉ. रघुवीर, फ़ादर कामिल बुल्के, डॉ. हरदेव बाहरी, डॉ. भोलानाथ तिवारी, डॉ. बदरीनाथ कपूर, स्वामी सत्यप्रकाश, प्रो. जगन्नाथन, श्याम सुन्दर वर्मा, डॉ. ब्रजकिशोर शर्मा[1] आदि प्रमुख हैं। श्री ब्रज बिहारी कुमार ने भारत के उत्तर-पूर्व की (विशेषतः नागालैंड) भाषाओं के कोश बनाए। भारत सरकार के मानव संसाधन विकास मंत्रालय के अंतर्गत केंद्रीय हिंदी निदेशालय द्वारा अनेक द्विभाषिक तथा त्रिभाषिक कोश प्रकाशित हुए हैं। 'भारतीय भाषा कोश' अप्रतिम उदाहरण है।

लेखक ने स्वयं कई कोशों का निर्माण किया है :

—अखिल भारतीय प्रशासन कोश

—प्रशासन कोश

—अंग्रेजी-हिंदी अभिव्यक्ति कोश

—हिंदी-अंग्रेजी अभिव्यक्ति कोश

—अंग्रेजी-हिंदी शब्दों का ठीक प्रयोग

अनुप्रयुक्त भाषा-विज्ञान की अनेक शाखाओं में शताधिक शोधार्थी अनुसंधान कर रहे हैं। सर्वाधिक महत्त्वपूर्ण कार्य वाराणसी हिंदू विश्वविद्यालय के डॉ. आर. आर. महरोत्रा ने वाराणसी की गुप्त भाषा (कोड) पर कार्य किया और अंग्रेजी में "Sociolinguistics in Hindi Context" शीर्षक से ग्रंथ भी प्रकाशित किया।

आचार्य हजारी प्रसाद द्विवेदी के सद्प्रयासों से वाराणसी विश्वविद्यालय से अनेक उच्चकोटि के कार्य संपन्न हुए : 'अपभ्रंश और हिंदी' (डॉ. नामवर सिंह), 'सूरपूर्व ब्रजभाषा' (डॉ. शिवप्रसाद सिंह), 'हिंदी की संयुक्त क्रियाएँ' (डॉ. काशीनाथ सिंह) इसी दिशा में पंजाब विश्वविद्यालय से 'पुरानी अवधी' (डॉ. विश्वनाथ त्रिपाठी) पर शोधकार्य संपन्न कराया।

ये शोधकार्य हिंदी के लिए आधार स्तंभ बने। आचार्य द्विवेदी ने स्वयं **'हिंदी**

1. 'विधिकोश' तथा 'बैंकिंग कोश' के निर्माण में विशेष योगदान है।

भाषा का ऐतिहासिक व्याकरण' तैयार किया।

विभिन्न विश्वविद्यालय के भाषा-विज्ञान तथा अंग्रेजी विभागों में कार्यरत प्रोफ़ेसरों ने भी हिंदी के विभिन्न पक्षों पर शोधकार्य स्वयं किया है और शोधार्थियों से करवाया है। कुछ उल्लेखनीय नाम हैं :

डॉ. आर.एस. गुप्त—A Sociolinguistic Study of the use of mixed Hindi-English in metro, Delhi

—हिंदी भाषा का समाजशास्त्र

डॉ. सी.जे. दासवानी—Some Theoretical Implications for Investigating Indian English

प्रो. कपिल कपूर—विवक्षा तथा तात्पर्य (भर्तृहरि)

अंग्रेजी की आगत शब्दावली का अध्ययन लेखक ने स्वयं अर्द्धशताब्दी पूर्व किया था, जिसको हिंदुस्तानी एकेडेमी, इलाहाबाद द्वारा प्रकाशित किया गया है। बाद में अपने साथी डॉ. ब्रज काचरू तथा डॉ. रविशेखर वर्मा, डॉ. एस.के. वर्मा ने आगे बढ़ाया। डॉ. ब्रज काचरू का कार्य विस्तृत रूप में **"The Indianization of English"** शीर्षक से आक्सफ़र्ड प्रेस से सन् 1983 में प्रकाशित हुआ।

अन्य विश्वविद्यालयों में भी उल्लेखनीय शोधकार्य हो रहे हैं, उदाहरणार्थ—

लखनऊ विश्वविद्यालय, लखनऊ में डॉ. उषा सिन्हा।

वाराणसी हिंदू वि.वि. वाराणसी में डॉ. रामबख्श मिश्र।

गुरुनानक वि.वि. अमृतसर में प्रो. शीतांशु तथा डॉ. सुधा जितेंद्र

दयानंद वि.वि., रोहतक में प्रो. नरेश मिश्र तथा प्रो. जे.डी. सिंह

दिल्ली वि.वि., दिल्ली में डॉ. कृष्णदत्त शर्मा, डॉ. महेंद्र, डॉ. कृपाशंकर सिंह

जबलपुर वि.वि., डॉ. म. शरन सैंगर।

प्रस्तुत कृति **'भाषा-विज्ञान का इतिहास'** नहीं है। जिन पाठकों की रुचि इतिहास में हो, वे कृपया निम्नलिखित कृतियों से सहायता लें :

अभिनव भाषा-विभान (डॉ. उदयनारायण तिवारी) सन् 1983 ई., किताब महल, इलाहाबाद।

आधुनिक भाषा-विज्ञान का इतिहास (डॉ. महेशप्रसाद जायसवाल), सन् 1981 ई., म.प्र. हिंदी ग्रंथ अकादमी, भोपाल।

समय-समय पर अपने पूज्य, अग्रज, साथियों के कृतित्व पर जो लिखा गया, उस सामग्री का समग्र रूप ही इस कृति में है। अपने आत्मीय तथा दक्षिण भारत हिंदी प्रचार सभा के तत्त्वावधान में उच्च शिक्षा व शोध संस्थान के कुल सचिव

डॉ. दिलीप सिंह ने इसके प्रकाशन में रुचि ली। बिटिया डॉ. रचना ने भी अनेक सुझाव दिए। दोनों इतने निकट हैं कि उनको धन्यवाद देकर दूरी नहीं लाना चाहता हूँ।

वाणी प्रकाशन के चि. अरुण को श्रेय है कि यह पुस्तक पाठकों तक पहुँच रही है।

–कैलाशचंद्र भाटिया

अनुक्रम

अंबा प्रसाद 'सुमन', अनिल विद्यालंकार, अन्विता अब्बी, अमर बहादुर सिंह, अशोक केळकर, इम्तियाज हसनैन, उदयनारायण सिंह, एच.एस.गिल, ओंकारनाथ कौल, कमल सिंह, कालीचरन बहल, कृपाशंकर सिंह, कृष्णकुमार गोस्वामी, कैलाशचंद्र अग्रवाल, गुरु प्रसाद श्रीवास्तव, गोपाल शर्मा (पी.), चंद्रभान रावत, चतुर्भुज सहाय, चित्तरंजन कर, जगदेव सिंह, जगन्नाथन (वी.रा.), जयरामन (पी.), ज्योत्स्नामयी, ज्ञानशंकर पांडेय, ठाकुरदास, तेजकृष्ण भाटिया, दयानंद श्रीवास्तव, देवीदत्त शर्मा, देवीप्रसन्न पटनायक, देवीशंकर द्विवेदी, परमानंद पांचाल, बदरीनाथ कपूर, बलवीर प्रकाश गुप्त, बालगोविंद मिश्र, ब्रजवासी लाल श्रीवास्तव, ब्लादिमीर मिल्तनेर, भगवानदीन मिश्र, मंजरी ओहाला, मसूद हुसैन खाँ, महावीर सरन जैन, महेंद्र, माता प्रसाद गुप्त, माता बदल जायसवाल, मुरलीधर श्रीवास्तव, मुरारीलाल उप्रैति, यमुना काचरू, रमानाथ शर्मा, रमानाथ सहाय, रमेशचंद्र महरोत्रा, राजगोपालन (एन. वी.), राजमल बोरा, रामचंद्र वर्मा, रामप्रकाश कुलश्रेष्ठ, रामप्रकाश दीक्षित, रामप्रकाश सक्सेना, रामबख़्श मिश्र, रामविलास शर्मा, रामेश्वर प्रसाद अग्रवाल, लक्ष्मण प्रसाद सिन्हा, लछमन मूलचंद खूबचंदानी, लक्ष्मीनारायण मित्तल, लक्ष्मीबाई बालचंद्रन, विजय कुमार मॅल्होत्रा, विजय राघव रेड्डी, विश्वजीत, वैश्ना नारंग, व्रजेश्वर वर्मा, वृशभ प्रसाद जैन, (पाण्डेय), शशिभूषण 'शीतांशु', शारदा भसीन, श्याम प्रकाश, सरयूप्रसाद अग्रवाल, सुधा कालरा, सुब्बाराव (क. वें.), सुरेश कुमार, सूरजभान सिंह, हंसराज दुआ, (हरीश) हरिशचंद्र (शर्मा), हीरालाल शुक्ल, हेमा उप्रैति।

जॉन बीम्स
[सन् 1837-1902]

सन् 1837 ई. में ग्रीनविच अस्पताल में जॉन बीम्स (John Beams) का जन्म हुआ। सेंट जेम्स प्रीचर के आप जेष्ठ्य पुत्र थे। आपकी शिक्षा-दीक्षा मर्चेंट टेलर्ज स्कूल में हुई। डॉ. हेसिंग के सुयोग्य निर्देशन में आपका अध्ययन हुआ। यहीं से भारतीय सिविल सर्विस में आपकी सेवाएँ ले ली गईं। इसके पश्चात् आपका अध्ययन हेलबरी कॉलेज में हुआ। यहीं पर आपने क्लासिक तथा संस्कृत में पुरस्कार तथा फारसी में मैडल प्राप्त किया। 1857 के ठीक बाद आपका भारत में प्रथम बार सन् 1858 में आगमन हुआ। पंजाब में आपकी सेवाएँ मार्च 1859 से सन् 1861 के अंत तक रहीं। दिसंबर, 1861 से सेवाओं की मुक्ति तक आप विभिन्न पदों पर बंगाल में ही कार्य करते रहे। सन् 1867 ई. में आप स्थायी कलेक्टर, सन् 1881 में कमिश्नर तथा अंत में बोर्ड ऑफ रेवेन्यू के सदस्य हुए। सन् 1883 में जबकि आप आई.सी.एस. से सेवा-मुक्त हुए आप विपुल ज्ञान राशि से संपन्न हो चुके थे। सौभाग्य से बीम्स महोदय अबतक भारत के सुदूर पंजाब तथा सुदूर बंगाल में रहने के कारण भारतीय आर्य-भाषाओं के अनेक रूपों से परिचित हो चुके थे। इस दृष्टि से अब आप इन भाषाओं का गंभीर विवेचन करने के लिए तैयार थे।

अपनी संचित ज्ञान-राशि का सबसे पहला उद्घाटन आपने सन् 1867 ई. में प्रकाशित 'भारतीय भाषा-विज्ञान की रूपरेखा' (Outline of Indian Philology) के रूप में किया जिससे उनके गंभीर ज्ञान, विवेचन-शक्ति तथा विश्लेषणात्मक पद्धति का परिचय मिलता है। इसमें सर्वप्रथम भारतीय भाषाओं का मानचित्र भी प्रस्तुत किया गया था। समस्त पुस्तक 6 अध्यायों में विभक्त है। प्रथम अध्याय में भाषाओं का वर्गीकरण, द्वितीय अध्याय में भारतीय भाषाओं का फैलाव वर्णित

है, जिसमें सबसे पहले बड़े स्पष्ट शब्दों में यह स्वीकार किया गया है कि सबसे विशाल क्षेत्र में हिंदी फैली हुई है। हिंदी की सीमाओं का स्पष्ट वर्णन भी यहाँ उपलब्ध है। तृतीय अध्याय में भाषाओं के विकास की अवस्थाएँ, चौथे अध्याय में भाषाओं की पारिवारिक विशेषताएँ, पाँचवें अध्याय में बोलियों पर (भारतीय भाषाएँ) तथा छठे अध्याय में किसी नई भाषा के अध्ययन पर विचार किया गया है। पुस्तक के अंत में परिशिष्ट में दस तक की संख्या के पहाड़ी भाषाओं तथा द्रविड़ भाषाओं के रूप तथा तुरेनियन बोलियों में द्रविड़ भाषा के साथ सर्वनामों के रूपों का चार्ट प्रस्तुत किया गया है।

ग्रियर्सन ने इसकी समीक्षा में लिखा : ''इसके कुछ अंश एक नवीन भाषा के अध्ययन और आलेखन के संकेत आज भी उतने मूल्यावान हैं जितना प्रथम प्रकाशन के समय।''

इस ग्रंथ के प्रकाशन से पूर्व ही सन् 1866 में आपका प्रथम लेख एशियाटिक सोसायटी ऑफ बंगाल के जर्नल में संस्कृत 'ओम' तथा हिब्रू 'अमेन' पर प्रकाशित हुआ।

इसी समय आपने सेमेटिक भाषा के संबंध में विचार प्रकट करते हुए राजकीय हिंदुस्तानी में अरबी तत्त्व की समस्या पर निबंध लिखे।

बीम्स के भारत-प्रवेश के समय काल्डवेल महोदय ने द्रवेडियन भाषाओं का तुलनात्मक अध्ययन प्रस्तुत कर दिया था, जिससे प्रेरणा प्राप्त कर बीम्स महोदय आर्य-भाषाओं पर एक तुलनात्मक व्याकरण प्रस्तुत करना चाहते थे। इस योजना के अनुसार आपने 'भारतीय भाषाओं का तुलनात्मक व्याकरण' Comparative Grammar of Modern Aryan Language of India नामक पुस्तक तीन खंडों में प्रकाशित की थी जिसका प्रथम भाग–ध्वनि सन् 1872 में, द्वितीय–संज्ञा व सर्वनाम सन् 1875 में तथा तृतीय भाग–क्रिया सन् 1879 में प्रकाशित हुआ। भारतीय भाषा-विज्ञान के क्षेत्र में आधुनिक भाषाओं का जहाँ इस अध्ययन से सूत्रपात हुआ, वहाँ यह अध्ययन आगे के अध्ययन की आधारशिला बन गया। प्रथम भाग में लंबी भूमिका है। आज लगभग 100 वर्ष पश्चात् बीम्स की अनेक मान्यताएँ बदल सकती हैं, पर इस दिशा में कार्य करने वालों को उन्होंने जो मार्ग-दर्शन कराया वह महत्त्वपूर्ण है। प्रसिद्ध भाषाशास्त्री तारापुरवाला ने इस ग्रंथ पर टिप्पणी करते हुए लिखा है :

> "It is a masterpiece in its own way and it has been the foundation of all Subsequent works on Modern Indo Aryan."

इस ग्रंथ के प्रथम खंड के प्रकाशित होते ही डॉ. ट्रंप का सिंधी व्याकरण और डॉ. हार्नली का गोडियन भाषाओं का तुलनात्मक व्याकरण प्रकाशित हुआ। तीनों महानुभाव समान आधार लेकर तीन दिशाओं की ओर मुड़े। तीनों ने ही भारतीय भाषाओं के विकास में प्राकृतों तथा अपभ्रंशों का महत्त्वपूर्ण स्थान प्रतिपादित किया और प्राकृतों तथा अपभ्रंशों के अनेक स्वरूपों का विश्लेषण कर उनके बदलते हुए रूपों के नियमों को स्थिर किया। इसी आधार पर डॉ. सुनीति कुमार चाटुर्ज्या ने बीम्स को भारतीय भाषा-विज्ञान का संस्थापक उसी प्रकार स्वीकार किया है जैसे भारोपीय भाषा-विज्ञान के बॉप हैं। उनकी आत्मकथा **'मेमोयर्स ऑफ ए बंगाल सिविलियन'** सन् 1861 में प्रकाशित हुई जिसमें लिखा कि "मेरे व्याकरण का इंग्लैंड में अच्छा स्वागत हुआ।"

बीम्स का तीसरा उल्लेखनीय कार्य सन् 1891 में प्रकाशित 'बंगाली व्याकरण' है जिसकी समालोचना कवींद्र रवींद्रनाथ टैगोर ने की थी। इसमें बंगाली की साहित्यिक भाषा के स्वरूप का विश्लेषण ही नहीं किया गया है वरन् उससे भिन्न बोलचाल की भाषा का अध्ययन किया गया। आप बंगाल की एशियाटिक सोसायटी के जर्नल तथा इंडियन एंटीक्वेरी में निरंतर लिखते रहे।

आपके लिखे हुए कुछ महत्त्वपूर्ण लेख इस प्रकार हैं :

1. नेपाल की मगर भाषा, सन् 1868-1870।
2. चंपारन में बोली जाने वाली भोजपुरी का रूप, सन् 1870।
3. आधुनिक आर्यभाषाओं से उड़िया का संबंध, सन् 1872।
4. बिहारी भाषाओं का तुलनात्मक कोश, सन् 1885।
5. चंदबरदाई के भाषा संबंधी व्याकरण का अध्ययन, सन् 1873।
6. प्राच्य भाषाशास्त्र में पुरानी हिंदी की वर्तमान अवस्था, इंडियन एंटिक्वेरी (भाग-1)।
7. उर्दू या हिंदुस्तानी भाषा का डाउसन का व्याकरण, वही, भाग-2।
8. संबंधकारक, वही, भाग-3।
9. बिहारी भाषा की बोलियों और उपबोलियों का ग्रिसर्यन का व्याकरण, वही, भाग-4।

सन् 1869 में सर हेनरी इलियट की टर्म्ज की सपलीमेंटल ग्लौसरी प्रकाशित हुई जिसका संपादन तथा परिवर्द्धन बीम्स महोदय ने ही किया था। अवकाश ग्रहण करने के बाद आप इंपीरियल तथा एशियाटिक क्वार्टर्ली रिव्यू में निरंतर लिखते रहे। 'प्राकृत-कोश' के निर्माण का कार्य भी आपने प्रारंभ किया पर किन्हीं कारणों

से वह कार्य आगे न चल सका। ''तद्भव और तत्सम देशी-विदेशी तत्त्व पर इससे पूर्व ऐसा विशद विवेचन नहीं हुआ था। जब तक हिंदी के विकास में प्राकृतों और अपभ्रंशों के योगदान पर ठीक प्रकाश नहीं डाला गया था।'' (डॉ. मुरलीधर श्रीवास्तव)

बीम्स के कार्य के आधार पर ही सन् 1866 ई. में वियना की अंतर्राष्ट्रीय कांग्रेस में भारतीय भाषाओं के सर्वेक्षण के व्यापक कार्य का सुझाव रखा गया। यह महान कार्य कुछ विलंब के बाद उनके अनुयायी ग्रियर्सन द्वारा सन् 1903-27 में पूरा हुआ जिसके कोश भाग को आजकल टर्नर साहब संपूर्ण करने में संलग्न हैं। आधुनिक भाषाशास्त्र के क्षेत्र में यह जो कुछ भी विशाल कार्य आज दृष्टिगत होता है उसका संपूर्ण श्रेय जॉन बीम्स को है जिन्होंने इन कार्यों का सूत्रपात आज से 100 वर्ष पूर्व कर दिया था। लिंग्विस्टिक सर्वे के बंगाली भाग का भी बीम्स महोदय ने प्रूफ तक देखा था। मुद्रण से पूर्व आपने बहुमूल्य सुझाव दिए थे।

आपने हिंदी-उर्दू में भेद स्वीकार नहीं किया।

भाषाशास्त्र के इतर साहित्य में भी बीम्स महोदय ने पर्याप्त रुचि ली। उनकी रुचि का प्रधान कवि था—चंद। चंद और उनके 'पृथ्वीराज रासो' का आपने विशद अध्ययन किया था। 19वीं शताब्दी के अनेक शोध जर्नल चंद संबंधी निबंधों से भरे पड़े हैं। इन निबंधों में आपने रासो ग्रंथ के पाठ-भेद की समस्या को भी उठाया है और कुछ अंशों का अनुवाद भी प्रस्तुत किया है। इंडियन एंटीक्वेरी के द्वितीय भाग में 'चंद द्वारा श्रीहर्ष का उल्लेख' शीर्षक निबंध लिखा। इसके अतिरिक्त विद्यापति, शकुंतला, बंगाल के वैष्णव कवि विशेषकर चैतन्य आदि पर भी आपने खोजपूर्ण निबंध लिखे।

भाषा-विज्ञान तथा भारतीय साहित्य के अतिरिक्त पुरातत्त्व, नृविज्ञान तथा लोक-साहित्य भी आपके प्रिय विषय रहे। इस प्रकार अध्ययन और ज्ञान के क्षेत्र में बीम्स की बहुमुखी प्रतिभा थी। विभिन्न पत्रों में पुरातत्त्व संबंधी लेख भी आप लिखते रहे।

बंगाल के बाद उड़िया प्रदेश आपका विशेष अध्ययन का क्षेत्र रहा। उड़ीसा के साहित्य, लोक-साहित्य तथा पुरातत्त्व के संबंध में आपने दस उच्चकोटि के निबंध लिखे थे।

भाषा, साहित्य, पुरातत्त्व, नृविज्ञान तथा लोक-साहित्य के क्षेत्र में जो अध्ययन बीम्स महोदय ने प्रस्तुत किया वही बहुत कुछ आगे के अध्ययन का आधार बना। इस दृष्टि से भारतीय मनीषियों में बीम्स का नाम सदा स्मरण किया जाएगा।

सैमुएल हेनरी कैलॉग

[सन् 1839-1899]

सैमुएल हेनरी कैलॉग का जन्म न्यूयार्क के वेस्ट हेम्पटन में 6 सितंबर 1839 को हुआ था। उनकी शिक्षा प्रिंसटल सेमीनरी में सन् 1864 में समाप्त हुई और उसी वर्ष अमरीकन प्रेस्बीटिरियन बोर्ड की ओर से धर्म-प्रचार के लिए भारत पहुँचे। इस मिशन ने भारतवर्ष में विशेष रूप से मध्यदेश—लुधियाना, सहारनपुर, जालंधर, अंबाला, लाहौर, देहरादून, मसूरी में विशेष कार्य किया। उत्तर पश्चिम प्रदेश के लिए हिंदी भाषा स्वीकार की। स्कूल प्रारंभ किए गए, स्कूलों में पढ़ाने के लिए पाठ्य-पुस्तकें लिखीं और छापने के लिए प्रेस खोले। एक हस्तलिखित पत्र 'लुधियाना अख़बार' भी निकाला। उत्तर प्रदेश में फर्रुखाबाद में इसका बड़ा केंद्र था।

कैलॉग का सबसे बड़ा योगदान 'हिंदी व्याकरण' है। मिशनरी के रूप में वह बीस दिसंबर, 1864 को कलकत्ते पहुँचे। भारत आकर इलाहाबाद के थियोलाजिकल ट्रेनिंग स्कूल में सन् 1872 तक पढ़ाते रहे। इन्हीं दिनों अमेरिका की ओरियंटल सोसायटी ने प्राच्य विद्याविशारद के रूप में उन्हें मान्यता दी। उनके द्वारा लिखित 'ए ग्रामर ऑफ दि हिंदी लेंग्वेज' इलाहाबाद के मिशन प्रेस से सन् 1876 में प्रकाशित हुआ जिसमें 412 पृष्ठ हैं। व्याकरण के अंत में छंद शास्त्र पर भी सामग्री है। व्याकरण के संबंध में लिखा गया है :

> "XXX In which are treated the standard Hindi. Braj, and the Eastern Hindi of the Ramayan of Tulsi Das, and also the colloquial dialects of Marwar, Kumaon, Avadh, Baghelkhahd, Bhojpur, etc. with comipous Philological notes."

प्रारंभ में लंबी भूमिका में उत्तरी भारत की भाषा संबंधी स्थिति, हिंदी और उर्दू, हिंदी और हिंदी की बोलियाँ एवं स्टैंडर्ड व्याकरण की आवश्यकता पर विस्तार

से लिखा। कैलॉग ने लिखा—भारत की पच्चीस करोड़ विभिन्न भाषा-भाषी जनता में छह-सात करोड़ हिंदी भाषा-भाषी हैं। उत्तरी भारत में हिंदी बनारस, इलाहाबाद, मथुरा से लेकर हिमालय के गंगोत्री, केदारनाथ तथा बद्रीनाथ तक बोली जाती है। इसके अतिरिक्त वह महाराज सिंधिया, जयपुर तथा अन्य राजपूत राजाओं के राज्य में प्रचलित है।

भारत में उनका कार्यक्षेत्र फर्रुखाबाद जिला रहा और यहीं रह कर उन्होंने हिंदी तथा उनकी बोलियों का गंभीर अध्ययन किया। अध्ययन के दौरान लिये गए नोट्स पर ही उनकी विश्व प्रसिद्ध कृति 'हिंदी-व्याकरण' आधारित है। लगातार परिश्रम से वह बीमार पड़ गए और 1871 में अमेरिका लौट आए। स्वस्थ होने पर पुनः भारत आए और काम में जुट गए। बच्चों की शिक्षा के लिए वह फिर अमेरिका गए और इसी बीच दो वर्ष के लिए कनाडा में भी रहे। व्याकरण के दूसरे संस्करण की भूमिका टोरंटो, कनाडा में ही सितंबर, 1892 में लिखी थी। उसी समय उनको दो विश्वविद्यालयों ने कानून और थियोलॉजी में डॉक्टर की उपाधि से विभूषित किया। इस समय भी वह अपने व्याकरण के सुधार में निरंतर लगे रहे। उन्नीसवीं शताब्दी के अंत में 1892 में वह फिर भारत आए और मसूरी में लेंडोर में रहने लगे। यहीं रहते हुए वह बाइबिल के अनुवाद में संशोधन तथा व्याकरण में संशोधन करते रहे। हिंदी में ही प्रवचन तथा उपदेश देते रहे। मसूरी में ही 3 मई 1899 को उनकी अकाल मृत्यु हो गई। उनका पार्थिव शरीर मसूरी की सेमिटरी में ही विश्राम कर रहा है। भारत और भारत की भाषाओं के वह अनन्य प्रेमी रहे और अंततः यहीं की रज में रम गए।

यद्यपि डॉ. कैलॉग अमरीका के प्रेस्बीटिरियन बोर्ड की ओर से धर्म प्रचार के लिए भारत आए और इस क्षेत्र में कई महत्त्वपूर्ण पुस्तकें लिखीं पर जैसा कहा जा चुका है सर्वाधिक महत्त्वपूर्ण कार्य **'ए ग्रामर ऑफ दि हिंदी लेंग्वेज'** शीर्षक पुस्तक है जिसका प्रकाशन इलाहाबाद के मिशन प्रेस से 1876 में हुआ। चौदह अध्यायों में विभक्त यह व्याकरण 412 पृष्ठों का है। इस व्याकरण के निरंतर नए संस्करण निकलते रहे। इसका दूसरा संस्करण 1892 में प्रकाशित हुआ। इसके ही तृतीय संस्करण में 1938 में ग्राहम बेली ने हिंदी वर्णों के उच्चारण पर 'नोट' भी जोड़ दिया था। यह वस्तुतः उस भाषा का व्याकरण है, जिसमें सरकार और अधिकांश अंग्रेज और अमेरिकन मिशनरी अपनी हिंदी पुस्तकें छापते हैं और जिसमें हिंदी भाषा में जनता के साथ पत्र व्यवहार किया जाता है। अधिकांश हिंदी भाषी जनता इसे समझती है। यद्यपि हिंदी भाषा की सभी बोलियों की संरचना इसमें है पर रामचरितमानस के व्याकरण का स्वरूप इसमें समाहित है।

व्याकरण के प्रारंभ में लंबी भूमिका में उत्तरी भारत की भाषा संबंधी स्थिति, हिंदी और उर्दू, हिंदी और हिंदी की बोलियाँ एवं मानक व्याकरण की आवश्यकता पर बड़े विस्तार से लिखा गया। इस व्याकरण में पहली बार 'उच्च हिंदी', ब्रज और रामचरितमानस की पूर्वी हिंदी का विशद विवेचन किया गया। हिंदी के विविध जनपदीय रूपों पर इतने विस्तार से उससे पहले नहीं लिखा गया था। सभी बोलियों की रूपावली एक साथ दी गई है। प्रथम संस्करण में मात्र दस बोलियाँ थीं, जबकि द्वितीय संस्करण में अन्य बोलियों के रूपों को जोड़ दिया गया है। कैलॉग ने बड़े ठोस आधार पर सिद्ध किया है कि उच्च हिंदी और हिंदी क्षेत्र की बोलियों में घनिष्ठ संबंध है।

डॉ. कैलॉग ने व्याकरण के प्रारंभ में ही बड़े महत्त्व की बात कह दी है जो आज के भाषिक संदर्भ में विशेष महत्त्व रखती है :

> "यदि कोई भविष्य बताने का साहस करे तो वह यह कह सकता है कि भविष्य में उत्तर भारत की जो भाषा राजकाज या साहित्य की भाषा बनेगी, वह ऐसी भाषा होगी जो उर्दू की भाँति अरबी-फारसी से कम प्रभावित होगी, साथ ही उसमें वर्तमान हिंदी की अपेक्षा संस्कृत तथा प्राकृत के शब्द भी कम रहेंगे।" (हिंदी अनुवाद, 1980, पृ. 53)

बड़े आकार में साढ़े चार सौ पृष्ठों में लिखी इस व्याकरण में तेरह अध्याय (1) वर्णमाला (2) संधि (3) हिंदी के विधायक तत्त्व (4) हिंदी की बोलियाँ (5) संज्ञा (6) विशेषण (7) संख्या (8) सर्वनाम (9) क्रिया (10) व्युत्पत्ति : भाववाचक संज्ञा तथा विशेषण की रचना (11) समास (12) क्रिया विशेषण उपसर्ग, शब्द योग समुच्चय बोधक और उद्गार वाचक (13) वाक्य विन्यास हैं। प्रारंभ में विभिन्न भूमिकाएँ (1-30) हैं और अंत में छंदशास्त्र पर (पृ. 406 से 424) पर भी एक अध्याय है। स्थान-स्थान पर स्तरीय हिंदी तथा हिंदी की बोलियों—कन्नौजी, ब्रज, मारवाड़ी, मेवाड़ी, गढ़वाली, कुमाऊँनी, नेपाली, पुरानी बैसवाड़ी, अवधी, रिवाई, भोजपुरी, मागधी तथा मैथिली में प्रयुक्त रूपों के विभिन्न सत्ताईस तुलनात्मक चार्ट भी प्रस्तुत किए गए हैं। आगे लिखी गई व्याकरणों का यही ग्रंथ मूलाधार बना। इस व्याकरण को हिंदी में प्रस्तुत करने का श्रेय हिंदी साहित्य सम्मेलन, प्रयाग को है जिसका अनुवाद दक्खिनी हिंदी के सुप्रसिद्ध विद्वान डॉ. श्रीराम शर्मा द्वारा किया गया है। तुलसीदास के ग्रंथ रामचरितमानस में प्रयुक्त भाषा पर लेखक ने विशेष ध्यान दिया। अनुवादक की लंबी भूमिका में से एक अंश यहाँ प्रस्तुत है :

"हम बोलियों और स्तरीय हिंदी की एकता को हृदयंगम कर सकें, वहाँ उससे यह प्रेरणा भी मिलती है कि परिनिष्ठित हिंदी के अध्ययन के लिए बोलियों का अध्ययन भी आवश्यक है। परिनिष्ठित हिंदी का टकसालीपन, प्रवाह और सामर्थ्य का मूल स्रोत बोलियाँ ही हैं। बोलियों से संबंध विच्छेद करके स्तरीय हिंदी जीवनी शक्ति से वंचित हो जाएगी।"

स्थान-स्थान पर अनुवादक की कुछ महत्त्वपूर्ण पाद टिप्पणियाँ भी हैं :

जैसे–चारिक (चार), पचासक (पचास) में लेखक ने 'क' प्रत्यय माना है जबकि अनुवादक ने 'एक' का अवशिष्ट भाग। 'क' का तात्पर्य है–लगभग। चारिक=चार+एक, पचासक=पचास+एक, कितिक=कितने+एक, बहुतक=बहुत+एक।

लेखक का मानना है कि "अधिकांश पौधों और फलों के नाम स्त्रीलिंग वाची हैं" जिसको अनुवादक ने इस टिप्पणी से ठीक किया : "वास्तव में अधिकांश फल और पौधे पुल्लिगवाची हैं" इसी प्रकार स्थान-स्थान पर अनुवादक की टिप्पणियाँ हैं।

किसी विस्तृत विवेचन के लिए यहाँ स्थान नहीं है। मात्र इतना ही कहना पर्याप्त है कि पहली बार 'वाक्य विन्यास' (पृ. 317-405) इस व्याकरण में प्रस्तुत किया गया जो दो भागों में है–पद व्याख्या तथा वाक्य रचना। डॉ. मुरलीधर श्रीवास्तव ने अपने ग्रंथ में विवेचन के बाद इस व्याकरण की प्रमुख विशेषताएँ इस प्रकार लिखी हैं :

1. इस व्याकरण में हिंदी और उर्दू के व्याकरणिक गठन में जो समानता है, उसी को इस व्याकरण का आधार बनाया गया है। व्याकरणिक दृष्टि से हिंदी और उर्दू लगभग एक ही हैं। यहाँ हिंदी से अभिप्राय उस हिंदी का है जिसे स्टैंडर्ड **परिनिष्ठित हिंदी** कहते हैं।××× हिंदी के विद्वान के लिए हिंदी के दो रूपों का **ब्रजभाषा और पूरबी (बैसवारी या अवधी)** का भी ज्ञान आवश्यक है अतः इन दोनों रूपों का विशद विवेचन किया गया है।
2. इसके अतिरिक्त हिंदी की अन्य स्थानीय बोलियों के शब्दरूपों और धातुरूपों का भी विचार किया गया है। इससे हिंदी भाषी जनता की 'जीवित भाषा' का पूर्ण विवेचन हो गया है।×××
3. उदाहरणों के चुनने में प्रायः लिखित पुस्तकों का ही सहारा लिया गया है। जहाँ भी मौखिक स्रोत से प्राप्त उदाहरण दिए गए हैं, वहाँ उनके ठीक होने की पूरी परीक्षा कर ली गई है।××× द्वितीय संस्करण में पिन्काट के 'हिंदी मैनुयेल' के पाठों का भी उपयोग किया गया।

कैलॉग का हिंदी ग्रामर अपने समय के लेहाज से एक श्रमसिद्ध व्यापक और उत्कृष्ट व्याकरण है। इसका तृतीय संस्करण बहुत वर्षों बाद टी. ग्राहम बेली, रोडर, लंदन यूनिवर्सिटी द्वारा संपादित होकर 1938 ई. में प्रकाशित हुआ।

(पृ. सं. 236-37)

जैसा स्पष्ट किया जा चुका है, अब इसका हिंदी रूपांतर भी उपलब्ध है।

हिंदी व्याकरणों की परंपरा में डॉ. कैलॉग के व्याकरण का विशेष महत्त्व है। डॉ. धीरेंद्र वर्मा ने इसको 'अपने ढंग का अकेला ही' घोषित किया है तो **हिंदी शब्दानुशासन** आचार्य किशोरीदास वाजपेयी के प्रकाशकीय वक्तव्य में कहा गया है :

''विदेशियों द्वारा लिखित व्याकरण ग्रंथों में कैलॉग का व्याकरण सर्वोत्तम स्वीकार किया जाता है।'' इस व्याकरण के पहले मात्र छोटे-छोटे व्याकरण ही भारतीयों तथा विदेशियों द्वारा लिखे गए थे, जैसे एथरिंगटन (1871), डाउसन (1872), प्लेट्स (1874), राजा शिवप्रसाद (1875)। इन सभी व्याकरणों का पूरा-पूरा लाभ कैलॉग ने उठाया। बीम्स के प्रति उन्होंने आभार प्रकट किया है। दूसरे संस्करण की भूमिका में फेडरिक पिन्काट की भूरि-भूरि प्रशंसा की है। यह भी उल्लेख किया गया है कि–

''यह व्याकरण प्रशासनिक सेवाओं के लिए चुने गए अभ्यर्थियों के पाठ्यक्रम में निर्धारित किया था अतः इसका प्रथम संस्करण जल्दी ही समाप्त हो गया।''

सर्वप्रथम इलाहाबाद से प्रकाशित इस व्याकरण का हिंदी अनुवाद भी संयोग से प्रयाग के हिंदी साहित्य सम्मेलन द्वारा सुप्रसिद्ध वैयाकरण कामताप्रसाद गुरु की स्मृति में उनकी जन्मशती के अवसर पर प्रकाशित किया गया। कहा जा चुका है इसके अनुवादक हैं दक्खिनी के सुप्रसिद्ध विद्वान डॉ. श्रीराम शर्मा।

यहाँ यह भी उल्लेखनीय है कि उनकी स्मृति में निर्मित लैंडोर मसूरी में लेंग्वेज स्कूल की कक्षाएँ गत सत्तर-अस्सी वर्षों से चल रही हैं जिसमें विदेशी लोगों को हिंदी सिखाई जाती है। हिंदी के प्रशिक्षण के लिए विशेष रूप से पाठ्यक्रम तैयार किया गया है और इसकी पुस्तक उपलब्ध है। कैलॉग की स्मृति रूप में सुरक्षित इस स्कूल को हिंदी के अध्ययन-अध्यापन के लिए केंद्र के रूप में स्वीकार करना चाहिए।

आगस्ट्स फ्रेडरिक रुडोल्फ हॉर्नले
[सन् 1841-1918]

हिंदी का यह सौभाग्य रहा है कि हिंदी का वैज्ञानिक अध्ययन हिंदी भाषा-भाषियों के साथ-साथ अहिंदी भाषा-भाषियों तथा विदेशियों ने भी किया। हिंदी-व्याकरण के क्षेत्र में हॉर्नले, बीम्स व कैलॉग मुनि-त्रय कहे जा सकते हैं। विद्वान हॉर्नले ने ही सर्वप्रथम हिंदी धातुओं का संग्रह किया तथा उनका वैज्ञानिक विवेचन प्रस्तुत किया।

डॉ. आगस्ट्स फ्रेडरिक रुडोल्फ हॉर्नले (Rudolf Hoernle) सी.आई.ई. का जन्म 19 अक्टूबर, 1841 में सिकंदरा (आगरा) में हुआ। आपके पिता सी.टी. हॉर्नले एक जर्मन पादरी थे। इस प्रकार हॉर्नले जन्म से भारतीय तथा राष्ट्रीयता से जर्मन थे। इस भारतीय-जर्मन विद्वान के शरीर में शुद्ध आर्य रक्त का संचार जन्म से ही था जिसके फलस्वरूप आपके द्वारा किए गए कार्य विद्वत्-वर्ग में आश्चर्य उत्पन्न करने वाले माने गए हैं।

शिक्षा के लिए बालक हॉर्नले सात वर्ष की अवस्था में ही सन् 1848 में जर्मनी भेज दिए गए। वहाँ पर पैडागोजियम जिमनेशियम तथा क्लोस्टर स्क्यूल नामक स्थानों पर विद्याध्ययन करते हुए सन् 1858 में बैसेल विश्वविद्यालय से दर्शन-शास्त्र में आपने डिग्री प्राप्त की। दो वर्ष बाद उन्नीस वर्ष की अवस्था में आप संस्कृत के अध्ययनार्थ इंग्लैंड चले गए।

सन् 1865 में आप जयनारायण मिशनरी कॉलेज, बनारस में प्राध्यापक नियुक्त होकर भारतवर्ष वापिस आए। बीम्स की व्याकरण की पुस्तक का प्रथम भाग जिस वर्ष प्रकाशित हुआ उसी वर्ष (सन् 1871 ई. में) आपका प्रथम भाषा-वैज्ञानिक निबंध गौडीय भाषा समुदाय (Comparative Grammar of Gaudian Languages) से संबंधित 'एशियाटिक सोसायटी ऑफ बंगाल' के जर्नल में प्रकाशित

हुआ। लेख इतना बड़ा था कि उसको दो भागों में प्रकाशित करना पड़ा। प्रथम भाग 1872 ई. में पृष्ठ 120-172 तक और द्वितीय भाग सन् 1873 में पृष्ठ 59 से 106 तक प्रकाशित हुआ। इस लेख का विद्वत् समाज में बहुत आदर हुआ। इस लेख के ही कुछ अंश बाद में 1902 व 1903 की नागरी प्रचारिणी पत्रिका में प्रकाशित हुए। आपने ही सर्वप्रथम इस लेख में हिंदी की संबंधवाचक संबंधी समस्या को हल किया। गौडीय के अंतर्गत आपने उत्तर भारत की सात भाषाएँ—सिंधी, गुजराती, पंजाबी, हिंदी, बंगला, उड़िया और मराठी को माना है।

सन् 1873 में आप इंग्लैंड चले गए और अपने व्याकरण ग्रंथ की रचना में जुट गए। सन् 1880 में आपने 'गौडियन भाषाओं का तुलनात्मक व्याकरण' नामक ग्रंथ प्रस्तुत किया जो लंदन से प्रकाशित हुआ। इस पुस्तक ने विद्वत्-वर्ग को अपनी ओर आकर्षित किया। इस पुस्तक में आपने उत्तरी भारत की भाषाएँ ली हैं। हिंदी में लिंग-परिवर्तन का प्रभाव क्रियाओं पर किस प्रकार पड़ता है, प्राकृत से हिंदी में शब्दों के ध्वनि-परिवर्तन संबंधी नियमों का क्या रूप है आदि प्रश्नों का हल भी इसी पुस्तक में सर्वप्रथम किया गया है। पूर्वी हिंदी के नमूने भी इसमें संगृहीत किए गए हैं। उत्तरी भाषाओं के स्वर-व्यंजन, उच्चारण तथा शब्दों में परिवर्तन, प्रत्यय, धातु, संज्ञा, वचन, लिंग, कारक-उत्पत्ति, विशेषण, सर्वनाम, क्रिया, अव्यय आदि पर इसमें विचार किया गया है। यह महत्त्वपूर्ण ग्रंथ 420 पृष्ठों में पूर्ण हुआ, जिसमें भाषा का मानचित्र, लिपियों की उत्पत्ति तथा विकास संबंधी रेखाचित्र भी प्रस्तुत किए गए। इस अभूतपूर्व पुस्तक पर सन् 1882 में फ्रांस की इंस्टिट्यूट ने 'प्राइज' नामक स्वर्ण पदक प्रदान किया। डॉ. तारापुरवाला ने इस महत्त्वपूर्ण व्याकरण को भारतीय भाषाओं में 'क्लासिक कार्य' माना है।

इसी समय सन् 1880 में आपने हिंदी की धातुओं पर एक विशाल निबंध प्रस्तुत किया, जो एशियाटिक सोसायटी ऑफ बंगाल के खंड 49 भाग 1 में (पृ. 33-81) प्रकाशित हुआ। "इसमें 369 मूल धातुओं, 189 यौगिक धातुओं, तथा परिशिष्ट में 24 धातुओं पर विवेचन तथा विश्लेषण प्रस्तुत किया गया, जिनमें स्थान-स्थान पर संस्कृत की 466 धातुओं का उल्लेख किया गया।" एक-एक धातु का संस्कृत, प्राकृत, अपभ्रंश में विकास दिखाते हुए हिंदी तक लाया गया है।

क्रियाओं के संबंध में इस प्रकार का हिंदी में यह प्रथम तथा अभी तक तो अंतिम कार्य है। हिंदी की संपूर्ण धातुओं पर इस प्रकार का कार्य अपेक्षित विद्वत्-वर्ग के समक्ष इस कार्य की महत्ता को प्रकाशित करने के हेतु ही मैंने स्वयं अपने मित्र डॉ. चंद्रभान रावत की सहायता से इसका अनुवाद प्रस्तुत किया, जिसका

प्रकाशन भी 'हिंदी धातु संग्रह' नाम से आगरा विश्वविद्यालय, क.मुं. हिंदी तथा भाषा-विज्ञान विद्यापीठ, आगरा से ही चुका है। आपने संपूर्ण ग्रंथ में 369+189+24=582 धातुओं का विवेचन प्रस्तुत किया। बिहारी और अंग्रेजी शब्दकोश का संपादन (सन् 1885) डॉ. ग्रियर्सन के साथ किया।

सन् 1878 ई. से 1881 ई. तक आप कैथेड्रल मिशन कॉलेज के प्रिंसिपल होकर कलकत्ता में रहे और आपका सीधा संबंध रायल एशियाटिक सोसायटी ऑफ बंगाल से स्थापित हुआ। सोसायटी की सेवा आप जीवन पर्यन्त करते रहे। आपने सर ग्रियर्सन के साथ 'बिहारी भाषाओं का तुलनात्मक कोश' तैयार किया जो बंगाल सरकार द्वारा मुद्रित हुआ। यह कार्य संपूर्ण न हो सका। आपका संबंध बीम्स महोदय से भी रहा और उनके साथ आपनें 'पृथ्वीराज रासो' का संपादन कार्य प्रारंभ किया जिसका केवल 'आदि पर्व' ही प्रकाशित हो सका।

कलकत्ता के मिशन कॉलेज की समाप्ति पर आपकी सेवाएँ भारतीय शिक्षा सर्विस में ले ली गईं और आप कुछ काल तक प्रेसीडेंसी कॉलेज, मद्रास में अध्यापन कार्य करने गए और बाद में मद्रास कॉलेज के प्रिंसिपल के पद पर भी सुशोभित हुए।

आपके पिता जी भारत में ही सरकारी पद पर थे जिसके कारण डॉ. हॉलेली को अपनी युवावस्था में ही विभिन्न प्रांतों में उनके साथ घूमना पड़ा। इस प्रकार विभिन्न भाषाओं के बोलने वालों के संपर्क में आप आए और अपने इस स्वर्णिम अवसर का सदुपयोग किया और उन सभी भाषाओं का व्यवस्थित रूप से वैज्ञानिक अध्ययन किया। उस काल में कुछ ही व्यक्ति ऐसे थे जिन्होंने शिला-लेख-विज्ञान तथा प्राचीन-लेख-विज्ञान का अध्ययन किया हो, लेकिन हॉर्नले ने अपनी संपूर्ण शक्ति से उस विज्ञान का विधिवत् अध्ययन किया और अथक परिश्रम से बक्सली हस्तलिखित ग्रंथ की गूढ़ाक्षराणि व्याख्या प्रस्तुत की।

हॉर्नले का सबसे महान् कार्य बाबर हस्तलिखित ग्रंथ से संबंधित है। यह ग्रंथ मूर्ज बल्कल पर पुरानी लिपि में लिखा हुआ था। इसका समय चौथी-पाँचवीं शताब्दी था—इसका विषय था—औषधि, पिशाचविद्या, ज्योतिष-विज्ञान। यह प्रति मध्य एशिया में पूर्वी तुर्किस्तान के कचार नामक नगर में कप्तान बाबर को मिली। इसमें तीन ग्रंथ वैद्यक से संबंधित थे। प्रतीत होता है कि कोई बौद्ध इसको ले गया था और उसने स्तूप में गाड़ दिया। स्तूप के भीतर समाधि की कोठरी में से यह निकाली गई। सन् 1892 में सरकार ने इस कार्य के लिए आपको नियुक्त किया। आपके द्वारा प्रकाशित यह ग्रंथ न केवल आपके ज्ञान व बुद्धि का परिचायक

है वरन् पारिभाषिक शब्दों का विश्लेषणात्मक परिचय भी देता है। यह औषधि संबंधी विज्ञान का सारभूत तत्त्व या नवनीत माना गया है (Cream of Medical Science)। इस ग्रंथ के अध्ययन से आपकी औषधि-विज्ञान में रुचि हो गई और उसके फलस्वरूप आपने जीवन का शेष अंश इस कार्य में ही लगाया।

आपका महान् कार्य हिंदुओं की अस्थि-विज्ञान-विद्या (Osteology) है, जो यह स्पष्ट करता है कि वैदिक आर्यों का ज्ञान आदि काल में भी कितना विशद एवं गंभीर था कि मनुष्यों तथा पशुओं की अस्थियों के विषय में कैसा अभूतपूर्व वर्णन इस ग्रंथ में किया गया है।

अंत में आप हिंदुओं के औषधि तथा शल्य-विज्ञान पर एक ग्रंथ लिख रहे थे। इसमें चरक संहिता तथा सुश्रुत संहिता का अनुवाद भी करने का विचार था पर इस कार्य को पूर्ण करने से पूर्व ही आप इस संसार से विदा हो गए। आपके इस असामयिक निधन से वह ग्रंथ वैज्ञानिक संसार को उपलब्ध न हो सका, नहीं तो आज मेडिकल-जगत में एक अभूतपूर्व ग्रंथ होता।

रायल एशियाटिक सोसायटी के तो आप भूषण ही थे। सन् 1898 में आपको सभापतित्व का स्थान ग्रहण करना पड़ा। इस स्थान पर सुशोभित होते हुए आपका जो अध्यक्षीय भाषण था उससे आपकी सूझ-बूझ तथा अलौकिक प्रतिभा प्रतिपादित हुई और इसका इतना अधिक प्रभाव पड़ा कि अनेक विश्वविद्यालयों से नियुक्ति पत्र आपको प्राप्त हुए लेकिन आपका सान्निध्य फिर विश्वविद्यालयों को प्राप्त न हो सका। भारत से विशाल सामग्री एकत्र करके आपने कुछ काल तक ऑक्सफोर्ड के शांत वातावरण में कार्य किया।

आपने श्वेताम्बर जैनों के धर्म ग्रंथ 'अंग' के सातवें भाग को उपासग दसाओ (उपासक-दशा) नाम से प्रकाशित किया। इसका अनुवाद भी विब्लोथिका इंडिका (1889-90) ई. में प्रकाशित हुआ।

इसी वैज्ञानिक अध्ययन की प्रशस्त परंपरा का निर्वाह बीम्स, कैलॉग, ग्रियर्सन, टर्नर आदि विद्वान आगे करते रहे।

जार्ज अब्राह्म ग्रियर्सन

[सन् 1851-1941]

जार्ज अब्राह्म ग्रियर्सन का जन्म 7 जनवरी, 1851 ई. को ग्लेनागियरी, डबलिन में हुआ था। आपके पिता डबलिन के प्रसिद्ध बैरिस्टर थे। आपके दो पुत्र और तीन पुत्रियाँ थीं जिनमें डॉ. ग्रियर्सन सबसे छोटे थे। प्रारंभिक शिक्षा पूरी कर आपने डबलिन के ट्रिनिटी कालेज से बी.ए. किया। कालेज में गणित में आनर्स किया। वहीं कालेज में मीर औलाद अली से हिंदुस्तानी और प्रो. एथकिन्सन से संस्कृत सीखी। इनके अतिरिक्त अन्य भाषाओं के सीखने की ओर आप प्रवृत्त हुए। आपको छात्र के रूप में दो बार संस्कृत में और एक बार हिंदुस्तानी में पुरस्कार प्राप्त हुए।

भारतीय सिविल सेवा (आई.सी.एस.) की 1871 ई. की परीक्षा उत्तीर्ण कर आप 1873 ई. में भारत आए। भारत में प्रथम नियुक्ति बंगाल के जैसोर में सहायक मजिस्ट्रेट तथा कलेक्टर के पद पर हुई। मार्च 1874 में पटना चले आए। अप्रैल 1874 में तिरहुत से 'हिंदी' की प्रथम परीक्षा में उत्तीर्ण हुए। दिनाजपुर में आपने 'बंगला' में उच्च दक्षता प्राप्त की। सन् 1877 में मधुबनी में अनुमंडल पदाधिकारी के रूप में पदभार ग्रहण किया। यहाँ तीन वर्ष में मैथिली पंडितों की सहायता से 'मैथिली व्याकरण' तैयार किया। सन् 1880 में अवकाश पर चले गए और लौटकर बिहार सर्किल के इंस्पेक्टर ऑफ स्कूल्स के रूप में पदस्थापित हुए। कैथी लिपि को नागरी की तरह सुडौल रूप में ढलवाने का श्रेय डॉ. ग्रियर्सन को ही है। सन् 1880 में मैथिली व्याकरण प्रकाशित किया जिसमें विद्यापतिं के गीतों का पहला संग्रह निकला।

आपने संस्कृत-प्राकृत के साथ हिंदी, बंगला और बिहारी भाषाओं का अध्ययन किया। नवंबर, 1882 ई. में पुनः पटना आ गए और उनकी सुप्रसिद्ध

पुस्तक 'बिहार पेजेंट लाइफ' कलकत्ता से सन् 1885 ई. में प्रकाशित हुई। यह पुस्तक बिहार के किसान और ग्रामीण शिल्पियों के संबंध में, उनके पेशे की विशिष्ट शब्दावली तथा विविध उपकरणों और हथियारों आदि के संबंध में, अब तक प्रामाणिकता की दृष्टि से महत्त्वपूर्ण है। ग्रामीण शब्दावली का यह ऐसा महत्त्वपूर्ण कोश है जिससे प्रेरणा प्राप्त कर हिंदी क्षेत्र के विभिन्न अंचलों पर शोध कार्य संपन्न हुए हैं। यह बिहार लोकजीवन का विश्वकोश है। इस शताब्दी वर्ष (1985) में भी इस पुस्तक की हिंदी रूपांतरण प्रकाशित नहीं हो पाया।

इससे पूर्व सन् 1883 ई. से 'सेवन ग्रामर्स ऑफ द डायलेक्ट्स एंड सब डायलेक्ट्स ऑफ द बिहारी लैंग्वेज' (आठ भाग) का प्रकाशन प्रारंभ हुआ जो सन् 1887 में संपूर्ण हुआ। इसकी समीक्षा बीम्स ने की। इसके पहले भाग में भूमिका, दूसरे में भोजपुरी, तीसरे में मगही, चौथे में मैथिली-भोजपुरी, पाँचवें में दक्षिणी मैथिली, छठे में मागधी और सातवें में मैथिली व्याकरण प्रस्तुत किए गए। इसके साथ ही लोक गीतों का प्रकाशन करते रहे जो एशियाटिक सोसाइटी ऑफ बंगाल के जर्नल में प्रकाशित होते रहे।

सन् 1886 ई. में वियना में प्राच्य विद्या का अंतर्राष्ट्रीय सम्मेलन हुआ जिसमें डॉ. ग्रियर्सन ने भारत का प्रतिनिधित्व किया। इस सम्मेलन में ही डॉ. ग्रियर्सन ने **'हिंदुस्तान का मध्यकालीन साहित्य : विशेष रूप से तुलसीदास'** शीर्षक सारगर्भित निबंध पढ़ा जिससे पहली बार महाकवि तुलसी विश्वमंच पर स्थापित हुए। वैसे सन् 1883 में ग्राउस का अंग्रेजी अनुवाद प्रकाशित हो चुका था।

वस्तुतः इस सम्मेलन में ही भारत सरकार से यह अनुरोध किया गया था कि भारत की भाषाओं का सर्वेक्षण कराना आवश्यक है। इस प्रस्ताव को डॉ. बूलर ने प्रस्तुत किया जिसका समर्थन प्रो. वेबर ने किया। इसी प्रस्ताव को क्रियान्वित करने के लिए भारत सरकार ने भाषाओं के सर्वेक्षण की योजना बनाई जिसके निदेशक डॉ. ग्रियर्सन नियुक्त हुए। इनके नेतृत्व में यह विशालकाय कार्य सन् 1899 से सन् 1927 तक चला। ग्रंथों की समाप्ति पर उन कथन द्रष्टव्य है :

> "जैसे भी ये हैं, मैं ये खंड भारत को समर्पित करता हूँ जो दीर्घ अवधि तक मेरा निवास स्थल रहा है, और जिसने गत अर्द्ध शताब्दी से मेरे हृदय में घर बना लिया है—मुझे तीन सहस्र वर्षों से पीढ़ी-दर-पीढ़ी महान् व्यक्तियों के विचार गुंफन में भव्य साहित्य के दर्शन का सुअवसर मिला है—धार्मिक भावनाओं में मैंने छिपे धर्म को पाया है। पौराणिक गाथाओं में इतिहास और निरक्षर ग्रामीणों की उक्तियों में मुझे ज्ञानोपलब्धि हुई है। यहीं और

यहीं भारत ने मेरी सहायता की है। किंतु मैं भारतवर्ष की सहायता कैसे करूँ।"

गया में ग्रियर्सन पाँच वर्ष रहे और इस अवधि में आपने अपना ऐतिहासिक नोट 'नोट्स ऑन द डिस्ट्रिक्ट ऑफ गया' लिखा जिसमें गया के इतिहास के साथ यहाँ की आबादी, प्रकृति, नदी, पर्वत निवासी आदि पर प्रकाश डाला गया। यहीं पर 'इनसाइक्लोपीडिया ऑफ ओरियंटल रिसर्च' का कार्य भी प्रारंभ किया। कुछ वर्ष पूर्व ग्रियर्सन की स्मृति में गया में समारोह किया गया जिसका उद्‌घाटन लेखक (डॉ. भाटिया) ने किया।

गया से डॉ. ग्रियर्सन हावड़ा चले गए जहाँ सन् 1895 तक रहे। हावड़ा में रहते हुए आपने बिहारी सतसई, पद्‌मावत, भाषाभूषण तथा 'मानस' का संपादन किया।

रायल एशियाटिक सोसाइटी ऑफ बंगाल ने उनकी टिप्पणियों को 'दि माडर्न वर्नाक्यूलर लिटरेचर ऑफ हिंदुस्तान' सन् 1889 ई. में प्रकाशित किया। आज नवीन खोजों के बाद ज्ञात हुआ कि इसमें कई छोटी-बड़ी त्रुटियाँ हैं पर तत्कालीन परिस्थितियों में इसका विशेष महत्त्व रहा। पूरे ग्रंथ में 952 लेखकों के कृतित्व का परिचय दिया गया है। यह इतिहास तीन खंडों—प्रस्तावना, मूलग्रंथ तथा अनुक्रमणिका में विभक्त है। पहली बार काल-विभाजन और उनकी प्रवृत्तियों का निरूपण किया गया। इस ग्रंथ में पहली बार एक विदेशी द्वारा हिंदी साहित्य की गतिविधियों पर उसकी धार्मिक और सांस्कृतिक पृष्ठभूमि को उपस्थित किया गया। यह इतिहास ही आचार्य रामचंद्र शुक्ल के इतिहास का मार्गदर्शक रहा है। ग्रियर्सन ने पहली बार राजस्थान से लेकर बिहार के पूर्वी द्वार तक के कवियों का एक साथ संग्रथन किया। इसको तैयार करने में उन्हें बहुत परिश्रम करना पड़ा। ग्रियर्सन से ही हमें ज्ञात हुआ कि मैथिली के कोकिलकंठी गीतकार कवि विद्यापति मात्र मिथिला के नहीं वरन् बंगाल व हिंदी के भी हैं। हमें ज्ञात हुआ कि फारसी लिपि में लिखी होने पर भी सूफी कवियों की कृतियाँ हिंदी साहित्य की अमर निधि हैं।

वैसे ग्रियर्सन के पूर्व भी कश्मीरी भाषा का अध्ययन अनेक विद्वानों ने किया था पर सर्वाधिक महत्त्वपूर्ण शोधात्मक तथा उपयोगी अध्ययन ग्रियर्सन ने किया। कश्मीरी व्याकरण पर निबंध (एसेज आन कश्मीरी ग्रामर) उन्होंने लंदन से सन् 1899 में प्रकाशित किया। उसके बाद 'ए मैन्युल ऑफ कश्मीरी लैंग्वेज, कमप्राइजिंग ग्रामर, फ्रेज बुक एंड वोकेबुलेरीज' आक्सफोर्ड से सन् 1911 ई. में प्रकाशित हुई जिसका पुनः मुद्रण 'स्टैंडर्ड मैन्युल ऑफ द कश्मीरी लैंग्वेज' शीर्षक से हाल में

हुआ है। पुस्तक दो खंडों में विभाजित है। पहले खंड में व्याकरण तथा फ्रेज बुक है तो दूसरे में शब्दावली। इस मैन्युल को मुख्यतः टूरिस्टों के लिए तैयार किया गया था।

पहली नवंबर 1899 को इंग्लैंड प्रस्थान किया और दो वर्ष तक सरकार की विशेष सेवा में रहने के बाद 30 सितंबर, 1903 ई. को सरकार को अपना (डॉ. भाटिया) त्यागपत्र भेज दिया। 8 मार्च, 1941 ई. को उनकी इहलीला समाप्त हुई। मृत्यु पर्यंत वे निरंतर भारत की सेवा करते रहे। उनकी सेवाओं के फलस्वरूप भारत सरकार ने सी.आई.ई. उपाधि सन् 1895 में प्रदान की। सन् 1894 ई. में उन्हें पी-एच.डी. तथा 1902 में डी.लिट् तथा 1920 ई. में एल.एल.डी. की उपाधियाँ प्रदान की गईं। सन् 1932 में भारतीय भाषाविदों ने 'ग्रियर्सन स्मृति ग्रंथ' समर्पित कर उनका स्मरण किया। वैसे उनकी शताधिक कृतियाँ उनको अमर बनाए हुए हैं। उनके महान् ग्रंथ **'बिहार पेजेंट लाइफ'** का शताब्दी वर्ष सन् 1985 में उनकी स्मृति के रूप में मनाया गया।

डॉ. ग्रियर्सन के शताधिक लिखे ग्रंथों में से कुछ उल्लेखनीय हैं :

1. गया जिला टिप्पणी (नोट्स आन द डिस्ट्रिक्ट ऑफ गया) सन् 1893 ई.।
2. छत्तीसगढ़ी-पूर्वी हिंदी का व्याकरण, सन् 1927।
3. कश्मीरी व्याकरण, कलकत्ता, सन् 1899।
4. कश्मीरी शब्दकोश, कलकत्ता, सन् 1932।
5. गुजराती भाषा की एक अज्ञात बोली, सन् 1898।
6. उत्तर-पश्चिम भारत की पश्चिम भाषा, लंदन, सन् 1906।
7. रंगपुर की बोली, सन् 1877।
8. सेवन ग्रामर्स ऑफ दि डायलेक्ट्स/सबडायलेक्ट्स ऑफ दि बिहारी लैंग्वेज, सन् 1882-87।

   I भूमिका

   II भोजपुरी

   III मागधी

   IV मैथिली-भोजपुरी

   V दक्षिणी मैथिली

   VI मैथिल-मागधी

   VII मैथिल-बंगाली
9. भारतीय भाषाओं का सर्वेक्षण (भारत सरकार) 1899-1927 ई.।

10. मैनुअल ऑफ दि कश्मीरी लैंग्वेज, आक्सफोर्ड, सन् 1911 ई.।
11. उत्तरी बिहार की मैथिली भाषा, 2 खंड, सन् 1882 ई.।
12. विद्यापति ठाकुर, सन् 1905 ई.।
13. बिहारी सतसई और लालचंद्रिका, सन् 1895 ई.।
14. तुलसीदास पर टिप्पणियाँ, सन् 1893 ई.।
15. दि मॉडर्न वर्नाक्यूलर लिटरेचर ऑफ हिंदुस्तान, सन् 1888 ई.।

सुनीतिकुमार चाटुर्ज्या
[सन् 1890-1977]

बहुभाषाविद् डॉ. सुनीतिकुमार चाटुर्ज्या भारतीय भाषा-वैज्ञानिकों में मूर्द्धन्य, लब्धप्रतिष्ठ विद्वान एवं भारतीय भाषाओं के मर्मज्ञ हैं। भाषा-विज्ञान के क्षेत्र में डॉ. चाटुर्ज्या पाणिनि के बाद सर्वाधिक विश्वविश्रुत हैं। आप जैसे भाषाचार्य से भारत गौरवान्वित है।

अनेकानेक भाषाओं के ज्ञाता, भाषाशास्त्री डॉ. चाटुर्ज्या का जन्म 26 नवंबर, 1890 की भारत की ऐतिहासिक नगरी कलकत्ता के समीप हावड़ा में सिबपुर में हुआ था। आपके पूर्वज उत्तर प्रदेश के कान्यकुब्ज ब्राह्मण थे। आप बाबू हरिदास चटर्जी (के द्वितीय पुत्र हैं) जो एक फर्म में नियुक्त होते हुए भी बंगाली के एक अच्छे कवि तथा संगीतज्ञ थे।

बाल्यकाल से ही अध्ययन की ओर आपकी स्वाभाविक रुचि थी। कलकत्ते के मोतीलाल फ्री स्कूल तथा स्काटिश चर्चेज कॉलेज में आपकी प्रारंभिक शिक्षा-दीक्षा हुई। सन् 1911 में अंग्रेजी में प्रथम स्थान ग्रहण कर प्रथम श्रेणी में बी.ए. तथा 1913 ई. में सर्वोच्च स्थान प्राप्त करते हुए अंग्रेजी साहित्य में एम.ए. पास कर आपने अपनी प्रखर बुद्धि तथा प्रतिभा का परिचय दिया। सन् 1918 में वैदिक संस्कृत में परीक्षा उत्तीर्ण की। शोधकार्य के लिए विशेष छात्रवृत्ति प्राप्त कर आप इंग्लैंड गए जहाँ सन् 1920 में लंदन विश्वविद्यालय से ध्वनि-विज्ञान में डिप्लोमा प्राप्त कर सन् 1921 में 'इंडोआर्यन फिलालॉजी' में डी.लिट्. की उपाधि प्राप्त की। लंदन में रहकर आपने ध्वनि-विज्ञान, भारोपीय भाषा-विज्ञान, प्राकृत तथा भारतीय आर्य भाषाएँ, फारसी, पुरानी आइरिश, पुरानी अंग्रेजी, गोथिक तथा पेरिस में भारतीय आर्य भाषाएँ, स्लाव तथा भारोपीय भाषा-विज्ञान, प्राकृत, आस्ट्रिक एशियाटिक भाषा-विज्ञान, पुरानी खोतानीज, ग्रीक तथा लेटिन का इतिहास आदि विषयों का गहन अध्ययन किया। आपकी विद्वत्ता एवं राष्ट्रभाषा-प्रेम के आधार

पर सन् 1948 में हिंदी साहित्य सम्मेलन ने आपको 'साहित्य वाचस्पति' की उपाधि से विभूषित किया, नागरी प्रचारिणी सभा काशी ने 'राजस्थानी' पर 'रत्नाकर पुरस्कार' तथा पदक प्रदान किया तथा भारत सरकार ने सन् 1955 में 'पद्म भूषण' की उपाधि से सम्मानित किया। बहुभाषाविद् होने के कारण कवींद्र रवींद्र आपको 'भाषाचार्य' से पहले ही संबोधित कर चुके थे।

स्नातकोत्तर उपाधि प्राप्त करते ही आप विद्यासागर कालेज, कलकत्ते में अंग्रेजी के प्राध्यापक नियुक्त हुए। सन् 1914 से अंत तक कलकत्ता विश्वविद्यालय के स्नातकोत्तर विभाग में प्राध्यापक के रूप में कार्य किया और सन् 1922 से सन् 1925 तक भारतीय भाषाओं के 'खेरा प्रोफेसर' के पद पर आसीन रहे। अड़तीस वर्ष की दीर्घकालीन सेवाओं के बाद सन् 1952 में अवकाश प्राप्त कर स्नातकों की सीट से स्वतंत्र सदस्य के रूप में विधानपरिषद् के लिए निर्वाचित हुए और तब से अब तक बंगाल विधानपरिषद् के अध्यक्ष हैं, साथ ही कलकत्ता विश्वविद्यालय के तुलनात्मक भाषा-विज्ञान विभाग में अवकाश प्राप्त प्रोफेसर के सम्मान से सुशोभित हैं। सन् 1957 में आप कलकत्ता विश्वविद्यालय के कला तथा संगीत संकाय के 'डीन' भी नियुक्त हुए।

विद्यार्थी-जीवन से ही डॉ. चाटुर्ज्या को छात्रवृत्तियाँ तथा सम्मान प्राप्त होने लगे। सर्वप्रथम कलकत्ता विश्वविद्यालय का प्रेमचंद रामचंद्र रिसर्च तथा जुबली पुरस्कार प्राप्त हुआ। विद्वत्ता तथा प्रतिभा के कारण भाषा के तात्विक अध्ययन के निमित्त सन् 1919-22 तक लंदन विश्वविद्यालय में उच्च शिक्षा प्राप्त करने के लिए आपको भारत सरकार द्वारा छात्रवृत्ति मिली। सन् 1936 में बंगप्रदेश की रायल एशियाटिक सोसायटी ने आपकी गंभीर विद्वत्ता एवं सम्मान के कारण आपको 'फेलो' निर्वाचित किया। सन् 1939 में पोलैंड के प्राच्य इंस्टिट्यूट, वारसा की; सन् 1946 में पेरिस की एशियाटिक सोसायटी की; सन् 1947 में अमरीकन प्राच्य परिषद् की; सन् 1949 में सुदूर प्राच्य संस्था हेनाअ, वीयतनाम की; सन् 1954 में नारवीजियन एकेडेमी आव साइंसेज ओस्लो, नार्वे के दार्शनिक एवं ऐतिहासिक विभाग की; सन् 1955 में कला तथा विज्ञान परिषद् हालैंड तथा एक्ट लिंग्विस्टिका कोपेनहेगन के संपादकीय मंडल की सम्मानित सदस्यताएँ प्रदान कर विश्व की विभिन्न संस्थाओं ने आपको सम्मानित किया। इन विश्वविख्यात संस्थाओं से इतर, भारत की लिंग्विस्टिक सोसायटी के आप संस्थापकों में से हैं। भारत की विभिन्न संस्थाओं की आजीवन सदस्यता आपको प्राप्त है—नागरी प्रचारिणी सभा, काशी; भंडारकर रिसर्च इंस्टिट्यूट पूना; राजस्थान रिसर्च इंस्टिट्यूट बीकानेर; विश्वभारती

आदि इनमें उल्लेखनीय हैं। भारत सरकार द्वारा घोषित प्रथम राजभाषा आयोग के आप सम्मानित सदस्य तथा संस्कृत आयोग के अध्यक्ष रहे।

भ्रमण-प्रिय डॉ. चाटुर्ज्या ने विश्व का अनेक बार भ्रमण किया है। सर्वप्रथम सन् 1921 में इंग्लैंड, स्काटलैंड, फ्रांस, इटली, ग्रीस, जर्मनी; द्वितीय बार सन् 1927 में रवींद्रनाथ टैगोर के दल के साथ मलाया, सुमात्रा, जावा, बाली, स्याम; तृतीय बार सन् 1935 में आस्ट्रिया, हंगरी, चेकोस्लोवाकिया, जर्मनी, फ्रांस; चतुर्थ बार रंगून, पीगू, टोंगू, मांडले आदि; पाँचवीं बार नार्वे, स्वीडन, फिनलैंड, पोलैंड, जर्मनी, बैल्जियम, इटली; छठी बार सन् 1948 में मिस्र, ब्रूसेल्ज, पेरिस; सातवीं बार सन् 1950 में पेरिस, इटली, इंग्लैंड, टर्की; आठवीं बार सन् 1951 में अमेरिका, मेक्सिको और निकटवर्ती भाग; नवीं बार सन् 1954 में पश्चिमी अफ्रीका, मिस्र, गोल्डकोस्ट, नाइजीरिया, लीबेरिया, बैंकाक, इंडोनेशिया, दसवीं बार सन् 1955 में चीन (हांगकांग, केंटन, पेंकिंग, शंघाई) आदि स्थानों का आपने भ्रमण किया। इन यात्राओं के फलस्वरूप डॉ. चाटुर्ज्या भाषा-शास्त्र के साथ ही बहुभाषाविद् बन गए और आपको अनेक देशों की संस्कृतियों का निकट से अध्ययन करने का सौभाग्य प्राप्त हुआ भाषा शास्त्री तथा बहुभाषाविद् होने के साथ-साथ आप भारतीय कला एवं संस्कृति के पारखी, रवींद्र स्कूल (विचारधारा) के आदर्श पोषक, बंगला भाषा एवं साहित्य के मर्मज्ञ, विश्व-साहित्य के प्रेमी, इतिहास, पुरातत्त्व आदि शास्त्रों के अन्वेषक हैं जिसके आधार पर मैं यदि डॉ. चाटुर्ज्या को चलता-फिरता विश्वकोश* कहूँ तो अत्युक्ति न होगी।

भारतीय भाषाविद् के रूप में डॉ. चाटुर्ज्या को अनेक बार विश्व की विभिन्न संस्थाओं तथा सम्मेलनों में भारत का प्रतिनिधित्व करने का सौभाग्य प्राप्त हो चुका है। सर्वप्रथम सन् 1935 में द्वितीय अंतर्राष्ट्रीय ध्वनि-विज्ञान सम्मेलन (लंदन) में कलकत्ता विश्वविद्यालय के प्रतिनिधि के रूप में आप सम्मिलित हुए। 1938 ई. में तृतीय अंतर्राष्ट्रीय ध्वनि-विज्ञान सम्मेलन में; अंतर्राष्ट्रीय नृविज्ञान सम्मेलन, कोपेनहेगन में; अंतर्राष्ट्रीय प्राच्य सम्मेलन, ब्रूसेल्ज में कलकत्ता विश्वविद्यालय का आपने प्रतिनिधित्व किया। सन् 1948 में अंतर्राष्ट्रीय भाषाविद् सम्मेलन, अंतर्राष्ट्रीय प्राच्य सम्मेलन, पेरिस अंतर्राष्ट्रीय नृविज्ञान सम्मेलन में भारत सरकार तथा कलकत्ता विश्वविद्यालय के प्रतिनिधि के रूप में आप सम्मिलित हुए। सन् 1949 में अंतर्राष्ट्रीय

---

* लेखक को श्रद्धेय डॉक्टर साहब के अनेक भाषण सुनने तथा पूना, अन्नामलाई आदि स्थलों पर कक्षा-व्याख्यानों में उपस्थित होने का, साथ ही 'अंग्रेजी के आगत शब्दों का भाषातात्त्विक अध्ययन' शीर्षक शोध-प्रबंध के संबंध में अनेक बार निजी वार्तालाप करने का अवसर मिला है। जिस किसी को भी आपके व्यक्तिगत संपर्क में आने का सौभाग्य मिला होगा वह मेरे इस मत से सहमत होगा।

कमेटी (ब्रेल वर्णमाला) यूनेस्को, पेरिस के समक्ष आपने अपने विद्वत्तापूर्ण विचार प्रस्तुत किए, साथ ही इसके अन्य सम्मेलनों में (सन् 1950-1951 में) भी भाग लिया। सन् 1954 में अंतर्राष्ट्रीय प्राच्य विशारद परिषद् केम्ब्रिज तथा इंडोनेशियन भाषा सम्मेलन में भारत सरकार के प्रतिनिधि के रूप में आपने भाग लिया। सन् 1955 में भारतीय विश्वविद्यालय के चीन शिष्टमंडल में आप सम्मिलित हुए।

भारतीय भाषाओं के विद्वान के रूप में अंतर्राष्ट्रीय ख्याति प्राप्त होने के कारण देश-विदेश में अनेक बार आपको व्याख्यान देने के लिए विशिष्ट अतिथि के रूप में बुलाया गया। सर्वप्रथम बटाविया में आपके व्याख्यानों का आयोजन हुआ। बर्लिन विश्वविद्यालय की प्राच्य इंस्टिट्यूट, भारत में गुजरात सभा के अनुसंधान तथा स्नातकोत्तर विभाग में दिए गए अनुसंधानपरक भाषण बहुत महत्त्वपूर्ण हैं। आपके अन्य व्याख्यानों में 'भारतीय संस्कृति के विकास में मंगोलिया की देन' (आसाम के विशेष संदर्भ में), पैंसिलवेनिया विश्वविद्यालय में दक्षिणी एशियाई अध्ययन के लिए स्कूल में एक वर्ष तक विजिटिंग प्रोफेसर के रूप में दिए गए व्याख्यान उल्लेखनीय हैं। समय-समय पर कोलम्बिया, न्यूयार्क, येल, न्यू हेवन विश्वविद्यालयों में भी आपने विद्वत्तापूर्ण व्याख्यान दिए। भारत में सन् 1954 से लिंग्विस्टिक्स स्कूलों में भी आपने अपने व्याख्यानों से देश भर के विद्यार्थियों को लाभान्वित किया।

सन् 1926 में प्रकाशित डॉ. चाटुर्ज्या की 'बंगाली भाषा की उत्पत्ति और विकास' विश्वविख्यात पुस्तक है। 1179 पृष्ठों के इस महाग्रंथ को भारतीय भाषाओं का विश्वकोश कहा जाए तो अत्युक्ति न होगी। सन् 1927 में लंदन से 'सेल्फ टॉट सीरीज' के अंतर्गत 'बंगाली' पर आपकी पुस्तक प्रकाशित हुई। सन् 1942 में अहमदाबाद से गुजरात विद्या सभा में दिए गए भाषणों का संकलन 'इंडोआर्यन एंड हिंदी' नाम से प्रकाशित हुआ। 1954 में इसका हिंदी अनुवाद 'भारतीय आर्य भाषा और हिंदी' प्रकाशित हुआ। सन् 1943 में 'लैंग्वेज एंड लिंग्विस्टिक प्रोब्लम' नामक ग्रंथ प्रकाशित हुआ जिसके 1951 में 'भारतीय भाषाएँ और भाषा समस्याएँ' शीर्षकों से हिंदी तथा बंगाली अनुवाद भी प्रकाशित हुए। सन् 1954 में प्रकाशित 'आसाम एंड इंडिया' भी महत्त्वपूर्ण पुस्तक है। डॉ. चाटुर्ज्या ने प्राचीन पुस्तकों का भाषापरक गंभीर अध्ययन प्रस्तुत किया जिनमें सन् 1940 में प्रकाशित 'वर्ण-रत्नाकर' तथा सन् 1953 में प्रकाशित 'उक्ति व्यक्ति प्रकरण' विशेष उल्लेखनीय हैं। उदयपुर के राजस्थान विश्वविद्यापीठ के आमंत्रण पर राजस्थानी भाषा पर दिए गए भाषणों का संग्रह 'राजस्थानी' शीर्षक से साहित्य शोध-संस्थान, राजस्थान द्वारा सन् 1949 में प्रकाशित किया गया। डॉक्टर साहब के लगभग दो ढाई सौ भाषा-शास्त्रीय निबंध भी विभिन्न पत्र-पत्रिकाओं में प्रकाशित हुए हैं। आपके कुछ निबंधों का संकलन हिंदी में 'ऋतम्भरा' शीर्षक से प्रकाशित हो

चुका है। हिंदी की दृष्टि से दो लेख अत्यंत महत्त्वपूर्ण एवं पठनीय हैं जिनमें हिंदी के प्रति आपके सच्चे उद्‌गार देखे जा सकते हैं और वे हैं :

(1) **शौरसेनी भाषा की परंपरा और विकास**–पोद्दार अभिनंदन ग्रंथ

(2) **हिंदी का उत्तराधिकार**–भारतीय साहित्य, क.मुं. हिंदी तथा भाषा-विज्ञान विद्यापीठ, वर्ष 1 अंक 1।

अप्रैल 1957 में अन्नामलाई विश्वविद्यालय के द्रविड़ भाषा-विज्ञान विभाग के उद्‌घाटन अवसर पर दिए गए विद्वत्तापूर्ण भाषण में द्रविड़ भाषाओं पर आपके विचार विशेष महत्त्वपूर्ण हैं। संस्कृति भाषा पर अभी हाल में आपका एक लेख 'लैंग्वेज' के इक्कीसवें खंड में प्रकाशित हुआ। समस्त भारतीय भाषाओं पर आपके नवीनतम विचार मद्रास से प्रकाशित 'लैंग्वेजिज आव इंडिया' शीर्षक पुस्तक में संगृहीत हैं।

भाषा-विज्ञान से इतर अनेक क्षेत्रों में डॉ. चाटुर्ज्या की देन है। यात्रा साहित्य के अंतर्गत 'पश्चिमेर यात्री', 'द्वीपमय भारत', 'यूरोप के भ्रमण', साहित्य के अंतर्गत 'चंडीदास की पदावली', बंगला भाषा और साहित्य पर अनेक प्रामाणिक ग्रंथ; संस्कृति के अंतर्गत 'जाति, संस्कृति और साहित्य', 'भारत संस्कृति' आदि ग्रंथ उल्लेखनीय हैं।

भाषा, साहित्य, संस्कृति, कला, पुरातत्त्व आदि अनेकानेक शास्त्रों के उद्‌भट विद्वान, मनीषी डॉ. चाटुर्ज्या को देश-विदेश के अनेक सम्मेलनों एवं परिषदों का उद्‌घाटन तथा अध्यक्षपदीय भाषण देने का भी सौभाग्य प्राप्त हुआ है। आपके उद्‌घाटन भाषण भी किसी शोध-निबंध से कम उल्लेखनीय नहीं होते। इस संबंध में 'हिंदी मेला-पुस्तक' का 'श्री गणेशाय नमः' शीर्षक भाषण देखा जा सकता है, सन् 1935 में अंतर्राष्ट्रीय ध्वनि-विज्ञान सम्मेलन की भारतीय शाखा के 1936-37 में अखिल ब्राह्मी-बंगाली साहित्य सम्मेलन, रंगून के सन् 1939 में अखिल बंगाली साहित्य सम्मेलन, कोमिल्ला के सन् 1946 में अखिल भारतीय हिंदी साहित्य सम्मेलन, कराची के 34वें अधिवेशन के राष्ट्रभाषा परिषद् के सन् 1953-55 में एशियाटिक सोसायटी, कलकत्ता के तथा प्राच्य भारतीय परिषद् अधिवेशनों में कई बार आपको अध्यक्ष बनने का गौरव प्राप्त हुआ है।

उनके योग्यतम शिष्य तथा उत्तराधिकारी डॉ. सुकुमार सेन ने श्रद्धांजलि देते हुए लिखा : "His wide knowledge and deep human sympathy mingled with his gentle nature made her deal to all."

यह है डॉ. चाटुर्ज्या का व्यक्तित्व जिसने अनेक भाषाओं के उद्‌भव और विकास का शास्त्रीय एवं वैज्ञानिक इतिहास प्रस्तुत करके इस देश के भाषायी निर्माण के विशालतम कार्य में महान योग दिया।

राहुल सांकृत्यायन

[सन् 1893-1963]

श्री राहुल सांकृत्यायन वस्तुतः महापंडित थे। मानव-जीवन, समाज, संस्कृति के जितने अंगों पर, साहित्य की जितनी विधाओं पर, ज्ञान-विज्ञान के जितने अंग-उपांगों पर राहुलजी की लेखनी उठी है उतने क्षेत्रों में कोई अन्य कल्पना भी नहीं कर सकता। इतने व्यापक दृष्टिकोण वाला कोई दूसरा साहित्यकार मनीषी हिंदी-क्षेत्र में नहीं हुआ जिसने 'महापंडित' शब्द को सार्थक किया हो।

राहुलजी ने यात्रा, देश-दर्शन, साम्यवाद, राजनीति, दर्शन, साहित्य, इतिहास, विज्ञान, उपन्यास, कहानी, जीवनी, बौद्ध-धर्म, नाटक आदि ग्रंथों का प्रणयन हिंदी, संस्कृत, पालि, अंग्रेजी आदि भाषाओं में किया। प्राकृत-पालि, अपभ्रंश के तो आप प्रकांड पंडित थे। देश-दर्शन और यात्राओं के फलस्वरूप जितना पड़ोसी देशों की भाषाओं—तिब्बती, चीनी, रूसी, ईरानी, बर्मी, सिंहली आदि का ज्ञान राहुल जी को था उतना संभवतः किसी एक दूसरे व्यक्ति को नहीं था जो एक साथ भाषा, साहित्य, संस्कृति का ज्ञाता होने के कारण इन पड़ोसी देशों में हमारा सांस्कृतिक राजदूत बना हुआ था। आज आवश्यकता ऐसे ही सक्षम व्यक्तियों की है जो विभिन्न देशों में हमारा प्रतिनिधित्व करते हैं पर दुर्भाग्य से विभिन्न देशों में भेजे जाने वाले हमारे राजदूत न तो भारतीय संस्कृति से ही पूर्णतया परिचित होते हैं, न भारतीय भाषाओं का ही उन्हें विशेष ज्ञान होता है और जिस देश में राजदूत बनाकर भेजे जाते हैं उस देश की भाषा और संस्कृति का ज्ञान तो वे लोग उस देश में ही जाकर अधिक करते हैं। आज तो राजदूतों की एक ही योग्यता है कि वे कितनी अच्छी अंग्रेजी बोल सकते हैं और अंग्रेजी सभ्यता और संस्कृति का कितना अच्छा प्रतिनिधित्व कर सकते हैं। दिनांक 7-11-64 को उप-विदेश-मंत्री महोदय ने अपनी रेडियो वार्ता में यह स्वीकार किया है कि

''हमारे व्यक्तियों को विभिन्न देशों में जाकर छह महीनों में वहाँ की भाषा सीखनी पड़ती है। क्यों नहीं पहले से भारत सरकार ऐसे सैकड़ों व्यक्तियों को तैयार करती है जो किसी एक देश की भाषा और संस्कृति से पूर्णतया परिचित हों। क्या आवश्यकता है कि हमारे देश में करोड़ों व्यक्ति केवल अंग्रेजी ही का ज्ञान प्राप्त करें और अंग्रेजी सभ्यता और संस्कृति से ही परिचित बने रहें। इस संबंध में हिंदी साहित्य सम्मेलन के बंबई अधिवेशन के अध्यक्ष पद से भाषण देते हुए राहुल जी ने स्पष्ट शब्दों में कहा था, मेरा अभिप्राय यह नहीं है कि हमें विदेशी भाषाओं का बहिष्कार करना चाहिए। ऐसी कूप-मंडूकता नहीं चल सकती, अब हमारा स्वतंत्र देश विश्व का एक अंग है। दूसरे स्वतंत्र राष्ट्रों से हमारा राजनीतिक संबंध स्थापित होता जा रहा है। यह संबंध बहुत महत्त्वपूर्ण है, और इसमें अपने प्रथम श्रेणी के मस्तिष्कों को हमें लगाना है। हम अपने राजदूतों और कोंसलों के लिए तत्काल कोई भी कामचलाऊ प्रबंध कर सकते हैं लेकिन इसके लिए हमें स्थायी कर्मियों को तैयार करना पड़ेगा। अभी तो आरंभ ही हुआ है इसलिए इस संबंध में जो हो रहा है, उसे दोष देने की आवश्यकता नहीं, लेकिन योग्य कर्मियों को तैयार करने के लिए उनकी सुव्यवस्थित शिक्षा का प्रबंध करना होगा। अंग्रेजी से भले ही दुनिया के कितने ही मुल्कों में काम चले सके, लेकिन केवल अंग्रेजी ज्ञान के भरोसे हमारे राज-प्रतिनिधि अंग्रेजी भिन्न भाषा-भाषी देशों में अपने कर्त्तव्य को ठीक तरह से पालन नहीं कर सकेंगे। अभी हमारे राजनीतिक कर्णधारों में अंग्रेजी का ही बोलबाला है और दुनिया की हरेक चीज को वह अंग्रेजी के चश्मे से ही देखते हैं। यह मनोभाव हमारे काम में हानिकारक होगा। कुछ विश्वविद्यालयों में दो-चार भाषाओं के पढ़ाने का प्रबंध हुआ है, कुछ निराकार विश्व-राजनीति का पाठ भी पढ़ा दिया जाएगा, लेकिन इतना पर्याप्त नहीं है। राज-प्रतिनिधि की शिक्षा के लिए चार-पाँच साल चाहिए। आपको जानना होगा, कि जिस देश के लिए उसे आप तैयार कर रहे हैं, एक-दो यूरोपीय भाषाओं के साथ उसे उस देश की भाषा अच्छी तरह पढ़नी चाहिए। भाषा पढ़ लेना ही पर्याप्त नहीं है उसे उस देश की संस्कृति का अच्छा ज्ञान होना चाहिए। देश के इतिहास और राजनीति का पूरा ज्ञान होना चाहिए। वहाँ की कला व साहित्य का परिचय होना चाहिए। मानवतत्व, नृवंश आदि के संबंधों में भी उसे पर्याप्त ज्ञान होना चाहिए। हमें चालीस के ऊपर भाषाओं वाले भिन्न-भिन्न देशों में अपने राज-प्रतिनिधि भेजने हैं। ...यह काम सिर्फ एक जगह और केंद्रीय संस्था के अधीन होना चाहिए। इसके लिए सबसे उत्तम स्थान है दिल्ली।'' अगर राहुल जी को किसी देश का

राजदूत बना दिया जाता तो निश्चित रूप से उस देश के संबंध तो दृढ़ होते ही साथ ही राहुल जी हम लोगों के मध्य और बने रहते।

राहुल जी के व्यक्तित्व तथा कृतित्व को पृथक् नहीं किया जा सकता और फिर अनेक दृष्टियों पर उनके कृतित्व पर प्रकाश डाला जा सकता है। ऐसी बहुमुखी प्रतिभा का व्यक्तित्व एशिया में दूसरा नहीं, जो एक साथ पर्यटक, राजनीतिक, समाज-सुधारक, विचारक, दर्शनशास्त्री, भाषाविद्, साहित्यकार, इतिहासवेत्ता तथा पुरातत्व का प्रकांड पंडित हो। उन्होंने यथासंभव हर क्षेत्र में कार्य किया प्राचीन ग्रंथों का उद्धार किया, यात्राओं के विवरण प्रस्तुत किए, महान् व्यक्तियों की जीवनियाँ लिखीं।

पृथक् से भाषाशास्त्र या किसी भाषा पर कोई ग्रंथ न लिखते हुए भी राहुल जी की देन इस क्षेत्र में कम नहीं। उनके फुटकर लेखों, अधिवेशनों तथा सम्मेलनों व अध्यक्षपदीय भाषणों तथा पुस्तकों की भूमिकाओं में बिखरी हुई सामग्री यह सिद्ध करती है कि वे एक साथ बहुभाषाविद् तथा भाषाशास्त्री थे और उनमें वस्तुतः किसी भी नई भाषा के सीखने के प्रति जिज्ञासा रहती थी और अवसर आते ही उसका सदुपयोग करते थे। मृत्यु से कुछ वर्ष पूर्व आप श्रीलंका के विश्वविद्यालय में प्रोफेसर पद पर नियुक्त हुए थे फलस्वरूप आपने जो सिंहल भाषा का गंभीर अध्ययन, मनन, विवेचन कर विश्लेषण प्रस्तुत किया वह विस्तृत शोध निबंध के रूप में सम्मेलन पत्रिका में प्रकाशित हुआ।

1. सिंहल भाषा[1]

हिंदी को संकुचित अर्थ में नहीं ले सकते, जब कि मैथिली, अवधी, ब्रज और राजस्थानी की कविता को हम हिंदी-कविता कहते हैं, बल्कि अपनी जननी अपभ्रंश (पांचाली) की स्थानीया होने से उसमें असमिया, बंगला, उड़िया, मराठी, गुजराती, पंजाबी को भी शामिल कर सकते हैं। सुदूर दक्षिण-समुद्र के भीतर, दमिल (तमिल) समुद्र के व्यवधान के होने पर भी सिंहल हिंदी के परिवार की भाषा है। महाप्राण के अल्पप्राण, दीर्घ के ह्रस्व जैसे कुछ परिवर्तनों को हटा देने पर हम एक दूसरे की भाषा को दो महीने के अभ्यास से समझ सकते हैं।

सिंहल के लोग तालव्य और मूर्द्धन्य वर्णों का उच्चारण करने में प्रायः असमर्थ थे। ...छठी-सातवीं सदी की भाषा और लिपि आगे की भाषा और लिपि की कुंजी

1. सम्मेलन पत्रिका भाग 46 संख्या 1 पृष्ठ 3 से 21 तक तथा सम्मेलन पत्रिका भाग 37 संख्या 2 पृष्ठ 3 से 23 तक।

है जिसके सौ से अधिक शिलालेख मिले हैं पर अभी तक उसके साथ न्याय नहीं हुआ है। आठवीं सदी के शिलालेखों और लिपि को देखकर आँख मलनी पड़ती है—कैसे इतना अंतर? हाँ, अब जो भाषा और लिपि का विकास दिखाई पड़ता है वह सर्प की सरकती गति नहीं बल्कि मेढक-कुदान सूत्र की अँधेरे में हाथ से छूट गया सा मालूम होता है। पर जरा-सी नजर और गड़ाने पर पता लगता है कि राख के नीचे वही चिंगारियाँ भरपूर पड़ी हैं जो उत्तर भारत से गई थीं। ...महाप्राण और दीर्घस्वरों का बायकाट, ऋकार का उच्चारण रुकार आदि कितने ही तमिल प्रभाव भी दिखाई पड़ते हैं। ...जहाँ हमारी अपभ्रंशें हिमालय की चोटियों से उड़ीसा-महाराष्ट्र तक और आसाम से सिंध तक परस्पर नथी हुई थीं वह बिना नथेल का ऊँट नहीं बन सकती थीं उनके पीछे प्राकृत की यशस्वी परंपरा मौजूद थी, वहाँ सिंहल की सीमा के अंदर रखने के लिए क्षार समुद्र और द्रविड़ समुद्र जैसे विजातीय तत्त्व थे। ...सिंहल द्वीप है, साथ ही संस्कृति और भाषा में विशाल उत्तरी भारत का अभिन्न अंग है। उसकी संस्कृति ऐसी है जो उत्तर भारत को अत्यंत आत्मीय मानने के लिए सदा तैयार रही है। तमिल यदि समस्या है तो वह सिंहल के लिए नहीं भारत के लिए भी है।

इसके आगे भैया भाषा (भोजपुरी-अवधी) का सिंहल से संबंध स्थापित किया गया है जिसमें अल-इल प्रत्यय, नवा, वा से अंत होने वाले शब्द आदि सैकड़ों ऐसे शब्दों का साम्य दिखाया गया है जो सिंहल और भोजपुरी में प्राप्त हैं। जिस सिद्धांत का प्रतिपादन किया उसका निष्कर्ष इस प्रकार है :

अस्तु, सिंहल में शारीरिक श्रम की पूँजी लेकर जानेवाले अधिकतर पुरबिया थे, मानसिक-बौद्धिक पूँजी लेकर जानेवालों में सारा उत्तर, पूर्व और पश्चिम भारत शामिल था।

चौथे खंड में सिंहल भाषा का विकास दिखाते हुए यह स्पष्ट किया है कि उच्चारण में सिंहल भाषा द्रविड़ों से बहुत प्रभावित हुई। यह प्रभाव दो तरह से आया :

1. उत्तर भारत में भी द्रविड़-आर्य समागम हुआ था, इस प्रकार वहाँ की भाषा पर भी प्राग्द्रविड़ भाषा का प्रभाव पड़ा था। इस प्रभाव को लेकर वहाँ के लोग सिंहल आए थे। यह प्रभाव कम ही था।
2. सिंहल में भी जाति पर द्रविड़ प्रभाव अधिक पड़ा। तमिल भाषा में वर्ग के चार अक्षरों का काम प्रथम अक्षर से लिया जाता है, बोलने में भी और लिखने में भी। गाँधी तमिल में कंती ही लिखा जा सकता

है क–ख–ग–घ और ह का भी स्थान लेता है और 'त' से त–थ, द, ध का। च से छ, ज, झ का ही काम नहीं लिया जाता बल्कि श, ष, स का भी काम च को सौंपा गया है। सिंहली ने स–च का बहुत अधिक प्रयोग किया है।

संस्कृत-पालि-अपभ्रंश-प्राकृत हिंदी तथा सिंहली से शब्द लेकर लोप विपर्यय तथा प्रत्याहार बनाना दिखाया गया है। सैकड़ों संस्कृत के शब्द लेकर यह दिखाया गया है कि कैसे अनेकाक्षरिक शब्द एकाक्षरिक होते चले गए हैं।

वेग और वेद दोनों ही सिंहली में 'वे' बन गए हैं। इसी प्रकार–

बात और वाह–'वा' बन गए।

भू और भूत–'बू' बन गए।

श्वेत क्षेत्र–'से' बन गए।

राग, हद, राहु–'रा' बन गए।

धातु और जातु–'दा' बन गए।

सिंहली में एकार्थक शब्द बढ़ते चले गए इसके कई कारण हैं। कर्म और काम आगे चलकर 'काम' बन गया; धान्य, ध्यान, धन तथा जन 'दन' बन गए; दमन, धर्म, दाम, द्रम्य, धाम सभी 'दम' बन गए और छत्र, शास्त्र, सत्य तथा सत्व 'सत'।

आगे चलकर इसी अध्ययन में प्रायः सभी वर्णों का सोदाहरण विस्तृत अध्ययन प्रस्तुत किया गया है। संक्षेप में स्वर, व्यंजन, सहायक क्रियाओं का प्रयोग तथा धातुओं का अध्ययन भी अंत में दिया गया है। एक प्रकार से ऐतिहासिक, तुलनात्मक तथा वर्णनात्मक तीनों की दृष्टि से यह सिंहली का आदर्श अध्ययन है।

2. सिद्ध-सामंत-युग के कवियों की भाषा[1]

हमारे 'इस युग (760-1300 ई.) की भाषा और आज की भाषा' में काफी अंतर है, यह हम मानते हैं, तो भी हम बतलाएँगे, कि मूलतः वह भाषा और आज की भाषा एक है। इस युग में भी सरहपा (760 ई.) और राजशेखर सूरि (1300 ई.) के बीच की पाँच सदियों में भाषा अचल नहीं बनी रही। वस्तुतः दुनिया में कोई चीज रह ही नहीं सकती। वहाँ यदि कोई अचल है, तो यही परिवर्तन का नियम। पीढ़ी के बाद पीढ़ी आती गयी और भाषा भी उसके साथ बदलती गई। यदि हम सत्तर बरस की दादी की भाषा को देखें, तो उससे पोती की भाषा में परिवर्तन साफ

---

1. हिंदी काव्यधारा-अवतरणिका के अंतर्गत, पृष्ठ 3-31।

दीख पड़ेगा। आपने सुन रक्खा होगा, कि इस भाषा को अपभ्रंश कहते हैं, शायद इससे आप समझने लगे होंगे, कि तब तो यह हिंदी से जरूर अलग भाषा होगी। लेकिन नाम पर न जाइए, इसका दूसरा नाम 'देशी' भाषा भी है। अपभ्रंश इसे इसलिए कहते हैं कि इसमें संस्कृत शब्दों के रूप भ्रष्ट नहीं अभ्रष्ट–बहुत ही भ्रष्ट–हैं, इसलिए संस्कृत पंडितों को ये जाति-भ्रष्ट शब्द बुरे लगते होंगे। लेकिन शब्दों का रूप बदलते-बदलते नया रूप लेना अपभ्रष्ट होना–दूषण नहीं भूषण है, इससे शब्दों के उच्चारण में नहीं अर्थ में अधिक कोमलता, अधिक मार्मिकता आती है। 'माता' संस्कृत शब्द है, उसका 'मातु' 'माई' और मावो' तक पहुँच जाना अधिक मधुर बनने के लिए था।

परिशिष्ट[1] 3 में कुछ खास देहाती और तद्भव शब्दों पर टिप्पणियाँ प्रस्तुत की गई हैं जिनमें से मैं यहाँ एक उदाहरण दे रहा हूँ :

कणइल्ल–कर्णकील या कर्णफूल, में. भी. का. कनइल–कनैल, करवीर का फूल। संभव है पहले इस फूल को कानों में लगाते रहे होंगे। वहाँ गाड़ी या हल में जुते बैलों के कंधे को बाहर न निकलने देने के लिए जुए न दोनों ओर जो कीलें लगाते हैं उन्हें भी कनइल वा कनैल कहा जाता है क्योंकि वे, बैलों के कानों के बिलकुल पास रहती हैं। गाछीम आम का वह पेड़ भी जो कोने में पड़ता हो कोनइला वा कनैला कहलाता है। पूर्वी युक्त प्रांत और बिहार में 'कनैला' नाम वाले दो-चार गाँव भी हैं। काशिका और अवधी में उसी फूल को कनेल या कनेर कहते हैं।

3. फुटकर लेख तथा अध्यक्षपदीय भाषण[2]

इसके अंतर्गत निम्नलिखित भाषण लिए जा सकते हैं :

3.1 हिंदी भाषा की प्राचीनता–ओरियंटल कान्फ्रेंस, सन् 1933।

3.2 मुंगेर जिला-साहित्य सम्मेलन, जनवरी 1936 के सभापति पद से : इसमें साहित्य, भाषा, व्याकरण, लिपि, उर्दू लिपि पर विचार प्रकट किए थे। स्पष्ट शब्दों में आपने कहा कि हिंदी भाषा के कोश में मैथिली, मगही, भोजपुरी (मल्लिका-काशिका) अवधी, बघेली, बुंदेलखंडी, ब्रजभाषा, उत्तर-पांचाली (मुरादाबाद, बिजनौर आदि जिलों की भाषा) हरियाणी, पंजाबी, हिंदकी, मारवाड़ी, मेवाड़ी, मालवी[3], छत्तीसगढ़ी, बघेलखंडी आदि जो स्थानीय भाषाएँ हैं उनका बृहत् शब्द-कोश तैयार किया जाय और

1. हिंदी काव्यधारा–अवतरणिका के अन्तर्गत, पृष्ठ 491-496।
2. ये सभी लेख तथा भाषण 'साहित्य निबंधावली' में संकलित हैं। प्रकाशक, किताब महल, इलाहाबाद।

उनसे इस तरह के सामान्य शब्दों को लेकर हिंदीकोश में रख दिया जाय।

3.3 हिंदी प्रचारिणी सभा के तेरहवें वार्षिकोत्सव 15-12-1936 का भाषण जिसमें प्रमुख भाषा के अतिरिक्त हिंदी-उर्दू की समस्या पर प्रकाश डाला।

3.4 बिहार-प्रांतीय साहित्य सम्मेलन रांची, दिसंबर, 1938 में सभापति का भाषण जिसमें आपने हिंदी-उर्दू, व्याकरण में संशोधन, हिंदी भाषा को अधिक सुगम और सार्वजनिक बनाने के लिए कुछ सुझाव, लिपि-सुधार तथा स्थानीय भाषाओं पर विचार प्रकट किए थे।

3.5 सारन हिंदी साहित्य सम्मेलन सन् 1938 में सभापति का भाषण, इसमें भी हिंदी-उर्दू प्रश्न को उठाया गया था।

3.6 साहित्यचर्चा में मातृ-भाषाओं की समस्या को उठाया गया है।

3.7 मातृ-भाषाओं का प्रश्न शीर्षक लेख में आपने जो जनपदीय भाषाओं को प्रस्तुत किया वह सराहनीय तथा इस दिशा में सबसे पहला कार्य था :

भाषा	जनपद	राजधानी
हिंदकी	प. पंजाब	रावलपिंडी
मध्य-पंजाबी	मध्य पंजाब	लाहौर
पूर्वी पंजाबी	पूर्वी पंजाब	लुधियाना
सिंधी	सिंध	कराची
मुलतानी	मुलतान	मुलतान
काश्मीरी	काश्मीर	श्रीनगर
पश्चिमी पहाड़ी	त्रिगर्त	कांगड़ा
हरियानी	हरियाना	दिल्ली
मारवाड़ी	मारवाड़	जोधपुर
वैराटी	विराट	जयपुर
मेवाड़ी	मेवाड़	चित्तौड़
मालवी	मालवा	उज्जैन
बुंदेली	बुंदेलखंड	झाँसी
ब्रज	शूरसेन	आगरा
कौरवी	कुरु	मेरठ
पांचाली	रुहेलखंड	बरेली

भाषा	जनपद	राजधानी
गढ़वाली	गढ़वाल	श्रीनगर
कूर्मांचली	कूर्मांचल	अलमोड़ा
कौसली	कोसल	लखनऊ
वात्सी	वत्स	प्रयाग
चेदिका	चेदी	जबलपुर
बघेली	बघेलखंड	रीवाँ
छत्तीसी	छत्तीसगढ़	बिलासपुर
काशिका	काशी	बनारस
मल्लिका	मल्ल	छपरा
वज्जिका	वज्जी	मुजफ्फरपुर
मैथिली	विदेह	दर्भंगा
अंगिका	अंग	भागलपुर
मागधी	मगध	पटना
संथाली	संथाल परगना	जसीडिह

इसी निबंध में कौरवी-हिंदी के संबंध को स्थापित किया गया और राष्ट्रभाषा के रूप में उसके विकास की संभावनाओं पर प्रकाश डाला।

3.8 अखिल भोजपुरी सम्मेलन के अवसर पर अध्यक्ष पद से दिया हुआ भाषण तो मूलरूप में भोजपुरी में ही है।

3.9 हिंदी साहित्य सम्मेलन के 35वें अधिवेशन में अध्यक्ष पद से दिए गए भाषण का तो ऐतिहासिक महत्त्व है जिसमें, हिंदी, उर्दू-हिंदी-हिंदुस्तानी की समस्या, राष्ट्रलिपि, लिपि सुधार, उर्दू की भी नागरी लिपि हो, भाषा की विभिन्न समस्याएँ—व्याकरण तथा उच्चारण, हिंदी भाषा के भावी कुछ रूप, मातृभाषाएँ आदि समस्याओं का समाधान किया गया है।

3.10 हिंदी ही राष्ट्रभाषा—मई 1948 में दिया गया उल्लेखनीय भाषण।

3.11 हिंदी में पारिभाषिक शब्दों का निर्माण—अक्टूबर 1948 में दिया गया भाषण। इस क्षेत्र में आपने हिंदी साहित्य सम्मेलन के सभापति होने के बाद काफी कार्य भी किया।

3.12 यूरोप के रोमनी भारतीय में रोमनी भाषा के शब्दों की सूची भी दी है।

4. किन्नर-भाषा[1]

किन्नर देश की यात्रा करते समय आपने इस भाषा का अध्ययन किया और यात्रा के विवरण के बाद वहाँ के गीत भी संकलित किए साथ ही किन्नर-भाषा की संक्षिप्त रूपरेखा भी प्रस्तुत की :

किन्नर भाषा में तीन तत्त्व पाए जाते हैं मूल (किरात) भाषा हिंद-यूरोपीय (संस्कृत पारिवारिक) भाषा, भोट (तिब्बतीय) भाषा। इसके बाद शब्द-सूची दी गई है फिर विभक्तियाँ हैं जिनमें वह, तू, मैं के रूप दिए गए हैं। किन्नर धातुएँ भी संकलित की गई हैं। क्रियारूप देकर किन्नर भाषा में वार्तालाप भी नमूने के तौर पर दिए गए हैं।

5. मागधी का विकास[2]

मागधी भाषा के विकास पर एक विस्तृत अध्ययन प्रस्तुत किया है।

6. मातृभाषा के बृहत् संग्रह की आवश्यकता[3]

शोध के विद्यार्थियों के लिए यह निबंध अत्यंत आवश्यक है। इसमें किसी भी बोली के सर्वेक्षण की विधियाँ बतायी गई हैं। वर्णनात्मक भाषाशास्त्र के क्षेत्र में जो आधुनिकतम सिद्धांत स्थापित किए गए हैं जिनके आधार पर आदर्श सर्वेक्षण संभव है उन सबका प्रतिपादन इसमें किया गया है। अंत में 64 ऐसे पेशे दिए हैं जिनसे संबंधित शब्दावली का अध्ययन, उनकी भाषा, व्याकरण और कोश तैयार करना था। काश, राहुल जी की कल्पना साकार रूप धारण कर सकती।

7. पुरा लिपि[4]

इसमें भारत के प्राचीन अक्षरों अर्थात् वर्णमाला के रूपांतर प्रस्तुत किए गए हैं।

---

1. किन्नर-देश, किताब महल, इलाहाबाद, 1957 ई., पृष्ठ 376 से 391 तक।
2. पुरातत्त्व निबंधावली, किताब महल, इलाहाबाद, सन् 1958 ई., पृ. 182-189।
3. वही, पृष्ठ 190-200।
4. वही, पृष्ठ 258-260।

8. दोहा कोश की भाषा[1]

सरहपाद का प्रादुर्भाव आठवीं शताब्दी में हुआ। भाषा की दृष्टि से देखने पर भी यह एक नए युग का संधिकाल है। छांदस् (वैदिक भाषा) के बाद ईसापूर्व पाँचवीं-छटी सदी में भाषा ने नया रूप लिया, जिसके नमूने बुद्ध-वाणी और अशोक की धर्मलिपियों की भाषा में मिलते हैं और जिसे आसानी के लिए हम जनपदीय पालियाँ कह सकते हैं।

इसी अध्ययन में 'उच्चारण-प्रक्रिया' के अंतर्गत वर्णमाला स्वर तथा व्यंजन तथा वर्ण-परिवर्तन 'संज्ञा-सर्वनाम', के अंतर्गत लिंगभेद, सर्वनाम संख्या 'सुवंत्' के अंतर्गत विभक्ति-परसर्ग आदि, 'अपव्यय उपसर्ग' के अंतर्गत अव्यय तथा उपसर्ग तथा अंत में 'समास' 'तद्धित' 'क्रिया' तथा 'विशेषण' के अंतर्गत देशी शब्द आधुनिक भाषाओं में एकता, धातु सूची तथा शब्द-संग्रह दिया गया है।

पुस्तक के अंत में परिशिष्ट 3 में अपभ्रंश-भोट शब्दानुक्रमणी तथा परिशिष्ट 4 में दोहाकोश और भोट शब्दावली दिया गया है।

उपर्युक्त अध्ययन के अतिरिक्त राहुल जी ने तिब्बती भाषा के अध्ययन का भी सूत्रपात किया। भारत सरकार ने तो चीन के आक्रमण के बाद तिब्बत-चीनी परिवार की भाषाओं के अध्ययन की आवश्यकता समझी है। इस दिशा में आपके द्वारा तैयार की गई तिब्बती पाठावलि भाग-1, 2 तथा 3 उल्लेखनीय हैं। साथ ही तिब्बती बालशिक्षा और तिब्बती व्याकरण भी महत्त्वपूर्ण है।

भाषाओं के अध्ययन में तो आपकी इतनी रुचि थी कि जहाँ भी अवसर पाते थे आप अध्ययन में जुट जाते थे। साथ ही पारिभाषिक शब्दावली के निर्माण में आपने जो योगदान दिया यह अपने में कम महत्त्वपूर्ण नहीं। देश के दुर्भाग्य से वह कार्य पूरा न हो पाया।

---

1. दोहा कोश—राहुल बिहार राष्ट्रभाषा परिषद् 1957 ई. भूमिका में पृष्ठ 39 से 79।

आचार्य किशोरीदास वाजपेयी
[सन् 1895-1981]

आचार्य पं. किशोरीदास वाजपेयी हिंदी की प्रकृति पर मौलिक दृष्टि से चिंतन एवं अनुशीलन आधी शताब्दी से अधिक समय तक करते रहे। हिंदी भाषा की विभिन्न ज्वलंत समस्याओं पर जितने शोधपूर्ण लेख आचार्य वाजपेयी जी ने लिखे उतने किसी दूसरे ने नहीं। सामयिक समस्याओं पर आपने समय-समय पर सटीक टिप्पणियाँ बड़ी निर्भीकता से लिखीं। अनेक शब्दों की वर्तनी स्थिर करने/करवाने में आपने अथक् प्रयास किया। संस्कृत की शास्त्री परीक्षा में सफल होने पर महापंडित राहुल[1] तक को आश्चर्य हुआ। संस्कृत के पंडित होते हुए हिंदी की प्रकृति के अनुकूल होने के कारण 'राष्ट्रीय' की वर्तनी का पक्ष अनेक बार लिया :

> "हिंदी के 'राष्ट्रीय रूप' को भी गलत बतलाया गया। कहा गया कि संस्कृत में 'राष्ट्रिय' होता है इसलिए हिंदी में 'राष्ट्रिय' ही लिखना चाहिए। 'राष्ट्रिय' चल भी पड़ा। अखबारों से प्रचार होता है। काशी से 'राष्ट्रिय' चला था। कौन रोकता?"

इस समस्या पर अनेक बार पत्र-पत्रिकाओं में लिखा। अपनी 'हिंदी शब्द मीमांसा' (पृ. 69-71) तथा 'हिंदी की वर्तनी' (पृ. 31-35) में विस्तार से लिखा है। अंततः 'राष्ट्रीय' वर्तनी ही चली।

वृंदावन वास और वह भी युवावस्था में आचार्य वाजपेयी जी को प्राप्त हुआ फलतः उन्हें ब्रजभाषा का सहज ज्ञान प्राप्त हो गया। यह बात राहुल जी ने भी स्वीकार की है :

---

1. मार्शल ला (सन् 1919) के समय में ही परिणाम निकला और इस वर्ष की इस 'शास्त्री' परीक्षा में सर्वप्रथम आने वाले छात्र का नाम था—'किशोरीदास'। सभी विद्यार्थियों के मन में जिज्ञासा थी कि 'शास्त्री' परीक्षा के हत्याकांड में यह असाधारण-सफलता प्राप्त कौन है! हमें यही मालूम हो सका कि वह वृंदावन का एक वैष्णव साधु है।—महापंडित राहुल सांकृत्यायन

"किशोरीदास को मथुरा वृंदावन के बैरागियों के संपर्क से ही हिंदी (ब्रजभाषा) कविता के साथ परिचय प्राप्त करने का अवसर मिल सकता था, पर उसके प्रति आदर तभी हो सकता था, जबकि संस्कृत के पंडितों को वैसा करते देखते।"

आचार्य वाजपेयी वस्तुतः गोविंद प्रसाद थे, 'किशोरीदास' नाम भी वृंदावन की देन है। यह वाजपेयी ने स्वयं[1] स्वीकार किया है :

"मैं वृंदावन पहुँचकर रास-रंग में पड़ गया। पहले-पहल 'रास' देखा था। यमुना-स्नान, चना-चबैना, भोजन और रास का आनंद...मेरा असली नाम है—गोविंद प्रसाद। माता-पिता का दिया हुआ नाम है—'गोविंद प्रसाद'। फलतः मेरा नाम 'गोविंददास' होता परंतु मैंने पं. माधवदास जी की कथा सुन रखी थी। राधिका जी को वे लोग 'ब्रजेश्वरी', 'स्वामिनी जी', 'किशोरी जी' जैसे शब्दों से याद करते हैं। 'किशोरी लाल गोस्वामी' आदि नाम इसीलिए सामने हैं। मेरी प्रबल इच्छा थी, कि मेरा नाम 'किशोरीदास' हो। सो, दीक्षा गुरु ने जब पूछा—'नाम क्या है?' तो मैंने कहा—'किशोरीलाल'। ...नाम किशोरीदास हो गया।"

वृंदावन में रहने के कारण और साहित्यिक भाषा के रूप में ब्रजभाषा की मान्यता होने के कारण संभवतः आचार्य 'ब्रजभाषा का व्याकरण' लिखने की ओर प्रवृत्त हुए। यद्यपि उससे पूर्व ही डॉ. धीरेंद्र वर्मा का 'ब्रजभाषा व्याकरण' प्रकाशित हो चुका था और उनका शोधग्रंथ भी ब्रजभाषा पर था पर आचार्य वाजपेयी को यह बात विदित नहीं थी। यह बात उन्होंने अपने संस्मरण में लिखी है :

" 'ब्रजभाषा का व्याकरण' लिखने लगा और वह साथ-साथ छपने भी लगा। संपूर्ण व्याकरण लिख जाने पर अपने एक रिश्तेदार साहित्यिक (लखनऊ के पं. गिरिजा प्रसाद द्विवेदी) से पता चला कि डॉ. धीरेंद्र वर्मा का भी एक ब्रजभाषा-व्याकरण है! मैं यह सुनकर कुछ घबराया! कहीं मैं पिष्टपेषण तो नहीं कर गया! जब मैं छोटा था, तभी से ब्रजभाषा-व्याकरण की माँग[2] सुनता आ रहा था। इसीलिए श्रम किया था। मुझे मालूम होता कि डॉ. वर्मा

---

1. वही ग्रंथ, पृष्ठ 70-71। आचार्य किशोरीदास वाजपेयी, सन् 1961, पृ. 5; वृंदावन जाने की चर्चा कैसे चली इस पर विस्तार से लिखा है। वही, पृष्ठ 69-70।
2. 'ब्रजभाषा का व्याकरण' डॉ. वर्मा (1937 ई.) तथा आचार्य वाजपेयी (1943 ई.) के प्रकाशित हो जाने पर भी ब्रज साहित्य मंडल के तत्वावधान में एक अन्य व्याकरण के तैयार करने की माँग बनी रही जिसके लिए पाँच सदस्यों की एक 'व्याकरण समिति' का गठन किया गया। सदस्थ थे—डॉ. धीरेंद्र वर्मा, आचार्य वाजपेयी जी, डॉ. सत्येंद्र, श्री प्रभुदयाल मीतल, श्री रसिकेंदु। हीरक जयंती महोत्सव के समय दूसरे दिन 'ब्रजभाषा व्याकरण समिति' की बैठक भी रखी गई, जिसका सभापतित्व आचार्य किशोरीदास वाजपेयी ने किया था। डॉ. सत्येंद्र ने प्रस्तावित व्याकरण की एक विशद रूपरेखा प्रस्तुत

ब्रजभाषा का व्याकरण लिख चुके हैं, तो मैं क्यों उधर मरता! खैर, पुस्तक प्राप्त की, तो वह कर्कट का ढेर निकली! तब परिशिष्ट में उसका परिचय दिया! भूमिका में 'गुरु' आदि के व्याकरणों की ऐसी आलोचना की जिससे कि एक भूचाल आ गया—उथल-पुथल मच गई! तब से वाच्य-परिवर्तन कराने के प्रश्न आने बंद हो गए और हिंदी के नए व्याकरण की माँग होने लगी।''

'ब्रजभाषा का व्याकरण' हिंदी-जगत के लिए एक 'युग-परिवर्तनकारी' चीज के रूप में प्रसिद्ध है इसलिए इस पर कुछ अधिक कहना व्यर्थ है।[1]

ब्रजभाषा और ब्रज साहित्य से आचार्य वाजपेयी को जो अनुराग[2] हुआ वह उत्तरोत्तर बढ़ता ही गया। ब्रजभाषा के संबंध में उनकी स्पष्ट मान्यता थी :

> ''ब्रजभाषा में जैसे श्रेष्ठ साहित्य की सृष्टि हुई है वैसी अभी तक संस्कृत को छोड़कर किसी भारतीय भाषा में उपलब्ध नहीं है। अनेक मैथिल, बंगला, गुजराती और मद्रासी कवियों ने ब्रजभाषा में कविता की है। नरसी भक्त और नामदेव के ब्रजभाषा-पद आज भी महात्मा गाँधी जैसी आत्माओं के आराध्य हैं। इन सब अहिंदी भाषी महात्माओं ने ब्रजभाषा में कविता करके उसे उस समय एक प्रकार से 'राष्ट्रभाषा' ही स्वीकार कर लिया था।''

आचार्य वाजपेयी द्वारा सर्वप्रथम 'लेखन कला' की रचना की गयी जिसका प्रकाशन राम नारायण लाल ने किया। भाषापरक पुस्तकों में सर्वप्रथम 'ब्रजभाषा व्याकरण'[3] ही लिखा, जिसके बाद 'अच्छी हिंदी का नमूना' (सन् 1948) तथा 'राष्ट्रभाषा का प्रथम व्याकरण' (सन् 1953 ई.)। 'ब्रजभाषा का व्याकरण' पर व्याकरणाचार्य पं. अम्बिका प्रसाद वाजपेयी ने ही अपने एक लेख में समालोचना की थी और इसे हिंदी के व्याकरणों का व्याकरण[4] बतलाया था।

ब्रजभाषा व्याकरण का प्रारंभ तीन शताब्दी पूर्व हो चुका है। अठारहवीं

की थी किंतु आ. वाजपेयी ने उसे अमान्य कर दिया। व्याकरण तो बनी नहीं पर विवाद ही परस्पर इतना बढ़ गया कि यह योजना ही रद्द कर दी गई। इस विषय पर समिति के संयोजक डॉ. प्रभुदयाल मीतल ने विस्तृत आलेख 'ब्रजभाषा और आचार्य वाजपेयी जी' शीर्षक से 'आचार्य वाजपेयी और हिंदी शब्दशास्त्र' ग्रंथ में प्रकाशित किया। (पृ. 63-69)।

1. आचार्य किशोरीदास वाजपेयी, पृ. 263।
2. उनके इस ब्रजभाषा अनुराग ने ही उन्हें ब्रजभाषा में 'तरंगिणी' के दोहे लिखने की ओर प्रेरित किया।
3. ब्रजभाषा का व्याकरण, संशोधित तथा परिवर्तित संस्करण, 1948, रामनारायण लाल, प्रयाग, प्रथम संस्करण 1943 ई. पर आचार्य वाजपेयी जी के लेख के अनुसार इसका प्रकाशन वर्ष सन् 1944 ई. था।
4. वस्तुतः पं. अम्बिका प्रसाद वाजपेयी ने इस ग्रंथ के भूमिका भाग को यह संज्ञा दी थी।

शताब्दी के पूर्वार्ध में मीरजा खाँ ने फारसी के माध्यम से 'तोफहेतुल हिंद' (भारत का उपहार) नामक महत्त्वपूर्ण ग्रंथ की रचना की जिसके प्रारंभ में ब्रजभाषा का व्याकरण है जिसका अनुवाद श्री जियाउद्दीन ने अंग्रेजी में किया। इसी शताब्दी के उत्तरार्ध में 'ब्रजभाषा व्याकरण' की रचना गुजराती भाषी रत्नजित ने पद्य में की। उन्नीसवीं शताब्दी के प्रारंभ में लल्लूजी लाल[1] ने ब्रजभाषा की रूपरेखा प्रस्तुत की जिसको सन् 1811 में फोर्ट विलियम कालेज, कलकत्ता से प्रकाशित किया गया। भारतेंदु हरिश्चंद्र के पूज्य पिता जी बाबू गोपालचंद्र ने भी ब्रजभाषा का व्याकरण ब्रजभाषा छंदों में ही रचा।

आचार्य वाजपेयी रचित 'ब्रजभाषा का व्याकरण' की सर्वाधिक विशेषता यह है कि इसकी विस्तृत भूमिका में (पृ. 1 से 87) पहली बार परिनिष्ठित हिंदी की ज्वलंत समस्याओं पर लिखा गया जिसमें उपक्रम, व्याकरण का रूप, हिंदी भाषा की उत्पत्ति, हिंदी के विविध रूप, भाषा का स्वरूप तथा अंग विन्यास, शब्दों का स्वागत, शुद्धि और शासन, शब्दों का अनुशासन, वाक्य विन्यास, वाक्य और महावाक्य, संधियाँ, वर्णलोप, संधि की अनिवार्यता, ह्रस्व विधान, विभक्ति और कारक, कारक, शब्द ही कारक नहीं है, विभक्ति सटाकर या हटाकर, क्रियाओं के वाच्य, कर्त्ता के अनुसार क्रिया, कर्मवाच्य, भाववाच्य आदि 47 शीर्षक सम्मिलित हैं। इनमें से प्रारंभिक बत्तीस शीर्षकों का सीधा संबंध हिंदी के परिनिष्ठित रूप से है। आचार्य वाजपेयी जी के आगे के चिंतन का वस्तुतः यही मूलाधार है। व्याकरण के स्वरूप पर प्रकाश डालते हुए लिखा गया है :

> "व्याकरण उस शास्त्र का नाम है जिसमें भाषा के अंग-प्रत्यंग का पूर्ण विवेचन किया जाता है।" (पृष्ठ 2) व्याकरण में पुरानी परिभाषाओं का खंडन किया गया :
>
> "भाषा का शुद्ध बोलना तो माँ से या घर के दूसरे लोगों से सीखा जाता है और शुद्ध लिखना गुरु से। परंतु माँ-बाप या गुरुजन आदि व्याकरण नहीं हैं। हाँ जो किसकी मातृभाषा नहीं है वह उसे सीखने में और उसके शुद्ध प्रयोग में अवश्य व्याकरण का सहारा लेगा। सारांश यह है कि व्याकरण भाषा के विवेचन का नाम है।"

कुछ मौलिक उद्‌भावनाएँ भी इस भूमिका भाग में हैं, जैसे प्रेरणा तथा कर्तृ-कर्म प्रयोग की चर्चा इस प्रकार की गई है :

---

1. अब यह ग्रंथ आगरा विश्वविद्यालय, आगरा के क.मुं. हिंदी तथा भाषा-विज्ञान विद्यापीठ से पुनः मुद्रित कर दिया गया है।

''हिंदी व्याकरणों में 'प्रेरणा' तथा 'कर्म-कर्तृ' प्रयोग समझने में गलती की गयी है और 'कटना' का 'काटना' तथा 'कटाना' आदि प्रेरणार्थक रूप लिखे गए हैं सो यह सब भूल है। देखना यह चाहिए कि मूल धातु क्या है? साधारण क्रिया प्रेरणा में जब आती है तब स्वरूप विस्तार होकर उसके वो 'कर्ता' हो जाते हैं—प्रयोज्य और प्रयोजक। इसी तरह साधारण क्रिया जब 'कर्म'-'कर्तृ' प्रक्रिया में प्रयुक्त होती है, तब उसका असली कर्ता उड़ जाता है। जब वक्ता अपनी इच्छा से 'कर्ता' का उच्चारण नहीं करता है, तब 'कर्मकर्तृ' प्रयोग होता है (कर्मवाच्य नहीं) 'काटना' एक मुख्य क्रिया है, 'कटना' नहीं, क्योंकि इस क्रिया का कोई 'कर्ता' चाहिए। 'कर्म-कर्तृ' प्रयोग में जब सकर्मक क्रिया का 'कर्म' 'कर्ता' बन जाता है तब वह (कर्म न रहने से) अकर्मक हो जाती है।''

(ब्रजभाषा का व्याकरण)

पुस्तक के प्रारंभ में ही 'ब्रजभाषा' का महत्त्व प्रतिपादित करते हुए लिखा गया है, 'ब्रजभाषा' हिंदी की एक प्रधान 'बोली' है जिसे सबसे पहले साहित्यिक रूप मिला। आचार्य जी के अनुसार तीन बातें महत्त्वपूर्ण हैं—व्याकरण का सामान्य स्वरूप, भाषा, हिंदी के प्रचलित व्याकरण। उनके अनुसार यदि यह विषय छोड़ दिया जाय तो 'ब्रजभाषा का व्याकरण' कच्ची नींव पर रहेगा। आचार्य जी ने केवल चार बोलियों को प्रधानता दी है जिनको 'साहित्यिक' रूप दिया गया—ब्रजभाषा, अवधी, मेरठी (राष्ट्रभाषा के रूप में गृहीत) तथा राजस्थानी। ब्रज की 'बोली' क्यों एक व्यापक साहित्यिक भाषा बन गयी? (कई कारण से) देश भर ने इसे साहित्यिक भाषा के रूप में ग्रहण किया था।

यहाँ यह उल्लेखनीय है कि आचार्य वाजपेयी जी को ब्रजभाषा का सम्यक् ज्ञान था—साहित्यिक तथा उच्चरित दोनों। आपने ब्रजवास भी कई बार किया था और विशेष रूप से वृंदावन। साहित्यिक दृष्टि से ब्रजभाषा में काव्य रचना की। काव्यमर्मज्ञ आप प्रारंभ से रहे। उनके काव्य संग्रह 'तरंगिणी' को युगदेन कहा जा सकता है। क्योंकि तत्कालीन सभी सुप्रसिद्ध आलोचकों ने प्रशंसा की थी जिनमें आचार्य रामचंद्र शुक्ल, आचार्य महावीर प्रसाद द्विवेदी, तथा पं. कृष्ण बिहारी मिश्र आदि उल्लेखनीय हैं।

ब्रजभाषा का व्याकरण किसी स्थान विशेष की बोली का व्याकरण नहीं है वरन् ब्रजभाषा के उस साहित्यिक रूप का व्याकरण है जो व्यापक क्षेत्र में समझी जाती थी और काफी लंबे काल तक 'काव्यभाषा' के रूप में प्रतिष्ठित रही। इस बात को स्पष्ट करते हुए आचार्य जी ने लिखा है—''ब्रजभाषा कविता की भाषा

को ब्रज में 'बोली जाने बोली' से बिल्कुल मिलाकर देखना गलती है। दोनों में वही अंतर मिलेगा जो सुंदर उपवन और कुदरती जंगल में होता है। ...बुंदेलखंडी, अवधी तथा मेरठी आदि बोलियों का प्रत्यक्ष प्रभाव साहित्यिक ब्रजभाषा पर पड़ा है विशेषतः बुंदेलखंड का। ...मैं साहित्यिक ब्रजभाषा की बात कर रहा हूँ, भौगोलिक ब्रजबोली की नहीं। वह तो संकुचित दायरे में है।

इस हेतु भिखारीदास का यह कथन दिया गया है :

भाषा ब्रजभाषा रुचिर, कहैं सुमति सब लोय।
मिलै संस्कृत फारसी, पै अति सुगम जु होय॥

('काव्य निर्णय' से)

वैसे आचार्य वाजपेयी जी ने यह स्वीकार किया है कि "विशुद्ध ब्रजभाषा मथुरा और उसके आसपास के जिलों ही में समझी जाती है" (पृ. 70) और मैं तो साहित्यिक ब्रजभाषा की बात कर रहा हूँ भौगोलिक ब्रजबोली की नहीं। वह तो संकुचित दायरे में है (पृ. 74) उनकी महत्त्वपूर्ण उक्ति है जिसके लिए आपने अनेक उदाहरण प्रस्तुत किए हैं। उदाहरणार्थ ब्रज में 'को' के स्थान पर 'कूँ' है जबकि साहित्यिक ब्रज में 'कौं' जो बाद में जाकर कहीं-कहीं 'को' भी हो गया।

इस दृष्टि से आचार्य जी ने सूरदास जी को आदर्श ब्रजभाषा का कवि माना है और उनका संपूर्ण व्याकरण भी लगभग 'सूरदास' पर आधारित है। सूरपंचशती के अवसर पर क.मुं. हिंदी तथा भाषाविज्ञान विद्यापीठ के तत्वावधान में आयोजित संगोष्ठी में सुप्रसिद्ध आलोचक डॉ. नामवर सिंह ने सूर के महत्त्व को प्रतिपादित करते हुए स्पष्ट किया था कि सर्वोपरि महत्त्व यह है कि महाकवि सूर ने 'काव्य भाषा' का ऐसा स्वरूप हमारे सामने रखा जो शताब्दियों तक अन्य कवियों का आधार बना रहा। इस बात को स्पष्ट करते हुए आचार्य प्रवर वाजपेयी जी ने लिखा है कि ब्रज में बोली जाने वाली 'बोली' अपने उसी रूप में साहित्य की ब्रजभाषा नहीं बन गई। उसमें बहुत कुछ खरास-तरास और परिवर्तन-परिवर्द्धन हुआ है। भाषा के कौन से तत्त्व जल्दी बदलते हैं, कौन देर से बदलते हैं या नहीं बदलते इस विषय पर वाजपेयी जी ने लिखा है :

> "किसी भी भाषा के मूल शब्द उसका 'मूलधन' हैं या होते हैं 1. क्रियापद, 2. अव्यय, 3. विभक्तियाँ तथा 4. सर्वनाम। ये चार मुख्य स्तंभ हैं, जिन पर किसी भी भाषा का स्वतंत्र अस्तित्व टिका रहता है। ये शब्द कभी बदलते नहीं कभी किसी दूसरी भाषा से कोई भाषा नहीं लेते।"

(शब्दानुशासन, पृ. 40)

'ब्रजभाषा का व्याकरण' मात्र ब्रजभाषा का नहीं वरन् खड़ी बोली के व्याकरण की भी अनेक गुत्थियों को सुलझा देता है। कारक चिह्नों में ही नहीं क्रिया रूपों की इस अराजकता की ओर आचार्य शुक्ल ने भी संकेत किया है :

> "भाषा-संबंधी और अधिक मीमांसा न होने के कारण कवियों ने अपने को अन्य बोलियों के शब्दों तक ही परिमित नहीं रखा, उनके कारक चिह्नों और क्रिया रूपों का भी मनमाना व्यवहार बराबर करते रहें। ऐसा वे केवल सौकर्य की दृष्टि से करते थे, किसी सिद्धांत के अनुसार नहीं। 'करना' के भूतकाल के लिए वे छंद की आवश्यकता के अनुसार 'कियो', 'कीनो, 'करयो', 'करियो', 'कीन' यहाँ तक कि 'किय' तक रखने लगे। इसका परिणाम यह हुआ कि भाषा को वह स्थिरता न प्राप्त हो सकी जो किसी साहित्यिक भाषा के लिए आवश्यक है।"

(हिंदी साहित्य का इतिहास, पृ. 239, सन् 2003 सं.)

उनका ब्रजभाषापरक चिंतन 'व्याकरण' तक ही सीमित नहीं रहा वरन् बाद में भी चलता रहा। हिंदी की उपभाषाओं के वर्णन में आपने पांचाली (कन्नौजी) को बजभाषा से पृथक् स्वीकार किया है और उसको पृथक् स्वीकार करने के तर्क भी प्रस्तुत किए हैं, उनके अनुसार भाषा-भेद की कसौटियाँ विभक्ति, सर्वनाम, परसर्ग और क्रियापदों के रूप ही हैं। ब्रजभाषा और कन्नौजी की क्रियाएँ पृथक्-पृथक् हैं, अतः ये दोनों भाषाएँ भी पृथक्-पृथक् हैं।

(आचार्य वाजपेयी और उनका शब्द चिंतन, डॉ. अम्बाप्रसाद, पृ. 27)

भविष्यत् कालीन क्रियाओं में ब्रजभाषा कृदंतरूपिणी है और कन्नौजी तिङतरूपिणी। जैसे (ब्रज.) छोरा पढ़ैगौ। छोरी पढ़ैगी (कृदंत रूप)। (कन्नौजी) लरिका पढ़िहै। बिटिया पढ़िहै। (तिङन्तरूप) कन्नौजी की क्रिया कर्ता के लिंग से प्रभावित नहीं है, जबकि ब्रजभाषा की क्रिया प्रभावित है। कन्नौजी तथा ब्रज में यह मौलिक अंतर है।

ब्रजभाषा के मूल व्याकरण के प्रारंभ में ब्रजभाषा के कारक और विभक्तियों (ओ, ने, कौं, हि, सौं, तै (तें), को (के), की, में (मैं), महँ (माहिं), पै, पर) पर विचार विस्तार से किया गया है। अन्य कारकीय रूप जैसे पै, कौ-कौं का भी कर्ता के रूप में प्रयोग मिलता है इसका उद्घाटन भी किया गया है। 'पै' के विविध प्रयोगों की विशद व्याख्या की गई है और कर्तृवाच्य तथा कर्मवाच्य के सूक्ष्म भेद को स्पष्ट किया गया है। इस संबंध में दिया गया मुख्य नियम द्रष्टव्य है :

"जब क्रिया कर्तृवाच्य होती है उसके साथ कोई विभक्ति नहीं लगती। वर्तमान काल भविष्यत् काल में विधि तथा आज्ञा ही प्रायः कर्तृवाच्य क्रियाएँ होती हैं। अकर्मक क्रियाएँ भूतकाल में भी कर्तृवाच्य क्रियाएँ होती हैं।" दोनों का अंतर इस प्रकार स्पष्ट किया गया है :

1. बेंचत फिरति मधुर दधि गोपी

वर्तमान (स्त्री.) कर्ता (स्त्री.)

2. बेंचत फिरत दवाई मोहन

वर्तमान (पुं.) (कर्ता पुं.)

इस प्रकार सर्वनाम (पृ. 114-118) विशेषण (उद्देश्य तथा विधेय दोनों रूपों में) का संक्षिप्त विवेचन किया गया है। ब्रजभाषा की मूल प्रवृत्ति की ओर भी यहाँ संकेत है :

"ब्रजभाषा में अधिकांशतः 'ओ' का व्यवहार होता है—झगरो, कियो, गयो आदि। यानी 'आ' की जगह 'ओ' प्रायिक है ब्रजभाषा में।"

उदाहरणार्थ—कारो (काला), पीरो (पीला), मीठो (मीठा)।

कारक तथा वाच्य संबंधी भ्रांतियों का निराकरण तो किया ही गया पर ब्रज की प्रकृति के प्रतिकूल शब्दों की भी खोजबीन की गई। दुलारेलाल भार्गव की दोहावली में प्रयुक्त जिन विदेशी शब्दों की दुहाई दी गई आचार्य वाजपेयी ने उन सबकी कटु आलोचना की। 'उड़ि जाइगो', 'उड़ि मिलिहैं' की जगह जिन लोगों ने 'उरि जाइगो', 'उरि मिलिहैं' के प्रयोग की बात की और नियम बनाया कि 'ड़' के स्थान पर 'र' का प्रयोग होता है। उन्होंने स्पष्ट लिखा 'उड़िबे' की जगह 'उर्‍यो' कभी भी नहीं हो सकता है। डॉ. धीरेंद्र वर्मा के विचारों का खंडन भी किया है—"धीरेंद्र वर्मा ने लिखा है कि ब्रजभाषा में 'पड़ो' और बुंदेलखंडी में 'परो' होता है। परंतु डॉक्टर साहब का कहना गलत है। ब्रजभाषा में 'पड़ो' नहीं 'परयो' होता है।" इस प्रकार आचार्य वाजपेयी एक स्थान पर 'र' रूप का निषेध करते हैं जबकि दूसरे स्थान पर 'र' रूप की पुष्टि। वस्तुतः ब्रजभाषा क्षेत्र में दोनों ही रूप स्थान भेद से प्रयोग में आते हैं।

क्रिया तिशेषण विषयक भ्रांत धारणाओं की ओर भी संकेत किया है। डॉ. धीरेंद्र वर्मा ने क्रिया विशेषण के नाम पर ब्रजभाषा व्याकरण में तब, अब जालौ, तौलों, तौ, तद आदि शब्दों की लंबी सूची पेश की है। (व्याकरण, पृ. 132) ये

सभी शब्द कालवाचक हैं न कि क्रिया विशेषण। आचार्य वाजपेयी ने क्रिया विशेषण और कालवाचक अव्ययों के सूक्ष्म अंतर को स्पष्ट किया। वस्तुतः यह भ्रम अव्यय के स्थान पर अंग्रेजी शब्द 'एडवर्ब' के स्थान पर 'क्रिया विशेषण' के प्रयोग को लेकर हुआ। दूसरी ओर आचार्य वाजपेयी ने विशेषणों की तरह 'क्रिया विशेषणों' के भेद की भी चर्चा की :

"हाँ संज्ञा विशेषणों की तरह क्रिया विशेषणों के भी प्रकार हैं। 'राम जोर से हँसा' यह परिमाणवाचक क्रिया विशेषण है। 'तोता मीठा बोलता है' यहाँ गुणवाचक क्रिया विशेषण है। क्रिया में संख्या होती नहीं, इसलिए संख्यावाचक क्रिया विशेषण कैसे हो?"

विशेषण-विशेषण की बात सर्वप्रथम आचार्य वाजपेयी जी ने इस पुस्तक में स्पष्ट की है। 'अति के मीठे वचन' में 'अति' विशेषण-विशेषण है। यहीं यह उल्लेखनीय है कि उस समय कुछ वैयाकरण इसको 'अन्य शब्द' से अभिहित कर रहे थे।

'मूलक्रिया और उसके प्रयोग' में वाजपेयी जी ने काफी मौलिक प्रश्नों को उठाया है और स्पष्टीकरण भी दिया है। पग-पग पर उनका चिंतन देखा जा सकता है। 'उठना, बैठना, रोना, सजाना' मूल अकर्मक क्रियाएँ हुईं। प्रेरणा आदि में, इनके रूप कुछ और हो जाते हैं। अकर्मक क्रियाओं के 'कर्मकर्तृ' प्रयोग हो ही नहीं सकते क्योंकि कर्म यहाँ है ही नहीं। सकर्मक मूल क्रियाओं के 'कर्मकर्तृ' रूप को मूल क्रिया मान लिया है विकास को मूलरूप मान लिया है। (पृ. 143)

क्रिया का यह विवेचन अत्यधिक महत्त्वपूर्ण है अतएव इस बात पर पुनः बल दिया गया है।

'ब्रजभाषा का व्याकरण' पुस्तक पर माननीय संपूर्णानंदजी ने सम्मति लिखी :

> "यह पुस्तक उन लोगों के लिए तो उपयोगी है ही जो ब्रजभाषा के वाङ्मय का अध्ययन करना चाहते हैं परंतु ऐसे लोगों के लिए और भी उपादेय है जो ब्रजभाषा में रचना करना चाहते हैं। इस बात का डर है कि ऐसे नए कवि नए ढंग की ब्रजभाषा भी गढ़ डालेंगे। बस उन्होंने इतना समझ रखा है कि ब्रजभाषा में शब्द गोलमटोल कर लिए जाते हैं और कड़े व्यंजन नहीं आते।"

इधर पिछले तीस-पैंतीस वर्षों में ब्रजभाषा पर अनेक कार्य हुए हैं। ब्रज के प्रत्येक जिलों—मथुरा, आगरा, अलीगढ़, बुलंदशहर, एटा आदि पर बोली विज्ञान की दृष्टि से शोधकार्य हो चुके हैं फिर भी वाजपेयी जी के इस व्याकरण का महत्त्व बना हुआ है।

आचार्य किशोरीदास वाजपेयी की कुछ उल्लेखनीय रचनाएँ

हिंदी शब्दानुशासन (संशोधित सं.) काशी नागरी प्रचारिणी सभा, [सरल रूप, सन् 1959 (प्रथम सं. 1957)] वाराणसी, सन् 1967
हिंदी व्याकरण, मीनाक्षी प्रकाशन, मेरठ, सन् 1968
हिंदी शब्द-निर्णय, हिमालय एजेंसी, कनखल, सन् 1955
हिंदी शब्द-मीमांसा, मीनाक्षी प्रकाशन, मेरठ, सन् 1968
हिंदी निरुक्ति, जनवाणी प्रकाशन, कलकत्ता
हिंदी शब्द-मीमांसा, हिमालय एजेंसी, कनखल, सन् 1958
हिंदी की वर्तनी तथा शब्द भाषा की प्रकृति, राजधानी ग्रंथागार, सन् 1968
राष्ट्रभाषा का इतिहास, जनवाणी प्रकाशन, कलकत्ता, सन् 1951
राष्ट्रभाषा का प्रथम व्याकरण, राष्ट्रभाषा प्रचार समिति वर्धा, सन् 1958
अच्छी हिंदी, मीनाक्षी प्रकाशन, मेरठ, सन् 1968
अच्छी हिंदी का नमूना, हिमालय एजेंसी हरिद्वार, सन् 1952
ब्रजभाषा का व्याकरण, रामनारायण लाल, इलाहाबाद, सन् 1954
हिंदी का वैज्ञानिक विश्लेषण, सम्मेलन पत्रिका-39 (11), सन् 1952
हिंदी सर्वनामों के प्रातिपदिक, सम्मेलन पत्रिका-49 (2), सन् 1963
हिंदी में भविष्यत् काल, वही 45 (4), सन् 1969
हिंदी में शब्दों की एकरूपता, भाषा-2 (4), सन् 1963
हिंदी शब्द-निर्णय, सम्मेलन पत्रिका-40 (1), सन् 1953
हिंदी और प्राकृत-संस्कृत, नागरी प्र. पत्रिका-63, सन् 1918
संस्कृत और हिंदी के प्रातिपदिक, सम्मेलन पत्रिका-51 (1-2), सन् 1965
ब्रज की बोली और ब्रजभाषा, वही 83 (19), सन् 1947
अब वाणी प्रकाशन से 'आचार्य किशोरीदास ग्रंथावली' 6 खंडों में प्रकाशित

डॉ. बाबूराम सक्सेना
[सन् 1897-1988]

भारतीय विश्वविद्यालयों में कलकत्ता, बंबई (मुंबई) और मद्रास (चेन्नई) के बाद उत्तर भारत में प्रारंभ किया गया प्रथम विश्वविद्यालय 'इलाहाबाद विश्वविद्यालय' स्थायी रूप ले सका। इस विश्वविद्यालय के प्रथम-प्रथम डी.लिट्. के रूप संस्कृत के प्रोफेसर डॉ. बाबूराम सक्सेना हैं। आपका जन्म उत्तर प्रदेश के लखीमपुर खीरी में हुआ। आपका जीवन कठोर साधना से प्रारंभ हुआ। प्रारंभिक शिक्षा खीरी में प्राप्त कर उच्च शिक्षा के लिए क्रिश्चियन कॉलेज, इलाहाबाद में प्रवेश लिया। इलाहाबाद विश्वविद्यालय से सन् 1920 में संस्कृत में एम.ए. की परीक्षा सर्वाधिक अंकों से उत्तीर्ण की। कुछ समय के लिए काशी जाकर संस्कृत विद्वानों—पं. रामावतार शर्मा, पं. गोपीनाथ कविराज, पं. दामोदर गोस्वामी, प्रो. ध्रुव आदि से शिक्षा प्राप्त की। वहीं सुप्रसिद्ध भाषा शास्त्री प्रो. रुडोल्फ टर्नर से भेंट हुई जिन्होंने नेपाली पर विशेष कार्य किया था और आगे चलकर 'भारतीय आर्यभाषाओं का व्युत्पत्तिमूलक ऐतिहासिक और तुलनात्मक कोश' भी तैयार किया। प्रो. टर्नर के निर्देशन में **'लखीमपुर की बोली'** पर शोधपत्र तैयार किया जो बंगाल की एशियाटिक सोसायटी के जर्नल में प्रकाशित हुआ। इस शोधपत्र के प्रकाशन पर धूम मच गई जिस पर टिप्पणी करते हुए प्रो. टर्नर ने लिखा है :

> "This received highest commendation also from scholars in Europe especially from the master in Indo-Aryan linguistics, Professor Jules Bloch."

प्रो. टर्नर के पास रहते हुए आपने इस शोधकार्य को आगे बढ़ाया। अब तक प्रो. टर्नर लंदन विश्वविद्यालय में पहुँच गए थे सन् 1929-30 में शोध के साथ-साथ भाषाशास्त्र ध्वनि-विज्ञान, अवेस्ता आदि विषयों का गंभीर अध्ययन भी किया।

इससे पूर्व आपकी नियुक्ति इलाहाबाद विश्वविद्यालय में संस्कृत विभाग में प्रवक्ता पद पर सन् 1922 ई. में हो गई थी। वहीं पर रीडर और सन् 1950 में प्रोफेसर नियुक्त हुए।

संस्कृत के पदों पर रहते हुए भी भाषाशास्त्र में आपकी रुचि होने के कारण इस दिशा में सक्रिय रहे और सुप्रसिद्ध विद्वान पं. गंगानाथ झा की प्रेरणा से इलाहाबाद विश्वविद्यालय से सन् 1931 ई. में **'एवेल्यूशन ऑफ अवधी'** पर डी. लिट्. की उपाधि प्राप्त की जिसके परीक्षकों में मूर्धन्य भाषाविद् जार्ज ग्रियर्सन, ज्यूल ब्लाख़, ए.सी. वुलनर तथा डॉ. सुनीति कुमार चाटुर्ज्या थे। यही ग्रंथ हिंदी में **'अवधी के विकास'** शीर्षक से बाद में प्रकाशित हुआ।

इलाहाबाद विश्वविद्यालय से अवकाश प्राप्त करने के बाद सागर विश्वविद्यालय में भाषा-विज्ञान विभाग की स्थापना की जहाँ पर सहयोगियों के रूप में डॉ. रमेशचंद्र महरोत्रा तथा डॉ. देवीशंकर द्विवेदी ने अध्यापन किया जिन्होंने क्रमशः रायपुर विश्वविद्यालय, रायपुर तथा कुरुक्षेत्र विश्वविद्यालय, कुरुक्षेत्र में भाषा-विज्ञान विभाग में प्रोफेसर पद प्राप्त किए। सागर विश्वविद्यालय से आप तत्कालीन मुख्यमंत्री श्री द्वारिकाप्रसाद मिश्र के अनुरोध करने पर पं. रविशंकर शुक्ल की स्मृति में स्थापित रायपुर विश्वविद्यालय के उपकुलपति के रूप में रायपुर चले गए। श्री मिश्र का प्रो. सक्सेना से विद्यार्थी जीवन से संबंध रहा। डॉ. सक्सेना के संबंध में (एम.ए. की परीक्षा के उपरांत) उन्होंने व्यक्त किया :

> "ग्यारह में से तीन ही उत्तीर्ण हुए सक्सेना जी इलाहाबाद से और एक-एक परीक्षार्थी जयपुर और नागपुर से। इन उत्तीर्ण छात्रों में सक्सेना जी का स्थान प्रथम था।"

श्री मिश्र जी के अनुसार-"सक्सेना जी उच्चकोटि के विद्वान हैं, गंभीर प्रकृति के हैं, सदाचारी हैं। मैं उनके सद्गुणों से प्रभावित हूँ।" सागर विश्वविद्यालय तथा रविशंकर विश्वविद्यालय, रायपुर में उनके सहकर्मी प्रो. रमेशचंद्र महरोत्रा के अनुसार–"उनके व्यक्तित्व की एक विशेषता उनके सामीप्य में रहने वाले सभी व्यक्ति जानते होंगे कि वे जितने स्नेही हैं, उतने ही कठोर अनुशासन प्रिय भी। घर में वे जितने कोमल हृदय के लगते हैं, कार्यालय में उतने ही दृढ़ता के प्रतीक।"

रविशंकर विश्वविद्यालय, रायपुर के बाद आपने अपने विश्वविद्यालय, इलाहाबाद विश्वविद्यालय में भी कुलपति के पद को सन् 1972 से 1977 तक सुशोभित किया। उसी समय डॉ. गंगानाथ झा केंद्रीय संस्कृत विद्यापीठ, इलाहाबाद की कार्यकारिणी के अध्यक्ष भी रहे। भागलपुर विश्वविद्यालय में अतिथि आचार्य के रूप में भी रहे।

भारत के राष्ट्रपति ने संविधान के अनुसार आपको **'राजभाषा आयोग'** का सदस्य मनोनीत किया। आयोग ने दो वर्ष उपरांत (1955-56) अपनी रिपोर्ट प्रस्तुत की जिस पर संसदीय समिति ने विचार किया और सिफारिशों के अनुसार राष्ट्रपति ने सन् 1960 से आदेश जारी किए। इन आदेशों के अनुसार केंद्रीय हिंदी निदेशालय तथा वैज्ञानिक तथा तकनीकी शब्दावली आयोग की स्थापना की गई। शब्दावली आयोग की पहली बैठक 24 अक्टूबर, 1961 ई. में सदस्य के रूप में डॉ. बाबूराम सक्सेना ने भाग लिया। 'विज्ञान शब्दावली-1' शीर्षक से प्रकाशन हुआ जिसका संपादन डॉ. सक्सेना के साथ डॉ. निहालकरण सेठी ने किया। इस आयोग की सेवा प्रो. सक्सेना ने उपाध्यक्ष (1961-64) तथा बाद में अध्यक्ष के रूप में (1968-70) भी की। तीन दशक पूर्व छह दिसंबर 1968 की बैठक में डॉ. सक्सेना ने सुझाव रखा कि हिंदी वर्तनी के मानकीकरण के लिए संगोष्ठी आयोजित की जाए।

संविधान सभा के अध्यक्ष द्वारा सन् 1948 ई. में टाइपराइटर के लिए **देवनागरी 'की बोर्ड'** तथा आशुलिपि की वैज्ञानिक प्रणाली विकसित करने के लिए बनी समिति में डॉ. सक्सेना भाषा विशेषज्ञ के रूप में नियुक्त किए गए।

भाषा-विज्ञान के अध्ययन-अध्यापन में वह विद्यार्थी जीवन से जुड़े रहे। भारत लिंग्विस्टिक सोसायटी की स्थापना की और कई विश्वविद्यालयों में भाषा-विज्ञान विभाग को प्रारंभ किया/करवाया। डॉ. सक्सेना उस समिति के भी सदस्य थे जिसके द्वारा डॉ. आर्येंद्र शर्मा द्वारा लिखी गई **'हिंदी व्याकरण'** को अंतिम रूप दिया गया। हिंदी के लिए देवनागरी लिपि के मानकीकरण की समिति के आप अध्यक्ष (दिनकर जी के बाद) मनोनीत किए गए। परिवर्द्धित देवनागरी के अनुरूप भारतीय भाषाओं के ध्वनि चिह्न भी निश्चित किए गए। भारतीय हिंदी परिषद्, इलाहाबाद के तत्त्वावधान में आई.पी.ए. पद्धति (IPA) को नागरी लिपि में प्रस्तुत करने के लिए जो समिति बनी उसके आप सदस्य थे। दकन कालेज, पुणे तथा राकफेलर फाउंडेशन द्वारा संचालित ग्रीष्मकालीन स्कूल 1957 (देहरादून) में इस चार्ट को अंतिम रूप डॉ. धीरेंद्र वर्मा के निवास पर दिया गया।

डॉ. बाबूराम सक्सेना का कृतित्व :

1. **एवेल्यूशन ऑफ अवधी** (हिंदी में अनुवाद)—डी.लिट्. का शोध प्रबंध 1931 **'अवधी का विकास'** हिंदुस्तानी एकेडेमी, सन् 1972 ई., इलाहाबाद।
2. **सामान्य भाषा-विज्ञान**, हिंदी साहित्य सम्मेलन, इलाहाबाद, प्रथम संस्करण, 1943 ई. अब तक अनेक संस्करण, प्रकाशित हो चुके हैं।
3. **अर्थ विज्ञान**, पटना विश्वविद्यालय, पटना, सन् 1951 (सन् 1946-47 में आयोजित रामदीन भाषण माला)

4. **दक्खिनी हिंदी,** हिंदुस्तानी एकेडेमी, इलाहाबाद, सन् 1952 ई. (यह भाषणमाला एकेडेमी में दी गई।)
5. **संस्कृत व्याकरण प्रवेशिका,** रामनारायण लाल, इलाहाबाद, सन् 1928 ई.।
6. **कीर्तिलता (विद्यापति),** नागरी प्रचारिणी सभा, काशी।
7. **हिंदी की व्याकरणिक रूपरेखा,** रजिस्ट्रार जनरल आफ इंडिया, कलकत्ता।

संस्कृत के प्रोफेसर होते हुए भी हिंदी के प्रति समर्पित रहे और हमेशा उसके सरलीकरण की ओर उन्मुख रहे। हिंदी व्याकरण को संस्कृत की छाया से दूर रखकर हिंदीतर भाषा भाषियों को ध्यान में रखकर उन्होंने ही यह प्रस्ताव रखा कि धनिक देशिक की तरह धर्म देव, दिन से विशेषण रूप बनाए जाएँ। उनका कथन था कि हमें हिंदी में 'ऐतिहासिक', 'भौगोलिक, आदि न लिखकर 'इतिहासिक', 'भूगोलिक' आदि ही सर्वत्र लिखना चाहिए (सामान्य भाषा विज्ञान, पृष्ठ 38)

श्रद्धेय डॉ. सक्सेना स्वयं कर्मठ रहे और कर्मठता का पाठ ही सर्वत्र पढ़ाया। संयोग से दकन कालेज पुणे के तत्त्वावधान में संचालित ग्रीष्मकालीन तथा शरदकालीन भाषा-विज्ञान के स्कूलों में उनके संसर्ग में मैं आया। मेरे शोध प्रबंध, **'हिंदी में अंग्रेजी आगत शब्दों का भाषा तात्त्विक अध्ययन'** के वह परीक्षक रहे और मौखिकी के लिए भी इलाहाबाद विश्वविद्यालय, इलाहाबाद में उनके कक्ष में उपस्थित हुआ। उनके साथ निरंतर संपर्क बढ़ता रहा और सन् 1987 ई. में षष्टिपूर्ति पर महामना राष्ट्रपति जैलसिंह द्वारा जो **'संपर्क भाषा हिंदी और भारतीय भाषाएँ'** अभिनंदन ग्रंथ भेंट किया गया उसके लिए आशीर्वाद रूप में उन्होंने कहा–

> "कामना करता हूँ कि भाटिया जी दीर्घजीवी हों और इसी लगन के साथ हिंदी भाषा के उन्नयन में चिरकाल तक योग देते रहें।"

डॉ. सक्सेना के सम्मानार्थ ग्रंथों में लेखक का भी योग रहा। 'इंडियन लिंग्विस्टिक्स' के सक्सेना वोल्यूम के लिए 'Consonant Sequences in Hindi' शीर्षक आलेख और अखिल भारतीय संस्कृत परिषद्, लखनऊ के तत्त्वावधान में प्रकाशित 'ऋतम्' के विशेपांक (सन् 1983, पृष्ठ सं. 574) में **'हिंदी वाक्य में बलाघात'** शीर्षक शोधपत्र प्रस्तुत किया। लिंग्विस्टिक सोसायटी, पुणे के संस्थापक सदस्य व अध्यक्ष भी रहे।

राष्ट्रभाषा हिंदी के प्रति उनका समर्पण भाव सर्वविदित है। राजर्षि टंडन की छत्रछाया में हिंदी साहित्य सम्मेलन, प्रयाग की अनेक प्रकार से सेवा की। राष्ट्र और राष्ट्रभाषा का श्रेय उनका अपना श्रेय था जिसके लिए वह जीवन भर चट्टान की तरह अडिग रहे। उनमें नेतृत्व के सभी गुण विद्यमान थे। वह विजयी थे पर कभी झुकना नहीं सीखा। मनसा-वाचा-कर्मणा वह हिंदी के एकनिष्ठ सेवक रहे। शताब्दी वर्ष के समापन और उनके अवसान दशक पर उनको शत-शत प्रणाम!

डॉ. धीरेंद्र वर्मा

[सन् 1897-1973]

एक आदर्श अध्यापक, सत्य का अन्वेषक, निरंतर शोध की ओर उन्मुख शोध-निर्देशक, सफल संचालक, विश्वविद्यालयों के हिंदी अध्यापकों की संस्था भारतीय हिंदी परिषद् के संस्थापक संगठन कर्त्ता के रूप में डॉ. धीरेंद्र वर्मा का नाम चिरस्मरणीय बना रहेगा। डॉ. वर्मा का यह 1997 शताब्दी वर्ष है। आपका जन्म वैशाख पूर्णिमा संवत् 1954 सोमवार (सत्रह मई, 1897 ई.) को हुआ। उनकी शिक्षा-दीक्षा घर पर प्रारंभ हुई जिसके उपरांत डी.ए.वी. कालेज, देहरादून, क्वींस कालेज लखनऊ, म्योर सेंट्रल कॉलेज इलाहाबाद में हुई। इलाहाबाद विश्वविद्यालय में उनके छात्रावास के साथियों में आचार्य नरेंद्र देव, पं. परशुराम चतुर्वेदी, डॉ. बाबूराम सक्सेना आदि उल्लेखनीय हैं। डॉ. बाबूराम सक्सेना आपके सहपाठी भी रहे। डॉ. प्रसन्न कुमार आचार्य के निर्देशन में ब्रजभाषा के विकास पर शोध कार्य प्रारंभ किया। सन् 1924 ई. में जब इलाहाबाद विश्वविद्यालय में हिंदी की कक्षाएँ प्रारंभ हुईं तो कुलपति डॉ. गंगानाथ झा ने आपकी योग्यता को पहचान लिया और हिंदी-विभाग में प्रवक्ता के पद पर नियुक्त किया। विभाग पृथक् तो नहीं था पर कालांतर में उसके विस्तार के साथ डॉ. वर्मा का उत्कर्ष होता गया। आपकी अध्यक्षता में यह विभाग निरंतर उन्नति करता गया। यहीं पर सन् 1932 में रीडर तथा 1946 ई. में प्रोफेसर के पद पर प्रतिष्ठित हुए। विश्वविद्यालय से अवकाश प्राप्त करने के बाद **'हिंदी विश्वकोश'** (नागरी प्रचारिणी सभा) के संपादक हुए। फलतः सर्वश्री भगवतशरण उपाध्याय तथा गोरखप्रसाद के साथ उनके संपादकत्व में इसका खंड-एक सन् 1960 ई. में प्रकाशित हुआ। इसके अनंतर आपने सागर विश्वविद्यालय में भाषाविज्ञान विभाग के प्रोफेसर-अध्यक्ष और जबलपुर विश्वविद्यालय के कुलपति के पद को सुशोभित किया।

सन् 1934 ई. में भाषाशास्त्र के उच्च अध्ययन के लिए पेरिस (फ्रांस) गए और वहीं प्रसिद्ध भाषाशास्त्री ज़्यूल ब्लाख़ के निर्देशन में विश्वविद्यालय से सन् 1935 ई. में डी.लिट्. की उपाधि प्राप्त की।

इलाहाबाद में सन् 1927 ई. में जब हिंदुस्तानी एकेडेमी की स्थापना हुई तो आप उसके सक्रिय सदस्य रहे, बाद में काफ़ी लंबे समय तक मंत्री (सचिव) पद को सुशोभित किया। विश्वविद्यालय स्तर पर हिंदी के अध्ययन-अध्यापन, विभिन्न विश्वविद्यालयों में हिंदी के पाठ्यक्रम और शोधकार्य को व्यवस्थित करने में आपका महत्त्वपूर्ण योगदान रहा।

आचार्य धीरेंद्र जी मितभाषी तथा गंभीर प्रकृति के रहे। स्वभाव में मृदु होते हुए भी शुष्क नहीं थे। मुझे इनके निकट रहने का जब-जब सुअवसर प्राप्त हुआ तो उनकी हास्य प्रियता का अनुभव हुआ।

'भारतीय हिंदी परिषद्' के तो वह प्राण थे। परिषद् के मुखपत्र **'अनुशीलन'** का धीरेंद्र वर्मा विशेषांक (समर्पण तिथि तीस मई, 1960 ई.) हिंदी-शोध की दिशा में महत्त्वपूर्ण योगदान है जिसमें पाँच सौ अट्ठाईस पृष्ठों में तीन खंडों में आलेख हैं :

प्रथम खंड–**भाषा** (देश-विदेश के भाषाविदों के अट्ठाईस आलेख)

द्वितीय खंड–**संस्कृति** (पंद्रह आलेख)

तृतीय खंड–**साहित्य** (उन्नीस आलेख)

उपर्युक्त तीन क्षेत्र ही उनके कृतित्व के रहे।

डॉ. वर्मा जीवन के प्रारंभ से ही बड़े व्यवस्थित रहे, कॉलेज जीवन से ही डायरी भी लिखने लगे जिसका प्रकाशन 'मेरी कालिज डायरी' शीर्षक से सन् 1952 ई. में हुआ। इसके प्रारंभ में उन्होंने स्पष्ट किया कि "यह डायरी मेरे मानसिक जीवन के लगभग सात मूल्यवान वर्षों का सच्चा आत्मचरित है जो आज नहीं लिखा जा रहा, बल्कि उसी कच्चे-पक्के रूप में है जिसमें यह तभी लिखा गया था, जब मैं कालिज का एक साधारण विद्यार्थी था और यह भी नहीं जानता था कि जीवन की नदी के थपेड़े मुझे किधर ले जाएँगे। इसकी अपूर्णता और सच्चाई में ही इसका महत्त्व है।"

इस डायरी में ही अपनी भावी योजनाओं को लिखित रूप दिया जिनको क्रमशः तीन सीढ़ियों में विभक्त किया। उनके कृतित्व के आधार पर कहा जा सकता है कि काफी निर्वाह किया। पहली सीढ़ी के अंतर्गत सात विषय हैं :

1. हिंदी भाषा का इतिहास
2. सूरसागर और भागवत–तुलनात्मक अध्ययन

3. हिंदी राष्ट्र
4. ब्रजभाषा कोश
5. सुदामाचरित का संपादन
6. खोज संबंधी निबंध तथा लेख :
   (क) बरेली की बोली का अध्ययन
   (ख) सूरसागर की हस्तलिखित पोथियों का वर्णन
   (ग) यूनीवर्सिट मैगजीन में लेख
   (घ) हिंदी पत्रिकाओं में कुछ लेख।
7. विशेष
   (क) प्राचीन तथा मध्यकालीन हिंदी साहित्य।
   (ख) फ्रेंच, बंगाली तथा गुजराती का अभ्यास बढ़ाना।

स्पष्ट है कि इनमें से अधिकांश कार्य पूर्ण किया/करवाया।

इसी प्रकार दूसरी सीढ़ी में ग्यारह विषयों-कार्यक्षेत्रों का उल्लेख किया गया है। तीसरी सीढ़ी में उल्लेख है : **'ब्रजभाषा के विकास पर थीसिस'** जिसको उन्होंने बड़ी निष्ठा से पूर्ण किया–**'ला लाँग ब्रज'** (फ्रेंच में) पेरिस, सन् 1935 इसका ही संशोधित रूप **'ब्रजभाषा'** शीर्षक से हिंदुस्तानी एकेडेमी, इलाहाबाद से सन् 1954 ई. में प्रकाशित हुआ। इससे पहले इलाहाबाद के प्रकाशक रामनारायण लाल से सन् 1937 में **'ब्रजभाषा व्याकरण'** भी प्रकाशित हुई। 'ब्रजभाषा कोश' के कार्य में अपने प्रिय शिष्य डॉ. दीनदयाल गुप्त को लगाया जिन्होंने डॉ. प्रेम नारायण टंडन के सहयोग से यह कार्य पूर्ण किया और लखनऊ विश्वविद्यालय, लखनऊ के हिंदी विभाग से **'ब्रजभाषा सूरकोश'** शीर्षक से (2050 पृष्ठ) प्रकाशित किया गया।

'हिंदी' भाषा से संबंधित उनकी निम्नलिखित कृतियाँ ऐतिहासिक महत्त्व बनाए हुए हैं :

1. हिंदी भाषा का विकास, हिंदुस्तान एकेडेमी, इलाहाबाद।
2. हिंदी भाषा और लिपि, सन् 1935 ई.।
3. ग्रामीण हिंदी, साहित्य भवन (प्रा.) लि., इलाहाबाद, 1963 ई.। प्रथम बार सन् 1950 में।

प्रथम दो पुस्तकों के शीर्षक से विषय-वस्तु स्पष्ट होती है। तीसरी पुस्तक **'ग्रामीण हिंदी'** को स्पष्ट करते हुए लिखा गया है अर्थात् **"हिंदी की जनपदी बोलियों तथा मुख्य साहित्यिक रूपों** के उदाहरण, परिचय, मानचित्र तथा व्याकरण की तालिकाओं सहित।"

इससे पहले केलॉग और ग्रियर्सन ने हिंदी के अंतर्गत विभिन्न बोलियों को सम्मिलित किया था। पुस्तक के प्रारंभ में 'परिचय' के अंतर्गत हिंदी भाषा तथा उसकी बोलियों का संक्षिप्त वर्णन किया गया है :

–खड़ी बोली हिंदी के साहित्यिक रूपांतर–हिंदी, उर्दू, हिंदुस्तानी।

–हिंदी की ग्रामीण बोलियाँ–इसमें डॉ. वर्मा ने दो वर्ग–पश्चिमी तथा पूर्वी। उपभाषाएँ समाहित की हैं। इनको ही उपभाषा की संज्ञा दी गई है।

पश्चिमी उपवर्ग : 1. खड़ी बोली, 2. बांगरू, 3. ब्रज, 4. कन्नौजी, 5. बुंदेली।

पूर्वी उपवर्ग : 1. अवधी, 2. बघेली, 3. छत्तीसगढ़ी।

बिहारी उपभाषा : 1. भोजपुरी, 2. मैथिली, 3. मगही।

राजस्थानी उपभाषा : 1. मेवाती-अहीरवारी, 2. मालवी, 3. जयपुरी-हाड़ौती, 4. मारवाड़ी-मेवाड़ी।

पहाड़ी उपभाषा : यह पहाड़ी क्षेत्र हिमाचल प्रदेश से नेपाल तक फैला हुआ है जिसको तीन भागों में बाँटा गया है : 1. पश्चिमी, 2. मध्य, 3. पूर्वी।

'पश्चिमी पहाड़ी' वर्तमान में हिमाचल प्रदेश की कई उपभाषाओं–मंडियाली, कुल्लूई, चंबाई आदि का समूह है।

'माध्यमिक पहाड़ी' के दो मुख्य उपरूप हैं :

1. कुमाऊँनी
2. गढ़वाली

पूर्वी पहाड़ी ही प्रकारांतर से **'नेपाली'** है। नेपाल की तो यह प्रमुख भाषा है, साथ ही भारत में सिक्किम, उत्तरी बंगाल में भी बोली जाती है। यही कारण है अब **'नेपाली'** को संविधान की अष्टम अनुसूची की भाषाओं में बढ़ा लिया गया है।

उस समय की स्थिति को देखते हुए डॉ. वर्मा ने **'पंजाबी उपभाषा'** का भी वर्ग बनाया पर अब **'पंजाबी'** पंजाब की राजभाषा के रूप में मान्य है और संविधान की अष्टम अनुसूची में परिगणित भारतीय भाषाओं में यह भी प्रारंभ से सम्मिलित है। अब पंजाब राज्य में **'हिंदी'** को द्वितीय भाषा के रूप में स्वीकृति मिली हुई है। आगे चलकर इस विषय पर डॉ. हरदेव बाहरी, डॉ. अम्बा प्रसाद 'सुमन', डॉ. विमलेश कांति वर्मा की पुस्तकें भी प्रकाशित हुई हैं।

'हिंदी भाषा' के क्षेत्र में उनका योगदान बहुमुखी रहा। **'हिंदी साहित्य का बृहत् इतिहास'** का द्वितीय भाग **'हिंदी भाषा का विकास'** (सं. 2022) शीर्षक

से उनके संपादन में प्रकाशित हुआ। ग्रंथ के संपादकीय में डॉ. वर्मा ने व्यक्त किया :

"प्रस्तुत ग्रंथ के रूप में हिंदी भाषा का अध्ययन एक कदम आगे बढ़ा है। प्रत्येक खंड में उस अंश की प्रचुर सामग्री मिलेगी। इसके अतिरिक्त हिंदी भाषा के विकास के भिन्न-भिन्न अंगों से संबंधित जितने विस्तार इस ग्रंथ में पाठकों को मिलेंगे उतने अब तक के प्रकाशित ग्रंथों में नहीं हैं। इससे ग्रंथ की उपादेयता और महत्त्व स्पष्ट है।" (जून, 1963)

संपादन की दृष्टि से उनके कई ग्रंथ बहुत महत्त्वपूर्ण हैं क्योंकि उनसे बड़े अभाव की पूर्ति हुई :

हिंदी साहित्य कोश–दो खंड, ज्ञानमंडल, बनारस, सन् 1958 ई.

हिंदी साहित्य–दो खंड, भारतीय हिंदी परिषद्, इलाहाबाद, सन् 1959 ई.

कम्पनी के पत्र–दो खंड, इलाहाबाद यूनीवर्सिटी, सन् 1959 ई.

भाषापरक अध्ययन और लेखन के साथ हिंदी साहित्य के विविध पक्षों पर उनका लेखन चलता रहा। इस दृष्टि से कुछ महत्त्वपूर्ण ग्रंथ हैं :

अष्टछाप–रामनारायण लाल, इलाहाबाद, सन्, 1938 ई.

सूरसागर सार–साहित्य भवन (प्रा.) लि., इलाहाबाद, सन् 1954 ई.

उनका सर्वाधिक महत्त्वपूर्ण ग्रंथ है–**मध्यदेश।**

भारतीय सांस्कृतिक चेतना के प्रति निरंतर चिंतन का परिणाम है प्रस्तुत ग्रंथ जो विशेषतः **'मध्यदेश'** के संदर्भ में आकर ग्रंथ है। बिहार राष्ट्रभाषा परिषद् पटना के तत्त्वावधान में दिए गए व्याख्यानों का मुद्रित रूप है जो वहीं से सन् 1955 ई. में प्रकाशित हुआ है। इस पुस्तक का समर्पण भी उल्लेखनीय है :

अपने अत्यंत उज्ज्वल इतिहास
तथा
असाधारण शक्ति के प्रति उदासीन
मध्यदेश
के
जनपदवासियों
को
एक मध्यदेशवासी
द्वारा

लेखक ने स्वयं प्राक्कथन में इस ग्रंथ की विशेषताओं का आकलन किया है जिसके कुछ महत्त्वपूर्ण अंश इस प्रकार हैं :

1. भारतवर्ष की इकाई अनेक इकाइयों से बनी है। इस पुस्तक में पहली बार **मध्यदेश अथवा हिंदी प्रदेश** की इकाई की ओर इतने स्पष्ट और क्रमबद्ध रूप में हिंदी पाठकों का ध्यान आकृष्ट किया गया है।
2. मध्यदेश की ऐतिहासिक तथा सांस्कृतिक सामग्री को चार युगों—जनपद, साम्राज्य, राजवंश, विदेशी संघर्ष में विभाजित किया।
3. प्राचीन सांस्कृतिक जीवन से संबंधित सामग्री भरपूर है।
4. पालि-बौद्ध साहित्य से बहुत-सी सामग्री दी गई है।
5. मध्यदेशीय संस्कृति के भिन्न-भिन्न अंगों राजनीति, धर्म, साहित्य, समाज आदि को संतुलित रूप में रखकर परस्पर संबंधों को स्पष्ट किया गया है।
6. लेखक का दृष्टिकोण स्पष्टतया **आधुनिक मध्यदेशवासी** का है।

प्रकारांतर से प्रस्तुत पुस्तक में **भारत राष्ट्र के हृदय 'मध्यदेश'** का विस्तृत अध्ययन किया गया है। "पुस्तक के प्रारंभ में मध्यदेश के प्रधान जनपदों का जो विभाजन उनकी बोलियों के आधार पर किया गया है, उससे **'हिंदी प्रदेश'** नाम भी सार्थक प्रमाणित होता है।"—शिवपूजन सहाय

पुस्तक की समाप्ति बड़े आशावादी दृष्टिकोण से की गई है जिसका स्मरण उनके शताब्दी वर्ष में करना प्रेरणा प्रदान कर सकता है :

> "यह निश्चित है कि देश के दीर्घकालीन इतिहास में एक नवीन **युग-नवचेतना और पुनरुत्थान का युग** प्रारंभ हो चुका है। यह युग मध्यदेश के प्राचीन जनपद-युग का आधुनिक रूप होगा, ऐसी संभावना दिखलाई पड़ती है।" (पृ. 190)

पुस्तक में **'मध्यदेश'** का मानचित्र भी प्रस्तुत किया गया है जिसमें **बोलियों के विभाग तथा प्राचीन जनपद** भी प्रदर्शित किए गए हैं।

डॉ. वर्मा अनेक संस्थाओं से सक्रिय रूप से जीवन पर्यंत जुड़े रहे जिनमें से भारतीय हिंदी परिषद तथा हिंदुस्तानी एकेडेमी, इलाहाबाद का उल्लेख किया जा चुका है। ओरियंटल कान्फ्रेंस के लखनऊ अधिवेशन में आपको हिंदी-विभाग का अध्यक्ष चुना गया। अध्यक्ष पद से दिया गया भाषण हिंदी-शोध कार्य के इतिहास का सारगर्भित विवेचन प्रस्तुत करता है। लिंग्विस्टिक सोसायटी ऑफ इंडिया, पुणे के अध्यक्ष पद पर सन् 1958-59 में रहे।

डॉ. वर्मा के निर्देशन में अनेक ऐतिहासिक महत्त्व के शोधकार्य पूर्ण हुए जिनमें से कुछ उल्लेखनीय हैं :

तुलसीदास (डॉ. माताप्रसाद गुप्त)
अष्टछाप और वल्लभ संप्रदाय (डॉ. दीनदयाल गुप्त)
हिंदी अर्थ-विचार (डॉ. हरदेव बाहरी)
हिंदी साहित्य और उसकी सांस्कृतिक पृष्ठभूमि (डॉ. लक्ष्मी सागर वार्ष्णेय)
आधुनिक हिंदी साहित्य (डॉ. श्री कृष्णलाल)
सूरदास (डॉ. ब्रजेश्वर वर्मा)
सिद्ध-साहित्य (डॉ. धर्मवीर भारती)
गुजराती तथा ब्रजभाषा वैष्णव काव्य (डॉ. जगदीश गुप्त)
बंगाली तथा हिंदी वैष्णव कवि (डॉ. रत्नकुमारी)
रामकथा, उत्पत्ति और विकास (डॉ. कामिल वुल्के)
आधुनिक साहित्य में राष्ट्रीयता का विकास (डॉ. कीर्ति सक्सेना)
दक्खिनी हिंदवी के सूफी लेखक (डॉ. विमल बाघ्रे)
आगरा जिले की बोली का अध्ययन (डॉ. रामस्वरूप चतुर्वेदी)
हिंदी साहित्य पर प्राकृत और अपभ्रंश साहित्य का प्रभाव (डॉ. रामसिंह तोमर)
डिंगल साहित्य (डॉ. जगदीश प्रसाद श्रीवास्तव)

स्पष्ट है कि शोधपरक कार्य में व्यापक दृष्टि रखी गई जो आदिकाल से आधुनिक काल तक फैला हुआ है। शोध-कार्य को जो दिशा उनके निर्देशन से प्राप्त हुई उससे इलाहाबाद विश्वविद्यालय का हिंदी विभाग मानचित्र पर उभर कर स्थापित हुआ।

उनमें शोधदृष्टि सर्वोपरि थी। शोध-खोज पर उनके विचार समय-समय पर **'हिंदी अनुशीलन'** में प्रकाशित होते रहे :

> "खोज से संबंध रखनेवाला विद्यार्थी ज्ञान मार्ग का पथिक होता है। भक्तिमार्ग तथा कर्ममार्ग से उसे दूर रहना चाहिए। संभव है आगे चलकर सत्य के अन्वेषण की तीन धाराएँ आपस में मिल जाती हों—कदाचित् मिल जाती हैं—किंतु इसकी इस ज्ञानमार्ग-पथिक को चिंता नहीं होनी चाहिए। वह क्षेत्र तो असाधारण विचारक आचार्यों का है। मनुष्य की ज्ञान संबंधी समस्त खोजों का चरम लक्ष्य सबसे बड़े अज्ञात सत्य का अन्वेषण करना है। ज्ञान संबंधी छोटी-से-छोटी खोज इस चरम लक्ष्य की ओर संकेत करती है और उसके निकट पहुँचाने में सहायक होती है।"

(हिंदी अनुशीलन : वर्ष 3, अंक-4)

शताब्दी वर्ष में उनके द्वारा दिखाए गए मार्ग पर चलने की प्रतिज्ञा करनी

चाहिए। वर्तमान में उनकी स्मृति में कई संस्थानों में व्याख्यानमाला का आयोजन भी किया जाता है। लेखक को जहाँ उनके चरणों में बैठकर कुछ पढ़ने का सौभाग्य प्राप्त हुआ, वहीं विविध संदर्भों में उनसे बहुत कुछ सीखने का भी। उनकी स्मृति में कलकत्ता के संस्थान **'भारतीय भाषा परिषद्'** में जो व्याख्यान माला दी थी वह **'राजभाषा के विकास'** शीर्षक से परिषद् से प्रकाशित है। इस दशक के प्रारंभ में हिंदुस्तानी एकेडेमी, इलाहाबाद में जो डॉ. धीरेंद्र वर्मा स्मारक व्याख्यानमाला दी थी उसका प्रकाशन भी अकादमी के तत्त्वावधान में **'हिंदी तथा भारतीय भाषाओं में समान तत्त्व'** शीर्षक से हो चुका है।

डॉ. वर्मा ने हिंदी के भाषा और साहित्य दोनों पक्षों पर पर्याप्त चिंतन-मनन किया। हिंदी के गद्य साहित्य को निर्मित होते भी देखा और अनेक प्रकार से—डायरीकार, निबंधकार, पत्र-लेखक के रूप में—उसमें योग भी दिया। शोधार्थी, समीक्षक तथा इतिहासकार के रूप में उनका नाम स्वर्णाक्षरों में अंकित रहेगा। सफल अध्यापक के रूप में उनके छात्र आज भी स्मरण करते हैं। विद्यार्थी ही अध्यापक की सफलता की कसौटी होता है। जब वह अध्यापक हुए तो मात्र पाँच विद्यार्थी थे जिनकी संख्या अब सहस्रों में हो गई है। उनकी स्मृति में **'हिंदी की अस्मिता'** को बचाने का संकल्प करना चाहिए।

डॉ. उदयनारायण तिवारी
[सन् 1903-1984]

सुप्रसिद्ध भाषाविद् गुरुवर डॉ. उदयनारायण तिवारी जी का यह **शताब्दी वर्ष** है। जन्म शताब्दी के उपलक्ष्य में सुविख्यात वैज्ञानिक इलाहाबाद स्थित विज्ञान परिषद् के मंत्री डॉ. शिवगोपाल मिश्र के सतत प्रयास से भाषाविद् डॉ. उदयनारायण तिवारी के व्यक्तित्व और कृतित्व[1] पर यह ग्रंथ प्रकाशित हुआ है जिसमें डॉ. तिवारी के जीवनवृत्त के अतिरिक्त चार अध्याय और हैं :

डॉ. तिवारी का व्यक्तित्व
डॉ. तिवारी का कृतित्व
डॉ. तिवारी का भाषाविज्ञान के प्रति अनुराग
पत्र-साहित्य

मूल ग्रंथ से महत्त्वपूर्ण पुस्तक का परिशिष्ट भाग है, जिसमें कई उपयोगी जानकारियाँ तथा संदर्भ दिए गए हैं :

- स्रोत सामग्री
- डॉ. तिवारी द्वारा पठित पुस्तकें
- परिचितों की मरण तिथियाँ
- पहली भेंट/यात्रा
- विभिन्न सम्मेलनों में सहभागिता
- कुछ स्मृतियाँ
- तीस वर्ष की गतिविधियाँ

1. सुप्रसिद्ध भाषाविद् डॉ. उदयनारायण तिवारी (व्यक्तित्व और कृतित्व), डॉ. शिवगोपाल मिश्र, वर्ष 2003, 25 अशोक नगर, इलाहाबाद, पृ. सं. 128।

– पी-एच.डी., डी.लिट्. शोध छात्रों की सूची
– भाषाशास्त्र के प्रकांड विद्वान डॉ. तिवारी
– श्री रामनारायण उपाध्याय
– हमारे बाबूजी–डॉ. रामकुमारी मिश्र
– अभिनंदन पत्र

निश्चित रूप से प्रस्तुत ग्रंथ में पर्याप्त ऐसी सामग्री है जिसको कोई परिवार का व्यक्ति ही दे सकता है। इस दृष्टि से उनकी सुपुत्री डॉ. रामकुमारी मिश्र का संस्मरण तथा उनके द्वारा एकत्र की गई सूचनाओं को डॉ. शिवगोपाल मिश्र ने व्यवस्थित कर मूर्त रूप दिया है।

आज से अर्द्धशताब्दी पूर्व जब आधुनिक भाषाशास्त्र का अध्ययन करने दकन कालेज, पूना के तत्त्वावधान में तथा रॉक फेलर फाउंडेशन (सं.रा. अमेरिका) की सहायता से संचालित ग्रीष्मकालीन सत्र (समर स्कूल) में जाने का अवसर प्राप्त हुआ। समर स्कूल में जहाँ अद्यतन भाषाशास्त्र की विभिन्न शाखाओं का अध्यापन विश्व प्रसिद्ध भाषाविद् करते थे, वहीं भारत के प्रमुख भाषाविद्–डॉ. सुनीतिकुमार चाटुर्ज्या, डॉ. सुकुमार सेन, डॉ. बाबूराम सक्सेना, डॉ. धीरेंद्र वर्मा, **डॉ. उदयनारायण तिवारी,** डॉ. गोलोक बिहारी धल, डॉ. मसूद हुसैन खाँ, डॉ. विश्वनाथ प्रसाद आदि भी कक्षाएँ लेते थे।

इस समर स्कूल में आचार्य उदयनारायण तिवारी जी के चरणों में बैठने-सीखने का सौभाग्य प्राप्त हुआ।

डॉ. उदयनारायण तिवारी इलाहाबाद, विश्वविद्यालय के छात्र रहे बाद में कलकत्ता विश्वविद्यालय पाली तथा तुलनात्मक भाषा-विज्ञान (कंपरेटिव फिलालॉजी) में एम.ए. किया और भाषा-विज्ञान में इलाहाबाद विश्वविद्यालय से Origin and Development of Bhojpuri (भोजपुरी भाषा का विकास) जिसका प्रकाशन कलकत्ता स्थित एशियाटिक सोसायटी ने किया। इस शोध ग्रंथ का हिंदी रूपांतर 'भोजपुरी भाषा और साहित्य' शीर्षक से राष्ट्रभाषा परिषद्, पटना से सन् 1954 में प्रकाशित हुआ। भाषाशास्त्र में उनके अन्य ग्रंथ इस प्रकार हैं जिनका विस्तृत विवरण उक्त ग्रंथ के पृ. 31-60 में दिया गया है। (677 पृष्ठ)

1. हिंदी भाषा का उद्गम और विकास
2. भाषाशास्त्र की रूपरेखा–1963
3. अभिनव भाषाविज्ञान : सिद्धांत और प्रयोग–1982
4. भाषाविज्ञान का संक्षिप्त इतिहास–1983

प्रथम पुस्तक के नाम से स्पष्ट है। शेष तीन पुस्तकें नव्य भाषा-विज्ञान विषयक हैं। प्रथम पुस्तक तो प्रकारांतर से **'हिंदी के विकास'** पर है जबकि द्वितीय में दस अध्याय हैं और परिशिष्ट में वर्णनात्मक पद्धति पर (भाषा पर) आलेख हैं। एक अध्याय **'बोली विज्ञान'** पर भी है। परिशिष्ट में समीक्षक (डॉ. भाटिया) का **'हिंदी के ध्वनिग्राम'** विषय पर आलेख है। **'अभिनव भाषा-विज्ञान'** में दो खंड हैं। प्रथम खंड में अध्ययन के आधार स्वन विज्ञान, स्वनिम-विज्ञान, रूपिम विज्ञान पर अध्याय हैं जबकि द्वितीय खंड में नौ भाषाविदों के विविध विषयों पर आलेख हैं। डॉ. रवींद्रनाथ श्रीवास्तव का 'बहुभाषिकता और हिंदी भाषा' पर, डॉ. कैलाशचंद्र भाटिया का **'भाषा भूगोल'** पर, डॉ. रामप्रकाश सक्सेना का 'लिप्यंतरण' पर आलेख हैं। पुस्तक के लेखक डॉ. मिश्र का वक्तव्य सटीक है कि "अभिनव भाषा-विज्ञान 'पुस्तक' भाषाशास्त्र की रूपरेखा का **अत्यंत परिष्कृत स्वरूप** है।" (पृ. 45) "इसे हम डॉ. तिवारी का **अंतिम दस्तावेज** कह सकते हैं।" विभिन्न विश्वविद्यालयों में भाषाशास्त्र के अध्ययन-अध्यापन की स्थिति का विवरण दिया गया है। **'भाषा-विज्ञान का संक्षिप्त इतिहास'** में पाँच अध्याय तथा उन्नीस परिशिष्ट हैं। सन् 1981 में भारतीय भाषा परिषद्, कलकत्ता में **'हिंदी भाषा की भूमिका'** विषय पर धीरेंद्र वर्मा स्मृति व्याख्यान माला भी प्रस्तुत की थी। समय-समय पर लिखे गए बारह उपयोगी निबंधों का संकलन 'पाणिनि के उत्तराधिकारी' शीर्षक से प्रकाशित हुआ है। डॉ. तिवारी द्वारा जिन ग्रंथों को अनूदित किया गया है उनमें उल्लेखनीय हैं, भाषा-विज्ञान, (मैक्समूलर), भारतीय आर्य भाषाएँ (ग्रियर्सन), भारत का भाषा सर्वेक्षण (ग्रियर्सन), भारतीय पाठालोचन की भूमिका (डॉ. कत्रे)।

'पत्र साहित्य' में छियालीस साहित्यकारों के पत्र संकलित हैं जिनमें सर्वाधिक पत्र महापंडित राहुल जी के हैं। विदेश में प्रवास के समय लिखे गए पत्र महत्त्वपूर्ण हैं (पृ. 72 से 103)।

व्यक्तित्व खंड में दिए गए छायाचित्रों से पुस्तक का महत्त्व द्विगुणित हो गया है। मुखपृष्ठ आकर्षक है। जिस परिश्रम से डॉ. शिवगोपाल मिश्र ने इस पुस्तक का प्रणयन किया है, वह प्रशंसनीय है और प्रेरणा देता है कि अन्य दिवंगत साहित्यकारों के शताब्दी वर्ष पर इस रूप में स्मरण किया जाए।

डॉ. उदयनारायण तिवारी की कुछ कृतियाँ

1. Origin and Development of Bhojpuri–एशियाटिक सोसायटी, कोलाकाता, 1946, द्वितीय संस्करण सन् 1984

2. भोजपुरी भाषा और साहित्य अनुवाद, बिहार राष्ट्रभाषा, पटना, सन् 1964
3. हिंदी भाषा का उद्गम और विकास, भारती भंडार इलाहाबाद, सन् 1956
4. भाषाशास्त्र की रूपरेखा, भारती भंडार, इलाहाबाद, सन् 1964
5. पाणिनि के उत्तराधिकारी, लोकभारती, इलाहाबाद, सन् 1964
6. अभिनव भाषा-विज्ञान, किताब महल, इलाहाबाद, सन् 1982
7. भाषा-विज्ञान का संक्षिप्त इतिहास, भारती भंडार, सन् 1983
8. Definitional Dictionary of Linguistic Terms, नेशनल पब्लिशिंग हाउस, नई दिल्ली-2, 1985 ई.

सुमित्र मंगेश कत्रे
[सन् 1906-1998]

अपने जीवन में जिन गुरुजनों से बहुत कुछ सीखने का अवसर मिला, उनमें से डॉ. बाबूराम सक्सेना, डॉ. धीरेंद्र वर्मा, डॉ. उदयनारायण तिवारी, डॉ. सुमित्र मंगेश कत्रे मुख्य हैं। इन भाषाशास्त्रियों ने ही 'भाषाशास्त्र' को अनेक भारतीय विश्वविद्यालयों में स्थापित किया। इसके पूर्व कोलकाता विश्वविद्यालय में अवश्य डॉ. सुनीति कुमार चाटुर्ज्या के कुशल निर्देशन में **'तुलनात्मक भाषा-विज्ञान'** का पठन-पाठन होता था। डॉ. चाटुर्ज्या, डॉ. सक्सेना, डॉ. वर्मा तथा डॉ. तिवारी की जन्म शताब्दी संपन्न हो चुकी हैं। वर्ष सन् 2006 डॉ. सुमित्र मंगेश कत्रे जी का शताब्दी वर्ष है, जिनका जन्म उत्तरी कर्नाटक के होनावर में ग्यारह अप्रैल, 1906 को हुआ। डॉ. कत्रे को ही यह श्रेय है कि भारतवर्ष में **'आधुनिक भाषाशास्त्र'** का बीजारोपण हुआ। इस संबंध में डॉ. उदयनारायण तिवारी का निम्नलिखित कथन उल्लेखनीय है :

> "वास्तव में आधुनिक युग में भाषा-विज्ञान को प्रगति देने में जिन विद्वानों ने योगदान दिया है, उनमें **डॉ. कत्रे का स्थान** सर्वोच्च है। सन् 1953 ई. के मई मास में, उन्होंने भारत के विभिन्न राज्यों के कुछ चुने हुए भाषा-विज्ञानियों एवं शिक्षा विशारदों की सभा पुणे के दकन कालेज में बुलायी। इसका सभापतित्व लंदन विश्वविद्यालय के प्राच्य एवं अफ्रीकी विभाग के अध्यक्ष एवं संचालक डॉ. राल्फ लिली टर्नर ने किया था और इसके व्यय का भार अमेरिका के रॉकफेलर फाउंडेशन ने वहन किया था।"
>
> *(अभिनव भाषा-विज्ञान, पृ. 7)*

डॉ. कत्रे की प्रारंभिक शिक्षा गणपति हाईस्कूल तथा गवर्नमेंट कालेज मंगलौर में हुई। मद्रास के प्रेसीडेंसी कालेज से स्नातक परीक्षा ऑनर्स के साथ उत्तीर्ण की। उच्चशिक्षा के लिए लंदन विश्वविद्यालय लंदन के एस.ओ.ए.एस. (स्कूल ऑफ

ओरियंटल एंड अफ्रीकन स्टडीज) में चले गए। वहीं से आप ने सन् 1931 में निम्नलिखित विषय पर पीएच.डी. की उपाधि प्राप्त की :

"Early Buddhist ballads and their relation to the after upanisads."

वहीं रहते हुए आप एक यूनिवर्सिटी (जर्मनी) में भी वर्ष पर्यंत अध्ययन हेतु रहे। इस कार्य को ही भारत लौटकर आगे बढ़ाया और निम्नलिखित शोधपत्र लिखा :

"Some fundamental problems in the upanisads and early Pali ballads."

संयोग से लंदन में आप उस घर में ही रहे थे जहाँ आपके अग्रज डॉ. बाबूराम सक्सेना पहले रहते थे।

लंदन से लौटने के बाद आप पुणे में वाडिया कालेज में भाषा-विज्ञान-संस्कृत के प्रोफेसर नियुक्त हुए (सन् 1933-34)। तत्पश्चात् आप पूना में ही सदाशिवराव परशुराम भाई कालेज में नियुक्त हो गए (1939 तक)। सन् 1939 से वह भारतवर्ष के सुप्रसिद्ध संस्थान—दकन कालेज में प्रोफेसर हो गए। वहीं तीन साल बाद निदेशक हो गए और अवकाश प्राप्ति तक (1942-71) उस पद पर रहे। उनके कार्यकाल में ही लिंग्विस्टिक्स (भाषाशास्त्र) के समर स्कूल व आटम (शरदकालीन) संगोष्ठियाँ प्रारंभ हुईं। सन् 1956 के ग्रीष्मकालीन स्कूल में सम्मिलित होने का अवसर प्राप्त हुआ। ग्रीष्मकालीन स्कूल में प्राप्त अंकों के आधार पर शरदकालीन स्कूल में भाग लेने का निमंत्रण प्राप्त हुआ। आगे के कई स्कूलों में—देहरादून, अण्णामलै, आगरा में भाग लिया फलतः प्रो. कत्रे को निकट से जानने का सौभाग्य प्राप्त हुआ। मृदुभाषी, हँसमुख, कर्त्तव्यनिष्ठ प्रो. कत्रे निरंतर अपने कार्य में संलग्न रहते थे। सहभागियों के प्रति उनका सौहार्द भाव विलक्षण रहता था। एक बार कुरुक्षेत्र विश्वविद्यालय के प्रो. डॉ. जगदेव सिंह का पत्र कार्यालय में आया था कि वह सपरिवार पुणे आना चाहते हैं, जिसका कार्यालय से नकारात्मक उत्तर चला गया कि "व्यवस्था नहीं की जा सकती"। जब डॉ. कत्रे को ज्ञात हुआ तो तत्काल उत्तर भिजवाया गया कि सब प्रबंध हो जाएगा। यह सहयोग का भाव बिरले ही उच्च पदासीन व्यक्तियों में होता है। इसी प्रकार एक स्कूल में डॉ. देवीशंकर द्विवेदी अस्वस्थ हो गए तो प्रो. कत्रे उनका हालचाल पूछने उनके कमरे में गए।

डॉ. सुमित्र मंगेश कत्रे अनेक विश्वविद्यालयों से संबद्ध थे। शोध प्रबंध के अतिरिक्त उनकी अनेक कृतियाँ हैं :

— सम प्रॉबलम्स ऑफ हिस्टोरिकल लिंग्विस्टिक्स इनइंडो आर्यन (1965 मे दकन कालेज) बंबई विश्वविद्यालय (1944)

– प्राकृत लैंग्वेजेज एंड वेअर कांट्रिब्यूशन टु इंडियन कल्चर दकन कालेज पूना (पुस्तकाकार-1964), (1945), (अनुवाद–राजस्थान, हिंदी ग्रंथ अकादमी, जयपुर-1972)
– इंट्रोडक्शन टु इंडियन टेक्सचुअल क्रिटिसिज्म कर्नाटक पब्लिशिंग हाउस, (1941)
– प्रॉबलम्स ऑफ रिकंट्रक्शन इन इंडो-आर्यन, इंडियन इंस्टिट्यूट ऑफ एडवांस स्टडीज, शिमला (1968)
– इंट्रोडक्शन टु माडर्न इंडियन लिंग्विस्टिक्स, गोहाटी विश्वविद्यालय, गोहाटी (1961)
– कोंकणी फ़ोनेटिक्स कलकत्ता विश्वविद्यालय जर्नल, कलकत्ता (1935)
– ग्लोसरी ऑफ ग्रैमेटिकल एलीमेंट्स एंड ओपरेशन्ज़ ऑफ अष्टाध्यायी, केंद्रीय भाषा संस्थान मैसूर (सन् 1981)
– लेक्चरज़, इन लिंग्विस्टिक्स, आगरा वि.वि. आगरा, 1959-60 ई.

वस्तुतः डॉ. कत्रे ने बंबई विश्वविद्यालय, बंबई में जो **'विल्सन स्मृति व्याख्यानमाला'** सन् 1941 में दी थी, वही बाद में पुस्तकाकार सन् 1944 में प्रकाशित हुई। (25 फरवरी से 5 मार्च) इसी प्रकार प्राकृत भाषाओं पर पहले भारतीय विद्या भवन, मुंबई के जर्नल में आलेख के रूप में सन् 1945 में प्रकाशित हुए और बाद में पुस्तकाकार दकन कालेज, पूना से सन् 1964 ई. में प्रकाशित हुए। उच्च शिक्षा संस्थान, शिमला में जो कार्य किया, वह सन् 1968 में प्रकाशित हुआ। गोहाटी विश्वविद्यालय में प्रतिभादेवी स्मृति व्याख्यानमाला जो सन् 1957-58 में दी, उनको ही पुस्तकाकार सन् 1961 ई. में प्रकाशित किया।

'कोंकणी' पर आपके विशेषतः शोधकार्य हैं, जो पहले सन् 1935 में धारावाहिक रूप से कलकत्ता विश्वविद्यालय के जर्नल में प्रकाशित हुआ। **'कोंकणी की रूप-रचना'** पर पूना के जर्नल 1937, 1938, 1940, 1942 ई. में प्रकाशित होता रहा, जो बंबई से 1942 में प्रकाशित हुआ और बाद में दकन कालेज से सन् 1966 ई. में आया। दकनी महाराष्ट्र की कोंकणी अब तो गोवा की राजभाषा है और अष्टम अनुसूची में सम्मिलित है। कोंकणी और हिंदी की तुलना करते हुए डॉ. अनंतराम भट्ट का शोधकार्य प्रकाशित हो चुका है। यही उनकी सुप्रसिद्ध कृति **'द फार्मेशन ऑफ कोंकणी'** शीर्षक से विख्यात है। कोंकणी कान्फ्रेंस के आप सन् 1957 में अध्यक्ष भी रहे।

अनेक विश्वविद्यालयों में आपने व्याख्यान दिए। क.मुं. हिंदी-भाषा-विज्ञान

विद्यापीठ, आगरा वि.वि. आगरा में सन् 1959 ई. में लिंग्विस्टिक्स पर दो व्याख्यान दिए :

1. भारतीय लिंग्विस्टिक्स का भविष्य

2. व्युत्पत्ति शास्त्र और ऐतिहासिक व्याकरण

दकन कालेज, पुणे से अवकाश प्राप्त करने से पूर्व आप अनेक विदेशी विश्वविद्यालयों से संपृक्त रहे :

यूनिवर्सिटी आफ टेक्सास—1966 ई. (Austin)

यूनिवर्सिटी आफ इलीनॉय (Illinois)—1957 ई.।

'व्युत्पत्तिशास्त्र' व 'कोश विज्ञान' (Lexieography) के आप विशेषज्ञ रहे। समय-समय पर इस विषय से संबंधित विषयों पर लिखते रहे; जैसे :

Indo-Aryan Lexicography, P.o. अप्रैल, 1937

Notes on Marathi Etymology, N.I. Ag. 1-1938

On Sanskrit 'Kroda', Ka Saraswati, Vol. Pl. 2

Lexicography, A nnamalai Usity 1965.

Publication in Linguistics no 6.

व्युत्पत्तिशास्त्र पर ग्रंथ भी लिखा और समय-समय पर उन्होंने शब्दों की व्युत्पत्ति भी लिखीं, जिसका एक नमूना द्रष्टव्य है :

संस्कृत **'कपाल'**=कोंकणी शब्द **'कर्नाळगा'** का अर्थ है, एक साधारण या बड़े आकार का तांबे या पीतल का बर्तन, जिसमें चावल पकाया जाता है। संस्कृत शब्द **'कपाल'** का अर्थ है, कटोरा, सुराही, तश्तरी (देवता को चढ़ाने के काम आनेवाला बर्तन); और उसके संधि सिद्ध रूप हैं **'अष्टकपाल'**—आठ बर्तनों से तैयार किया हुआ, या **'पंचकपाल'**—पाँच कटोरों या बर्तनों में तैयार किया हुआ। परंतु ये रूप अन्य भारतीय आर्य भाषाओं में प्रचलित नहीं हैं।

कोंकणी रूप ने अपना स्वतंत्र अर्जित रूप मूल अर्थ में कायम रखा है। ××× कन्नड़ से समानता दिखाई गई है :

कन्नड़—कविळगै—(अ) शिव का भिक्षा पात्र, खोपड़ी, खप्पर

(आ) एक तरह का धातुपात्र जो विभिन्न आकारों में होता है।

(किट्टेल-कन्नड़ अंग्रेजी कोश)

"प्राचीन भारतीय आर्य भाषाओं के ये नवीन भारतीय आर्य भाषाओं में जीवित शब्दरूप यह बताते हैं कि उपभाषाओं का और बोलियों का क्षेत्र कितना विस्तृत और समृद्ध है। विशेषतः शब्द संपदा टिकाए रखने में इनका मूल्य निस्संदेह

है। अंततः प्राचीन भारतीय आर्य और नवीन आर्य भाषाओं की अखिल संपदा का इससे पता चलता है।" (इंडियन लिंग्.—1955, पृ. 323, अनुवाद—डॉ. प्रभाकर माचवे)

इस प्रकार के अध्ययन का परिणाम था, उनका विस्तृत आलेख—

Affinity of Indian Languages : In Vocabulary and Syntax (Publication on Govt. of India, Nov. 1959)

अनेक पत्रिकाओं से डॉ. कत्रे विभिन्न रूपों से जुड़े हुए थे—ओरियंटल डाइजेस्ट, न्यू इंडियन एंटीक्वेरी, बुलेटिन आफ दकन कालेज आदि। 'इंडियन लिंग्विस्टिक्स' के तो वह प्राण थे।

इसी प्रकार ओरियंटल कान्फ्रेंस, भंडारकर रिसर्च इंस्टीट्यूट, भारतीय भाषा संस्थान, मैसूर, संस्कृत विद्यापीठ, तिरुपति, लिंग्विस्टिक सोसायटी आदि से उनका निकट का संबंध बना रहा।

अनेक पुस्तकों की आपने भूमिकाएँ लिखीं, जिनमें से उल्लेखनीय है—'यादवकालीन मराठी भाषा' (श्री तुलपुले)

अनेक बार विदेशों में उन्होंने भारत का प्रतिनिधित्व विभिन्न रूपों में किया, जैसे लंदन (1952), ओस्लो (सन् 1957), म्यूनिख (सन् 1957), कनाडा (सन् 1967), अमेरिका के अनेक विश्वविद्यालयों में अनेक बार। टेक्सास विश्वविद्यालय, आस्टिन में आप प्रोफेसर रहे (सन् 1971-1976)।

उनकी सेवाओं के उपलक्ष्य में अनेक समारोह किए गए। अभिनंदन स्वरूप कई पत्रिकाओं के विशेषांक प्रकाशित हुए जिनमें से उल्लेखनीय हैं :

इंडियन लिंग्विस्टिस, अंक 29 व 30 (1969) दो भागों में तथा दकन कालेज की बुलेटिन, अंक 51-52 (1991-92)

आपके द्वारा प्रारंभ किया गया अत्यंत महत्त्वपूर्ण कार्य है—**'संस्कृत कोश'** जिसको युग-युगों तक स्मरण किया जाएगा। 'संस्कृत कोश' ऐतिहासिक सिद्धांतों पर आधारित है। विश्वस्तरीय परियोजना की स्वीकृति सन् 1948 ई. में मिल गई फलतः सन् 1951 से 1971 तक यह कार्य उनके निर्देशन में चलता रहा। समय-समय पर दिशा-निर्देश वाले ग्रंथ भी उनके प्रकाशित होते रहे, जैसे—

—Glossory of Grammatical of Operational of Ashtadhyayi, 1981

—Dictionary of panini I-III (1968-69)

—पाणिनि-गणपाठ; जिसमें सूत्र तथा धातुपाठ हैं। 1971

—Paninian Studies-I, दकन कालेज, पुणे, सन् 1967

—अष्टाध्यायी ऑफ पाणिनि जिसमें लिप्यंतरण और अनुवाद है टेक्सास विदेश से प्रकाशित 87, भारत में मोतीलाल बनारसीदास द्वारा 1989 में प्रकाशित।

महानतम कृति (magnum opus) के रूप में इस कोश को माना जाएगा। यह सब इसलिए संभव हो सका है—विलक्षण मेधा के धनी डॉ. कत्रे ने स्नातक परीक्षा गणित में ऑनर्स (Honour) के रूप में उत्तीर्ण की, जिससे उनकी सूक्ष्मदृष्टि और स्पष्टता प्राप्त हुई, उनमें तार्किक बुद्धि का विकास हुआ। मितभाषी डॉ. कत्रे कुशल प्रशासक के रूप में विख्यात रहे ही। 'इंडियन लिंग्विस्टिक्स' के संपादकीय की कुछ पंक्तियाँ इस प्रकार हैं :

"Fverlasting monument of his organisational ability, farsightedness, vast learning in the field of Indology and Linguistics and above all his single minded devotion to the work" (अंक 59, वर्ष 1998).

दीर्घदर्शी डॉ. कत्रे में अनेक गुणों का भंडार था। अवकाश प्राप्ति के बाद वह अपनी सुपुत्री के पास संयुक्त राज्य अमेरिका चले गए वहीं दिनांक 21 अक्टूबर, 1998 को अपना नश्वर शरीर छोड़ा, पर उनका यशः शरीर दिग-दिगंत में पाणिनि की भाँति प्रकाश देता रहेगा।

लेखक ने अपना शोध प्रबन्ध 'हिंदी में अंग्रेजी के आगत शब्दों का भाषातात्त्विक अध्ययन' (1958 ई.) श्रद्धेय डॉ. सुमित मंगेश कत्रे की सेवा में ही समर्पित किया।

हरदेव बाहरी

[सन् 1907-2000]

भाषाविद् डॉ. बाहरी ने इस कोश के प्राक्कथन में स्पष्ट किया है कि अंग्रेजी तथा अन्य यूरोप की भाषाओं में **'लर्नर्ज'** डिक्शनरी बनाई गई हैं पर हिंदी में इस ओर प्रयास नहीं किया गया। प्रस्तुत कोश में **'शिक्षार्थी'** शब्द का प्रयोग इसी अर्थ में किया गया है। डॉ. सीताराम शास्त्री इसके लिए **'अध्येता'** शब्द का प्रयोग करते हैं। कोशकार के अनुसार "इस कोश का एक विशिष्ट प्रयोजन है। यह कोश अंग्रेजी जानने वालों को हिंदी और हिंदी जानने वालों को अंग्रेजी सीखने में सहायक होगा।" "ये जानने वाले कौन हैं?", "उनका शैक्षिक स्तर कितना है?", "आवश्यकताएँ क्या हैं?", "कितनी भाषाई दक्षता अपेक्षित हैं?" आदि भिन्नताओं से शिक्षार्थी कोश भी भिन्न-भिन्न हैं। यह सामान्यतः, सामान्य शिक्षार्थियों के निमित्त हैं। इस प्रकार के कोश प्रयोजन मूलक भी हैं और शब्दों का चयन सुनियोजित ढंग से किया जाता है साथ ही प्रयोजन[1] के अनुसार शब्दों के अर्थों तथा प्रयोगों का निर्धारण किया जाता है। एक प्रकार से उसे पहले से कुछ-कुछ ज्ञान है चाहे कोई परीक्षा उत्तीर्ण न की हो। मोटर चलाना आ गया है पर मोटर चलाने की परीक्षा उत्तीर्ण नहीं की है (one who has begun to drive a motor vehicle but has not passed the driving test.)। सामान्यतः इस प्रकार के कोश अन्य कोशों से भिन्न होते हैं। इन कोशों में बोधन के साथ-साथ भाषा के विभिन्न प्रयोग, उनका संप्रेषण तथा व्यवहार पक्ष प्रधान होता है। डॉ. बाहरी के मतानुसार इसको ही 'प्रयोग कोश' कह सकते हैं जिसमें कि उत्पादकता पर बल दिया जाता है।

अब तक के समस्त प्रयास द्विभाषी कोश के संदर्भ में ही किए गए हैं जब

---

1. शिक्षार्थी की अवस्था/योग्यता से कोश का स्वरूप भिन्न हो जाएगा और जब 'प्रयोजन' भिन्न है तो प्रयुक्ति (रजिस्टर) को संकल्पना से सर्वथा भिन्न-भिन्न कोशों का निर्माण करना होगा। प्रारंभ तो सर्वमान्य कोश से करना होगा, बाद में आवश्यकतानुसार भिन्न-भिन्न कोशों का निर्माण होगा। प्रशासन, विधि तथा बैंकिंग पर इस दृष्टि से कोश बन भी चुके हैं।

कि यह प्रयास द्विभाषा कोश में किया जा रहा है। इसके कुछ समय बाद या साथ ही डॉ. बदरीनाथ कपूर[1] का कोश भी प्रकाशित हुआ। 'द्विभाषी विद्यार्थी कोश' दो भाषाओं के लिए सेतु का काम करता है। शब्द-निर्माण के प्रत्येक स्तर पर तुलनात्मक तथा व्यतिरेकी अध्ययन अपेक्षित है और उन बिंदुओं पर बल दिया जाएगा जिनके कारण व्याघात पड़ता है और अनुवाद में त्रुटियों की संभावनाएँ होती हैं। एक प्रकार से यह कोश अनुवादकों के लिए आधार ग्रंथ का काम भी करता है।

'शब्द संकलन' की दृष्टि से संख्या 10,500 उचित है जिसका आधार मुख्यतः आवृत्तिपरक[2] अध्ययन हैं। सौ-पचास शब्दों की घटत-बढ़त हमेशा प्रत्येक कोश में हो सकती है। इन शब्दों की प्रविष्टियों में यह प्रयास किया गया है कि शब्द का सही उच्चारण क्रम से उसके सभी अर्थ, व्याकरण, प्रयोग-मुहावरे, समानार्थक तथा विपरीतार्थक शब्द और सभी आवश्यक जानकारी दी गई है। इस कोश का प्रमुख उद्देश्य अंग्रेजी भाषा-भाषी को हिंदी सिखाना तो है ही, हिंदी भाषा-भाषी भी इसके ठीक उपयोग से हिंदी भाषा संबंधी अपने ज्ञान को बढ़ा सकते हैं।

शब्दकोश में वर्णों का क्रम परंपरागत ही रखा गया है जिससे हिंदी के अन्य कोशों के साथ इसको भी देखा जा सके, शब्द को ठीक स्थान पर देखा जा सके। प्रारंभ में 'भूमिका' में पृ. पाँच से उन्नीस (रोमन क्रमांक) में बड़े विस्तार से यह समझाया गया है कि प्रस्तुत कोश में क्या-क्या है और उसे देखने-समझने की क्या विधि है और किन-किन संकेत चिह्नों का उपयोग किया गया है।

प्रायः हिंदी के एक भाषी कोशों में शब्द के 'उच्चारण' को ओर ध्यान नहीं दिया गया है। उच्चारण का सीधा संबंध आक्षरिक संरचना और अक्षर-सीमा से है। नागरी प्रचारिणी सभा को वहाँ से प्रकाशित कोशों में इसकी पहल करनी चाहिए। संयोग से इस दिशा में प्रयास हिंदी-अंग्रेजी द्विभाषी कोशों के माध्यम से प्रारंभ किया गया है। पहला प्रयोग डॉ. भोलानाथ तिवारी तथा महेंद्र चतुर्वेदी

---

1. अब प्रभात प्रकाशन से प्रकाशित
2. शब्दकोश में किन शब्दों को लिया जाए जिससे जहाँ एक ओर प्रारंभिक शिक्षार्थी के लिए उपयोगी हो, वहीं अध्येताओं के लिए भी लाभप्रद हो। इसके लिए, लेखक ने आवृत्ति को आधार बनाया है। इस दृष्टि से किए गए सभी कार्यों को बनाया गया है जिनमें से उल्लेखनीय है–
   मिशन प्रेस, जबलपुर।
   शिक्षा मंत्रालय, भारत सरकार।
   दकन कालेज, पूना।
   केंद्रीय हिंदी संस्थान, आगरा।
   अलीगढ़ मु. विश्वविद्यालय में प्रकाशित
   हिंदी की बेसिक शब्दावली (डॉ. कैलाशचंद्र भाटिया)

द्वारा किया गया। डॉ. भोलानाथ तिवारी का **'उच्चारण-कोश'** भी प्रकाशित रूप में उपलब्ध है। उच्चारण देने की इस विधि से भविष्य में मानक उच्चारण की समस्या हल हो सकेगी। इस दिशा में जिस सर्वाधिक महत्त्वपूर्ण समस्या की ओर ध्यान दिया गया है, वह है **'अनुच्चरित 'अ' की समस्या'**। इससे संबंधित टिप्पणी रोमन पृष्ठ सं. 12 पर विस्तार से दी गई है। शब्दों के मध्य में व्यंजन के बाद बिंदु (˙) का प्रयोग इसके लिए किया गया है। प्रकारांतर से सामान्यतः इससे अक्षर-विभाजन भी सूचित होता है :

मरना,	मर. ना,	mar. na
खुजली,	खुज. ली,	Khuj. li
खुदवाना,	खुद. वाना,	Khud. Vana
झलना,	झल. ना,	Jhal. na

शब्दों की व्याकरणिक कोटियों की ओर संकेत किया गया है–स्त्रीलिंग-पुंल्लिग आदि।

कोशीय अर्थ और प्रयोग व्याकरणिक अर्थों की पृष्ठभूमि में ही दिए गए हैं। व्याकरणिक संकेत देकर तदनुकूल उसके अर्थ दिए गए हैं :

अच्छा	(ad.)	good	अच्छा दोस्त
	(adv.)	Well	अच्छी बीतना (अच्छी प्रकार से)
	(interj)	!	बहुत अच्छा, अच्छा तो, देख लूँगा
न	(eonj)		न सरदी है न गरमी
	(eadv.)		न जाओ
	(अन्त में)		'हाँ' अर्थ में, बहुत कम 'न'
	(intensifier)		आओगे न

डॉ. सीताराम शास्त्री ने माना है कि "दस हजार प्रविष्टियों के लगभग बीस हजार केंद्रीय अर्थ, तीस हजार अर्थ-छटाएँ, पंद्रह हजार व्याकरणिक अर्थ दिए गए हैं।"

'अर्थ' की सामान्य प्रक्रिया

1. मुख्य प्रविष्टि : अँधेरा
2. बनने वाले पद/पदबंध : घुप्प अँधेरा
3. वाक्य प्रयोग : अँधेरे में मत पढ़ो
4. सह प्रयोग : अँधेरे घर का उजाला।

इन सबको अलग-अलग व्याकरणिक कोटि में दिया गया है जिसको स्पष्ट किया जा चुका है।

अर्थ-छटाओं का क्षेत्र बड़ा विस्तृत है और हिंदी इस दृष्टि से पर्याप्त समृद्ध है जिसकी भरपूर झलक इस अनुपम कोश में मिलती है।

व्यावहारिकता की दृष्टि से इस कोश में प्रयोगों को समुचित स्थान दिया गया है। प्रथम शब्द **'अंक'** के छह विभिन्न संदर्भों में अर्थ दिए गए हैं साथ ही में 'अंक में लेना', 'अंक देना' आदि प्रयोग भी **'गोद'** विशेष के अर्थ में दिए हैं। 'अकेला' के विभिन्न प्रयोग भी स्पष्ट किए गए हैं साथ ही उससे बने 'अकेलापन', 'अकेले' आदि और भी कुछ प्रयोग दिए जा सकते हैं, जैसे **'सोल–Sole'** के अर्थ में **'अकेला स्वामी'**, **'सलाह'** के अंतर्गत सलाह देना, सलाह लेना, सलाह करना, सलाह मानना तथा स्त्रीलिंग के प्रयोग के स्पष्टीकरण के लिए–अच्छी सलाह, बुरी सलाह, हमारी सलाह आदि भी दे दिए गए हैं। 'पुराना' विशेषण कितने शब्द के साथ भिन्न-भिन्न अर्थों में आ सकता है, सबको इस कोश में लेने का प्रयास किया गया है। सामासिक पदों को और उनसे बने मुहावरों को लिया गया है; जैसे :

मियाँ-मिट्ठू

'मिलता-जुलता' तथा 'मिला-जुला'।

इस प्रकार के कोश का महत्त्व सांस्कृतिक दृष्टि से भी आँका जा सकता है। इस संदर्भ में आद्योपांत कोश में व्याख्याएँ देनी होंगी साथ ही आवश्यकतानुसार चित्र/फोटो/रेखाचित्र भी। इस दृष्टि से इसको बढ़ाया जा सकता है; जैसे–

जलेबी–**a coiled sweet meat** रेखाचित्र होना जरूरी है।

हल्दी–के अर्थ के साथ **'हल्दी की गाँठ'** के मांगलिक अर्थ की आवश्यकता है।

कोश की उपयोगिता परिशिष्ट में दी गई सामग्री से द्विगुणित हो गई है, यथा–वर्गीकृत शब्दावलियाँ, तौल-माप, मुद्रा, भारत की भाषाएँ, त्योहार, हिंदी प्रदेश में प्रमुख व्यक्तिनाम, पौराणिक तथा ऐतिहासिक व्यक्ति, कुछ देशों के नाम, भारत-भूगोल, हिंदी में शब्दों और पदों का निर्माण (पृ. सं. 709-758)। लेखक का यह दावा कि "हिंदी भाषी भी इसके उपयोग से भाषा सम्बन्धी अपने ज्ञान को कई गुना बढ़ा सकता है। यह नहीं, हिंदी भाषा का अंग्रेजी ज्ञान भी इससे समृद्ध होता है।" सही है।

इस कोश के माध्यम से शब्दों की संख्या प्रविष्टियों की संख्या तक सीमित नहीं है वरन् काफी विस्तृत है–

अनुमानतः	20,000	अर्थ-छटाएँ
	4,000	पर्यायवाची शब्द

1,000 विलोम
6,000 मुहावरे
1,500 व्याकरणिक सूचनाएँ
20,000 पदबंधात्मक प्रयोग
30,000 वाक्यात्मक प्रयोग

भाषा की बारीकियों को सीखने-सिखाने की दृष्टि से प्रस्तुत कोश अत्यंत उपयोगी है जिसके पीछे सुप्रसिद्ध कोशकार भाषाशास्त्री डॉ. हरदेव बाहरी की वर्षों की साधना है। पुस्तकालय के साथ-साथ इसकी घरेलू उपयोगिता भी है। हिंदी तथा अंग्रेजी भाषा-भाषियों के बीच इस कोश की व्यापक चर्चा हुई और शिक्षार्थियों ने इसका ललक के साथ उपयोग किया। जितनी अधिक भाषिक योग्यता इस द्विभाषी कोश से शिक्षार्थी[1] बढ़ा सकता है उतनी एक भाषी कोश से संभव नहीं क्योंकि आज भारत की **राजभाषा 'हिंदी'** होते हुए भी द्विभाषी स्थिति होने के कारण अंग्रेजी का महत्त्व भी बना हुआ है।

डॉ. बाहरी की कुछ विशिष्ट रचनाएँ

(सर्वाधिक कोशकार्य संख्या-32)

1. हिंदी अर्थविज्ञान (Hindi Semantics) डी.लिट्. शोध, इलाहाबाद, 1946 प्रकाशित लोकभारती प्रकाशन, इलाहाबाद, सन् 1968
2. हिंदी : उद्भव, विकास और रूप, किताब महल, इलाहाबाद (तृतीय सं.) सन् 1975
3. ग्रामीण हिंदी बोलियाँ, किताब महल, इलाहाबाद, सन् 1966
4. शुद्ध हिंदी (चतुर्थ सं.), इलाहाबाद, लोकभारती, 1971 ई.
5. हिंदी पर फारसी का प्रभाव, सन् 1960
6. हिंदी : शब्द, अर्थ, प्रयोग, ज्ञान भारती, इलाहाबाद, सन् 1992
7. हिंदी में लिंग विचार, हिंदी अनुशीलन, इलाहाबाद, 2 (3)
8. हिंदी कोशों में उच्चारण संकेतों की आवश्यकता, भाषा-1 (2), सन् 1961
9. हिंदी में 13वीं शताब्दी से आज तक के कोश वैज्ञानिक कार्यों का विवरण, दिल्ली, 1968 ई.
10. हिंदी में कोश-कार्य, भाषा-विश्व हिंदी अंक, सन् 1975 ई.
11. स्वातंत्र्योत्तर हिंदी कोश विज्ञान, भा.मा. संस्थान, मैसूर सन् 1980
12. साहित्यिक हिंदी का रूप, सम्मेलन पत्रिका-38 (3), सन् 1952

---

1. अब डॉ. जगन्नाथ का 'छात्र कोश' प्रकाशित।

विश्वनाथ प्रसाद

[अवसान 1967 ई.]

प्राचीन भारतीय भाषा संस्कृत तथा भारतीय संस्कृति में अपूर्व अनुराग रखते हुए भी आधुनिक भाषा-विज्ञान की अधुनातम पद्धति से शिक्षित डॉ. विश्वनाथ प्रसाद जी भारतीय भाषा-शास्त्रियों में अग्रणी रहे। जन्म-स्थान छपरा, बिहार, में ही प्रारंभिक शिक्षा प्राप्त कर आपने संस्कृत में एम.ए. तथा साहित्याचार्य की उपाधियाँ प्राप्त कीं साथ ही हिंदी में एम.ए. तथा साहित्यरत्न भी। लंदन में शिक्षा प्राप्त करने पर भी भारतीयता के प्रति झुकाव सदैव रहा जिसके कारण विद्वत्ता के साथ उनमें एक अपूर्व सादगी एवं सरलता विद्यमान रही। जीवन में उच्च से उच्च स्थान प्राप्त करते हुए भी यह सरलता, सहृदयता तथा निरभिमानता बनी रही।

स्थान तथा कार्य-क्षेत्र की दृष्टि से डॉ. प्रसाद का क्षेत्र बड़ा व्यापक तथा विस्तीर्ण रहा। भारतीयता का तत्त्व प्रधान होने के कारण कभी आप एक क्षेत्र तक सीमित नहीं रहे यही कारण है कि नालंदा, भागलपुर तथा बद में पटना विश्वविद्यालय के हिंदी-विभागाध्यक्ष होने के साथ-साथ पूना के दकन कालेज में भाषा-विज्ञान के अध्ययन-अध्यापन के व्यापक प्रसार के हेतु जब भारतीय प्रोफेसर की ढूँढ़ हुई तो पहले विजिटिंग प्रोफेसर के रूप में आपकी ही नियुक्ति की गई। सन् 1955-56 में अमरीका के वरिष्ठ भाषाशास्त्री प्रो. फेयरबैंक्स के साथ भारतीय प्रोफेसर के रूप में आप रखे गए। छठे तथा सातवें दशक में भारत में जो कुछ भाषा-विज्ञान के क्षेत्र में अध्ययन-अध्यापन की प्रगति हुई है उसका श्रेय दकन कालेज के डाइरेक्टर सुमित्र मंगेश कत्रे के साथ डॉ. प्रसाद को भी है। इसके तत्काल बाद ही आपने आगरा विश्वविद्यालय क.मुं. हिंदी तथा भाषा विज्ञान विद्यापीठ के प्रथम संचालक के रूप में कार्य-भार सम्हाला। इस संस्था का शिशुवत् पालन-पोषण डॉ. प्रसाद के कर-कमलों से हुआ। उत्तर भारत में हिंदी-प्रदेश में अपने ढंग का यह पहला

संस्थान रहा है जहाँ हिंदी, भाषाशास्त्र, लोक-साहित्य, तुलनात्मक साहित्य तथा पाठानुसंधान के क्षेत्र में अध्ययन तथा अनुसंधान की व्यवस्था है।

यहाँ यह उल्लेखनीय है कि सन् 1950 में डॉ. प्रसाद ने लंदन विश्वविद्यालय से 'A Phonetic and Phonological Study of Bhojpuri'[1] 'भोजपुरी का ध्वन्यात्मक तथा ध्वनि क्रियात्मक अध्ययन' शीर्षक शोध-प्रबंध पर पीएच.डी. की उपाधि प्राप्त की। यह पहला अध्ययन है जो पूर्णतया भाषा-विज्ञान प्रयोगशाला में किया गया है। अनेक यंत्रों पर आधारित उनकी यह उपलब्धि प्रायोगिक भाषाशास्त्र के क्षेत्र में स्मरणीय रहेगी। इस शोध-प्रबंध में अनेक मौलिक खोज हैं, जैसे पहली बार भोजपुरी के स्वरानुक्रमों का विधिवत् तथा वैज्ञानिक अध्ययन किया गया है जिनकी संख्या 72 है।

इस अध्ययन के आधार पर ही डॉ. प्रसाद भाषाशास्त्रियों की अग्रिम पंक्ति में आ गए और फिर साहित्य के अनुशीलन के साथ भाषा संबंधी खोज कार्य में जुट गए। आपको भारतीय विश्वविद्यालयों में ध्वनि-विज्ञान प्रयोगशाला का अभाव खटका जिसकी पूर्ति आपके द्वारा आगरा में क.मुं. हिंदी तथा भाषा-विज्ञान विद्यापीठ में ध्वनि-विज्ञान-प्रयोगशाला स्थापित कर की गई। यह अपने ढंग की ध्वनि-विज्ञान-प्रयोगशाला हिंदी प्रदेश में ही क्या देश में प्रथम प्रयोगशाला है जो सूक्ष्म ध्वन्यंकन के यंत्रों से सुसज्जित रही है। इस प्रयोगशाला का उद्घाटन करते हुए भारत के प्रथम राष्ट्रपति डॉ. राजेंद्रप्रसाद ने कहा था, "उच्चारण भाषा का अविभाज्य अंग है और उच्चारण में समानता अथवा एकरूपता ऐसा आदर्श है जिसके औचित्य के संबंध में मुझे कुछ कहने की आवश्यकता नहीं। मैं आशा करता हूँ कि आपके प्रयोगों और अनुसंधानों के फलस्वरूप भारतीय भाषाओं विशेषकर हिंदी के उच्चारण के सुधार और ज्ञानवृद्धि में सहायता मिलेगी।"

इस विद्यापीठ में ही संचालक के पद पर रहते हुए आपके निर्देशन में भाषा-विज्ञान के क्षेत्र में अनेक महत्त्वपूर्ण कार्य कराए गए। आपने आगरा नगर, आगरा जिले की बोलियाँ, तथा मथुरा जिले की बोलियों का सर्वेक्षण कार्य करवाया। हिंदी भाषा के ध्वन्यात्मक, संरचनात्मक पक्ष के विविध रूपों पर भी कार्य करवाया गया। व्याकरणिक कोटियाँ, हिंदी के प्रत्यय, समास पर आपने कार्य पूरा करवाया। लेखन नेने स्वयं 'अंग्रेजी आगत शब्दावली' तथा 'हिंदी में अक्षर तथा शब्द की सीमा' पर कार्य किया। कितने विशाल परिवेश में डॉ. प्रसाद ने शोध-कार्य संपन्न करवाया यह अपने में पृथक् विवेच्य विषय है।

1. इस शोध-कार्य का पूरा विषय था :
A Phonetic and Phonological Study of Bhojpuri Spoken in Districts of Shabad and Saran on the basis of the observer's own pronunciation.

विद्यापीठ के मुख-पत्र 'भारतीय साहित्य' के आप संपादक भी रहे। आपके संपादकत्व में ही भारतीय साहित्य की कल्पना मूर्त रूप ले सकी। भारतीय साहित्य के अंकों में आपके मौलिक तथा विद्वत्तापूर्ण शोध-निबंध भी प्रकाशित होते रहे, जिनमें से उल्लेखनीय ये हैं :

'भाषा के रागात्मक तत्त्व'—भा.सा. के प्रवेशांक में प्रकाशित यह लेख अनेक दृष्टियों से महत्त्वपूर्ण है। डॉ. प्रसाद लंदन के भाषा-विज्ञान स्कूल से संबद्ध थे अतएव उनका विशेष ध्यान भाषा के रागात्मक पक्ष पर रहा। उनका स्पष्ट कथन था :

> "यदि हम बहुत दूर से दो या दो से अधिक व्यक्तियों को बातचीत करते हुए सुनें तो उनके शब्द अथवा स्वर-व्यंजन स्पष्ट नहीं सुनाई पड़ते, सुनाई पड़ता है केवल उन शब्दों का व्यापक राग। माला के रूप में पिरोते हुए मोतियों के दानों के समान भाषा के अन्य अवयव पद, शब्द तथा स्वर-व्यंजन राग-सूत्र में ही आबद्ध रहते हैं। भाषा का रागात्मक तत्त्व उसकी आत्मा अथवा उसकी जीवनी शक्ति है।"

भाषा के ध्वनि-समूह का विश्लेषण करने से हमें उसकी व्यवस्था के दो पक्ष प्राप्त होते हैं :

1. उसका स्वनिक पक्ष
2. उसका छांदस या रागात्मक पक्ष—सुरों या स्वरों के आरोह-अवरोह बलाघात, ह्रस्व-प्लुत आदि मात्राएँ, संधियाँ, विराम आदि इन सबको रखा जा सकता है।

वास्तव में कोई भी बोलचाल की भाषा एक बहुरागातक संगीत के समान है जिसमें एक विस्तीर्ण लय में अनेक राग प्रवाहित होते रहते हैं। इनका अनुचयन, आज की जीवित भाषाओं के क्षेत्र में काम करने वाले भाषा वैज्ञानिकों का प्रधान कर्त्तव्य है।

भारतीय भाषाओं के रागात्मक तत्त्वों का भी अनुसंधान अब शीघ्र होना चाहिए। विशेष करके अहिंदी प्रांतों में हिंदी के शुद्ध, स्वाभाविक, समुचित रूप की शिक्षा और प्रसार के लिए यह परम आवश्यक है कि उसके भिन्न-भिन्न प्रदेशों में प्रचलित वाक्य, सुरों तथा अन्य रागात्मक तत्त्वों का विश्लेषण किया जाय और यथासंभव उनके आदर्शीकरण का विचार किया जाय।

डॉ. प्रसाद इस क्षेत्र में ही स्वयं तथा अपने शिष्यों से अनुसंधान करते-करवाते रहे। भारतीय साहित्य में ही प्रथम तथा द्वितीय वर्ष के द्वितीय अंक में आपके क्रमशः 'य' और 'व' का रागात्मक निरूपण तथा 'यकार' और 'वकार' के रागात्मक रूप

शीर्षक शोध-निबंध प्रकाशित हुए हैं (भारतीय साहित्य, वर्ष 1 (2), सन् 1956)।

अन्य क्षेत्रों में किए गए अनुसंधान पर उनके निबंध इस प्रकार हैं :

आगरा की खड़ी बोली	–भारतीय साहित्य वर्ष 2, अंक 3
मुंशीजी और हिंदी	–वही, वर्ष 3, अंक 1-2
अनुसंधान के सिद्धांत	–वही, वर्ष 4, अंक 1
दृश्य-श्रव्य भाषा-शिक्षण में अप्रेक्षपणीय प्रणालियों का महत्त्व	–वही, वर्ष 4, अंक 4
भाषा-सर्वेक्षण प्रणाली और मूल्यांकन	–वही, वर्ष 6, अंक 1
अनुवाद की समस्या	–वही, वर्ष 6, अंक 4
सांस्कृतिक एकता के विकास में पारिभाषिक शब्दावली का योग	–वही, जुलाई 1962
समसामयिक हिंदी गद्यशैली	–वही, वर्ष 5 (1)

भाषातत्त्वमंडल आगरा के आप अध्यक्ष भी थे। इस मंडल में ही एक बार 'हिंदी का परिनिष्ठित रूप' जैसे महत्त्वपूर्ण विषय पर विचार करते हुए आपका कथन था, "जब विकास के साथ-साथ भाषा का प्रसार दूर-दूर तक हो जाता है तो उसके परिनिष्ठित, शिष्ट या साधु रूप को निश्चित करने के लिए मध्यम मार्ग का ही अनुसरण करना पड़ता है। इसमें समझने की सीमा या बोधगम्यता की मर्यादा विशेष सहायता देती है।"

'भाषा-सर्वेक्षण' के क्षेत्र में भी डॉ. प्रसाद का योगदान उल्लेखनीय है। बिहार राष्ट्रभाषा परिषद् के तत्त्वावधान में आपने बिहार के सिंहभूम के मानभूम और धालभूम का भाषा-सर्वेक्षण का कार्य डॉ. सुधाकर झा के साथ पूरा किया। सीमाक्षेत्र की बोलियों के सर्वेक्षण का कार्य कठिन होते हुए भी महत्त्वपूर्ण होता है। भाषा विश्लेषण का यह कार्य शिक्षित तथा भाषाशास्त्र में दीक्षित व्यक्तियों की सहायता से किया गया है। यह सर्वेक्षण बिहार राष्ट्रभाषा परिषद् से ही जून 1958 में प्रकाशित हो चुका है जिसके प्रारंभ में डॉ. प्रसाद की प्रस्तावना भी है। डॉ. ग्रियर्सन द्वारा किया गया कार्य काफी पुराना हो चुका है, आवश्यकता तो संपूर्ण भारत के भाषा-सर्वेक्षण की है पर जब तक यह कार्य न किया जा सके विभिन्न विश्वविद्यालयों के तत्त्वावधान में प्रशिक्षित व्यक्तियों के द्वारा इस प्रकार छोटे-छोटे क्षेत्रों का सर्वेक्षण कार्य संपन्न कराया जा सकता है। सर्वेक्षण के क्षेत्र में मिश्रित बोली का क्षेत्र बहुत महत्त्वपूर्ण होता है, इस दृष्टि से डॉ. प्रसाद ने कई क्षेत्रों का सर्वेक्षण किया है। कुछ आदिम बोलियों का सर्वेक्षण कार्य भी आपने करवाया, जैसे खोता, कुमारी

तथा खुरपल्टा आदि।

जब किसी क्षेत्र का सर्वेक्षण कार्य होता है तो उस क्षेत्र की बहुत-सी सामग्री अनायास ही उपलब्ध हो जाती है। इस दिशा में दूसरा महत्त्वपूर्ण कार्य बिहार राष्ट्रभाषा परिषद् के ही लोकभाषा अनुसंधान विभाग के अंतर्गत लोकभाषाओं और लोक-साहित्य के सर्वेक्षण का कार्य भी है जिसके अनुसार गाँवों में बिखरी, अलिखित सामग्री, लोकगीतों, कथा-गाथाओं, कहावतों, पहेलियों, मुहावरों तथा शब्दों को संकलित किया गया है। मगही संस्कार गीत के अतिरिक्त दूसरी उपलब्धि लोक से 'पारिभाषिक शब्दावली' का संग्रह है जिसमें लगभग 54,277 पारिभाषिक शब्दों का संग्रह किया गया है। सभी शब्द गाँवों में बसने वाले विविध व्यवसायियों, शिल्प-जीवियों और किसानों के मुख से संगृहीत हुए हैं। इनके अतिरिक्त मजदूरों और अन्य श्रमजीवियों की बोलचाल की भाषा में भी समाजशास्त्र, शिल्पशास्त्र अथवा उद्योग-धंधे संबंधी बहुतेरे बढ़िया-बढ़िया शब्द मिलते हैं जो राष्ट्रभाषा की समृद्धि के समर्थपूरक हो सकते हैं। इस कार्य का ही कुछ अंश सन् 1959 में डॉ. प्रसाद के ही संपादकत्व में 'कृषि-कोश' के रूप में प्रकाशित हुआ है। कोश की प्रस्तावना में कार्य-प्रणाली, संग्रह-कर्त्ताओं के लिए आवश्यक निर्देश, वृत्तियों की विषय-सूची आदि बातें दी गयी हैं जो क्षेत्रीय संग्रह-कर्त्ताओं के लिए उपयोगी सिद्ध होंगी। डॉ. प्रसाद द्वारा संपादित 'कृषिकोश' कोश साहित्य में मानदंड प्रस्तुत करता है। इस प्रकार का यह पहला कोश है। इस दृष्टि से सबसे अधिक आदर्श कोश 'स्काटिश नेशनल डिक्शनरी' है। डॉ. प्रसाद उन सौभाग्यशाली व्यक्तियों में से थे जिन्होंने स्काटलैंड के एबर्डीन नगर में जाकर इस कोश के विद्वान संपादक मि. डेविड डी. म्यूरिसम के साथ वार्तालाप किया और उनकी कार्य-पद्धति समझी थी।

आवश्यकतानुसार शब्दार्थ के साथ चित्र भी दिए गए हैं जैसे करींग, करीन के चित्र के साथ यह व्याख्या है, लकड़ी, टिन या लोहे की बनी हुई एक नलिका जो बीच में गहरी ऊपर खुली हुई तथा लंबी होती है जिससे सिंचाई का काम होता है। इसकी लंबाई सात से लेकर नौ हाथ तक तथा चौड़ाई करीब एक डेढ़ फुट होती है। व्युत्पत्ति भी प्रायः दे दी गई है और जहाँ से शब्द संकलित किया गया है उसका निर्देश भी। पारिभाषिक शब्दावली के क्षेत्र में किया गया कार्य उनको भारत सरकार द्वारा स्थापित पारिभाषिक शब्दावली आयोग के कार्य संपादन में सहायता देता है पर दुर्भाग्य से डॉ. प्रसाद का निधन इस क्षेत्र में खटकता रहेगा।

पारिभाषिक शब्दावली के क्षेत्र में आपके निर्देशन में ही सर्वप्रथम 'भाषा-विज्ञान का पारिभाषिक कोश' पटना विश्वविद्यालय में डॉ. सुधाकर झा के साथ तैयार किया

गया। पटना विश्वविद्यालय से प्रकाशित इस कोश में संशोधन का कार्य निरंतर चलता रहा और भारत सरकार ने प्रकाशित किया है। अगर इसी तरह अन्य विश्वविद्यालयों ने इस प्रकार इस योजना में योग दिया होता जो हिंदी प्रदेश के उपकुलपतियों के सम्मेलन सन् 1950 में तय की गयी थी तो किसी भी क्षेत्र में पारिभाषिक शब्दावली की कमी न रहती और शिक्षा के माध्यम की समस्या आज इतने विकराल रूप में सम्मुख न आती।

इस दिशा में ही तीसरा महत्त्वपूर्ण कार्य डॉ. प्रसाद के ही निर्देशन में आगरा विश्वविद्यालय में संपन्न किया गया है 'जिसमें विविध भारतीय भाषाओं की पारिभाषिक शब्दावली का तुलनात्मक अध्ययन' प्रस्तुत किया गया है। इस कार्य में संविधान में निर्दिष्ट विभिन्न प्रादेशिक भाषाओं में प्रकाशित दैनिक समाचार-पत्रों के आधार पर उन अगणित पारिभाषिक शब्दों का तुलनात्मक अध्ययन प्रस्तुत किया गया है जो वास्तविक व्यवहार में लाए जा रहे हैं, जिससे यह ठीक-ठीक समझा जा सके कि उनमें कितनी समानता अथवा असमानता है। डॉ. प्रसाद ही केंद्रीय हिंदी निदेशालय में प्रथम निदेशक पद पर सुशोभित हुए। वहीं से 'भाषा'[1] पत्रिका का प्रकाशन प्रारंभ हुआ।

डॉ. प्रसाद का लिंग्विस्टिक सोसायटी आव् इंडिया से भी अनेक रूपों में संबंध रहा है। इसकी कार्यकारिणी में आप सन् 1955 से 58 तक फिर 1961, 63, तथा 65 में रहे। सन् 1962 में आप इस सोसायटी के वाइस प्रेसीडेंट तथा सन् 1964 में प्रेसीडेंट चुने गए। सोसायटी द्वारा संचालित अनेक कान्फ्रेंस तथा संगोष्ठियों में आपने भाग लिया। सोसायटी के मुखपत्र 'इंडियन लिंग्विस्टिक्स' में आपके अनेक विद्वत्तापूर्ण शोध-निबंध प्रकाशित हुए हैं जिनमें उल्लेखनीय हैं—

---

1. किसी भी भाषा के शब्द भण्डार तथा उसकी ग्राहिका-शक्ति की समीक्षा के लिए आगत शब्दों के अध्ययन का महत्त्वपूर्ण स्थान है। भाषा-तात्त्विक दृष्टि से यह पता लगा लेना उपयोगी होता है कि कितने विदेशी शब्द किसी भाषा के विकास-क्रम के साथ ग्रहीत हुए हैं। काल के प्रवाह के साथ हिंदी में तुर्की-अरबी-फ़ारसी तथा पुर्तगाली-फ्रांसीसी-अंग्रेजी के बहुतेरे शब्द गृहीत हुए हैं। अरबी-फ़ारसी की शब्दावली पर तो पहले कुछ कार्य हो चुका था, पर अंग्रेजी की शब्दावली पर डॉ. धीरेन्द्र वर्मा के निबन्ध के अतिरिक्त और कोई उल्लेखनीय कार्य नहीं हुआ था। अतएव जब मैंने क.मु. हिन्दी तथा भाषा-विज्ञान विद्यापीठ के संचालक का पद-भार सँभाला तो इस दिशा में कार्य करने के लिए विद्यापीठ के तत्कालीन अनुसंधान-सहायक श्री कैलाशचन्द्र भाटिया को प्रेरित किया। बड़ी लगन और परिश्रम से वे इस कार्य में जुट गये। भाषा-विज्ञान में भाटिया जी की सहज रुचि है। समय-समय पर वे मुझसे इस विषय में परामर्श लेते रहे और थोड़े ही समय में उन्होंने बड़े मनोयोग से मेरे निरीक्षण में सफलता के साथ कार्य को सम्पन्न किया।
आज मुझे भाटिया जी के **'हिन्दी में अंग्रेजी आगत शब्दों का भाषा-तात्त्विक अध्ययन'** नामक इस शोध-प्रबन्ध को प्रकाशित होते देखकर गौरव तथा प्रसन्नता का एक साथ अनुभव हो रहा है। इसके

A Phonaesthetic Aspect of Retroflexion—चटर्जी वॉल्यूम

The Position of the Nasals in Bhojpuri phonological system—तारापुरवाला वॉल्यूम (वॉल्यूम-17), सन् 1955

Sentence phonetics and Sentence Prosodies—वॉल्यूम 21

A Palatographic Study of some Inotances of Place junction—सक्सेना वॉल्यूम (वॉल्यूम 25), सन् 1964

इस प्रकार कार्य क्षेत्र की दृष्टि से पटना, पूना, आगरा तथा दिल्ली कई स्थानों पर सर्वोच्च स्थान पर आसीन रहते हुए डॉ. प्रसाद ने भाषाशास्त्र की कई दिशाओं में उल्लेखनीय कार्य किया है। शोध, सर्वेक्षण, कोश-साहित्य, पारिभाषिक शब्दावली आदि सभी क्षेत्रों में उनका योगदान चिरस्मरणीय बना रहेगा।

कई कारण है। इस प्रकार का अध्ययन हिन्दी में ही नहीं वरन् सम्पूर्ण भारतीय भाषाओं में संभवतः पहला है। इस विषय के सम्बन्ध में सभी उपलब्ध सामग्री का अध्ययन करके तथा अनेक विदेशी और भारतीय भाषा-वैज्ञानिकों से विचार-विमर्श करके भाटिया जी ने इस शोध-प्रबन्ध के तथ्यों का प्रतिपादन किया है। पूना के ग्रीष्म तथा शरत्कालीन अनेक सत्रों में वे सम्मिलित हुए। इन सम्पर्कों से अनेक अध्ययन में विशेष परिपक्वता आ गई है। यह अध्ययन उस समय किया गया था, जब भारतीय भाषाओं में वर्णनात्मक भाषा-विज्ञान का सूत्रपात ही हुआ था। इसके प्रणयत में व्यावहारिक शैली को ही प्रधानता दी गई है। मुद्रण में अनेक प्रकार की बाधाओं के कारण यह इतने विलम्ब से प्रकाशित हो रहा है। यदि यह प्रबन्ध अब लिखा जाता तो विद्वान लेखक के द्वारा संभवतः कुछ भिन्न शैली में प्रस्तुत किया जाता।

इस अध्ययन को पूरा करने से पूर्व लेखक ने काफी बड़ी संख्या में साहित्य तथा बोलचाल की भाषा से आगत शब्दावली को इकट्ठा कर लिया था। उस सामग्री का विश्लेषण कर इस अध्ययन को वर्णनात्मक, विवेचनात्मक तथा साथ ही तुलनात्मक पद्धति में प्रस्तुत किया गया है। दूसरे प्रकार से इस शोध-ग्रन्थ में अंग्रेजी तथा हिन्दी की ध्वनि-प्रक्रिया के तुलनात्मक अध्ययन के विषय का भी समावेश हो गया है। खासकर अंग्रेजी-वर्णन्यास (स्पेलिंग) पर किया गया कार्य स्वतः मौलिक है। अंग्रेजी शब्दावली लगभग समान रूप में सभी भारतीय भाषाओं में ग्रहीत हुई है। इस दिशा में विस्तृत कार्य की आवश्यकता है, जिसका सूत्रपात लेखक ने इस शोध-ग्रन्थ में कर दिया है। शब्दावली का कितना भाग अधिक घुल-मिल गया है, इसका आधार आवृत्ति है। लेखक ने इस इस पर भी विचार किया है। इसके द्वारा भविष्य में केवल आवृत्ति के आधार पर अध्ययन प्रस्तुत करने की ओर शोधार्थियों का ध्यान आकर्षित होगा।

अन्त में मैं इस ग्रन्थ के प्रकाशन के उपलक्ष्य में हिन्दुस्तानी एकेडेमी के अधिकारियों को भी धन्यवाद देना चाहता हूँ, जिन्होंने टाइप तथा मुद्रण की अनेक कठिनाइयों का सामना करते हुए भी इसको प्रकाशित किया है। मुझे आज इसलिए विशेष प्रसन्नता हो रही है कि यह विद्यापीठ के प्रथम दीक्षान्त समारोह (सन् 1958 ई.) का पला तथा अकेला शोध-ग्रन्थ है। इस सफल तथा बहुमूल्य कृति के लिए मैं अपने सुयोग्य शिष्य डॉ. भाटिया को पुनः बधाई देता हूँ और आशा करता हूँ कि विद्वत्-समाज में उनके इस पाण्डित्यपूर्ण प्रयास का समुचित स्वागत होगा।

डॉ. विश्वनाथ प्रसाद, एम.ए., पीएच.डी (लन्दन) अध्यक्ष, वैज्ञानिक तथा तकनीकि शब्दावली आयोग, शिक्षा मंत्रालय, भारत सरकार, भूतपूर्व संचालक, क.मुं. हिन्दी तथा भाषा-विज्ञान विद्यापीठ, आगरा विश्वविद्यालय, आगरा।

गोलोक बिहारी धल

भाषाशास्त्री गोलोक बिहारी धल का जन्म उड़ीसा राज्य के ढेंकानाल नामक गाँव में सन् 1921 में हुआ। आपने क्षेत्रीय स्कूल में ही प्रारंभिक शिक्षा प्राप्त कर प्रथम श्रेणी में हाई स्कूल की परीक्षा उत्तीर्ण की; सन् 1943 ई. में कटक कालेज से बी.ए. की उपाधि प्राप्त की। साथ ही संस्कृत में ऑनर्स प्राप्त किया। पटना विश्वविद्यालय से ही संस्कृत से प्रथम श्रेणी में एम.ए. की उपाधि प्राप्त कर आप उड़ीसा राज्य की शिक्षा सेवा में संस्कृत तथा उड़िया के प्राध्यापक नियुक्त हुए।

भारतीय भाषाओं और संस्कृत के अध्ययन की ओर अभिरुचि धळ महोदय की प्रारंभ से ही है जिसके फलस्वरूप आप भाषा-विज्ञान का विशेष अध्ययन करने के लिए लंदन चले गए। लंदन विश्वविद्यालय से भाषातत्त्व में एम.ए. की उपाधि प्राप्त की। ध्वनि-विज्ञान में आपकी विशेष अभिरुचि थी अतएव आपने 'उड़िया में महाप्राणत्व' विषय पर शोध प्रबंध प्रस्तुत किया। आपने अध्ययन-प्रवास के मध्य ही अमेरिका, फ्रांस तथा इंग्लैंड की यात्रा की।

भारत लौटने पर आप सक्रिय रूप से भाषा-विज्ञान के क्षेत्र में जुट गए। राकफेलर फाउंडेशन की सहायता से डॉ. कत्रे के कारण पूना में जो भाषा-विज्ञान के ग्रीष्मकालीन तथा शरद्कालीन सत्रों का आयोजन किया उनमें अंतर्राष्ट्रीय क्षेत्र में प्रख्यात जो भारतीय तथा विदेशी भाषाविद् सहयोग देते रहे हैं उनमें प्रो. धल का नाम भी उल्लेखनीय है। इसी समय उत्तर भारत में उत्तर प्रदेश के तत्कालीन राज्यपाल कन्हैयालाल माणिकलाल मुंशी की प्रेरणा से आगरा में हिंदी तथा भाषा-विज्ञान विद्यापीठ की स्थापना की गई जिसमें प्रथम संचालक डॉ. विश्वनाथ प्रसाद के अथक प्रयास से ध्वनि-विज्ञान की प्रयोगशाला भी प्रारंभ की गई। प्रो. धल ने इस विद्यापीठ में 'भाषाशास्त्र' के रीडर पद को सुशोभित किया। बाद में आप पुरी राजकीय महाविद्यालय में संस्कृत तथा उड़िया विभाग के अध्यक्ष पद पर

सुशोभित हुए।

विद्यापीठ में अध्ययन-अध्यापन करने के मध्य प्रो. धल का हिंदी भाषा-भाषी क्षेत्र से निकट संपर्क स्थापित हुआ और आपने **'ध्वनि-विज्ञान'**[1] जैसे गंभीर तथा शुष्क विषय पर प्रवाहपूर्ण शैली तथा सरल एवं सुबोध भाषा में अपने ढंग की पहली पुस्तक लिखी। अहिंदी भाषा-भाषी भी विज्ञान क्षेत्र में गंभीर विषयों पर हिंदी के माध्यम से पुस्तकों का प्रणयन करने में समर्थ हो सकते हैं इसका प्रमाण यह पुस्तक है। सामग्री को अधिक उपयोगी, सारगर्भित बनाने की दृष्टि से अनेक चार्ट, रेखाचित्र, फोटोचित्र आदि से पुस्तक सुसज्जित की गई है। भारत के मूर्धन्य भाषाशास्त्री तथा राष्ट्रीय प्रोफेसर डॉ. सुनीतकुमार चाटुर्ज्या ने इस पुस्तक का आमुख लिखते हुए भूरि-भूरि प्रशंसा की है। पाणिनि और पतंजलि के देश में भाषा विज्ञान का जो स्रोत सूखा जा रहा था उसको फिर से धारामय करने में प्रो. धल की इस पुस्तक का अमूल्य योगदान है। इस पुस्तक के प्रकाशन से यह भी सिद्ध हो गया कि अंतर्राष्ट्रीय ध्वनि-चिह्नों में भी कोई पुस्तक हिंदी में प्रकाशित की जा सकती है। इस पुस्तक के माध्यम से पहली बार अंतर्राष्ट्रीय ध्वनि-चिह्न नागरी से प्रसारित हुए, यद्यपि इन चिह्नों का निश्चय लेखक के प्रयत्न से देहरादून के ग्रीष्मकालीन स्कूल में भारतीय हिंदी परिषद् की एक समिति (डॉ. बाबूराम सक्सेना, डॉ. धीरेंद्र वर्मा तथा डॉ. उदयनारायण तिवारी) द्वारा हो चुका था। लेखक का भी सहयोग सदस्य के रूप में था लेखक ने अपना शोध-प्रबंध उनके निर्देशन में संपूर्ण किया।

'ध्वनि-विज्ञान' से संबद्ध सामग्री के अतिरिक्त परिशिष्ट में भाषा-विज्ञान के वर्णनात्मक पक्ष पर भी अच्छा प्रकाश डाला गया। भाषा-शास्त्र की तीन सौ उपयोगी पुस्तकों की सूची, पारिभाषिक शब्दावली-हिंदी-अंग्रेजी तथा अंग्रेजी-हिंदी आदि उपादेय सामग्री भी एक स्थान पर देने का श्रेय प्रो. धल को ही है। **'हिंदी के परिनिष्ठित रूप'** पर हुई संगोष्ठी का विवरण भारतीय साहित्य 2 (4) 1959 ई. में प्रकाशित हुआ।

बच्चों तथा प्रौढ़ों (नवसाक्षरों) के लिए लिखी गई पुस्तकों में आपका योगदान विशेषतः है। अनेक बार उड़िया भाषा में लिखी पुस्तकों पर आपको केंद्रीय सरकार से पुरस्कार भी मिल चुके हैं। बाल साहित्य के क्षेत्र में ध्वनि-विज्ञान पर लिखी पुस्तक 'पेट की हवा मुँह की बात' आपकी पहली हिंदी पुस्तक है।

हिंदी भाषा-भाषी क्षेत्र के संपर्क में आने पर प्रो. धल ने अपना अध्ययन क्षेत्र

---

1. प्रकाशक—प्रेम बुक डिपो, आगरा, सन् 1957-58 बाद में पटना से प्रकाशित। डॉ. यमुना काचरू द्वारा लिखित समीक्षा इंडियन लिंग्वि., पुणे (22) सन् 1961 में प्रकाशित।

भाषा-विज्ञान तथा हिंदी-व्याकरण तक ही सीमित न रखा वरन् साहित्य में भी प्रवेश किया और प्रेमचंद के समृद्ध साहित्य को अनुवाद के माध्यम से उड़िया भाषा-भाषी क्षेत्र में पहुँचाया। 'गोदान' पर आपको राज्य साहित्य अकादमी से 500 रुपये का पुरस्कार भी मिल चुका है। 'ग़बन' तथा 'प्रतिज्ञा' के भी अनुवाद पूर्ण हो चुके हैं।

यात्रा साहित्य तथा 'जीवनी साहित्य' पर भी आपने कई पुस्तकें लिखी हैं। अध्ययनार्थ विदेश भ्रमण के अवसर पर आपने बच्चों के लिए अनेक पुस्तकें उड़िया भाषा में रोचक शैली में लिखी हैं।

उड़िया भाषा-भाषी होने के नाते उड़ीसा राज्य में ध्वनि-विज्ञान, मातृभाषा शिक्षण तथा अंग्रेजी शिक्षण संबंधी समितियों के आप सदस्य हैं। आदिवासियों के लिए लिखी जाने वाली पाठ्य पुस्तकों के निर्माण में आपका सक्रिय सहयोग रहा है। अंग्रेजी अध्यापकों को अंग्रेजी शिक्षण में ध्वनि-विज्ञान की शिक्षा देने में आप अग्रगण्य हैं। इंडियन एडमिनिस्ट्रेटिव सेवाओं में आने वाले अधिकारियों के समक्ष आपके ध्वनि-विज्ञान पर अनेक बार भाषण हो चुके हैं।

केंद्रीय शिक्षा मंत्रालय द्वारा नियुक्त 'भारतीय भाषाओं के लिए देवनागरी लिपि' समिति के आप सदस्य रहे हैं।

अंग्रेजी भाषा और ध्वनि-विज्ञान से संबद्ध विषयों पर आपके उल्लेखनीय लेख भारतीय साहित्य में प्रकाशित होते रहे हैं, जिनमें से उल्लेखनीय हैं :

विवरणात्मक भाषातत्त्व।

अहिंदी भाषा-भाषियों के हिंदी प्रशिक्षण के लिए सुझाव।

उड़िया भाषा पर अंग्रेजी प्रभाव।

हिंदी शिक्षा का प्रसार और संस्कृत।

अंग्रेजी भाषा में प्रयुक्त भारतीय शब्दावली।

ध्वनि-विज्ञान में निष्णात प्रो. धल का योगदान भारतीय भाषाओं की उन्नति में विशेष रहा है। भारतीय भाषाओं, विशेषकर उड़िया और राजभाषा हिंदी के माध्यम से आपने माँ भारती की सेवा की है। अचानक स्वर्गवास के कारण ध्वनि-विज्ञान के विशेषज्ञ की सेवाओं से माँ भारती वंचित रही।

भोलानाथ तिवारी

[सन् 1922–1989]

बहुआयामी व्यक्तित्व के धनी डॉ. भोलानाथ तिवारी हमारे अनन्य थे और मेरे अग्रज तुल्य थे। उन्होंने इतनी जल्दी हम सभी से विदा ले ली। सन् 1942 के भारत छोड़ो आंदोलन के बाद स्वस्थ होने पर कुछ समय वह मथुरा में मेरे निवास के समीप ही रहे पर तब यह कहाँ मालूम था कि हम दोनों दूर रहते हुए भी इतने अभिन्न हो जाएँगे। उन्होंने अपने जीवन पर कुछ प्रकाश 'हार नहीं मानी' शीर्षक पुस्तक में डाला है। जैसा संघर्षमय जीवन उन्होंने बिताया और जितनी सक्रियता से वह लेखन कार्य में जुटे रहे उस पर आने वाली पीढ़ियाँ सहसा विश्वास नहीं कर सकेंगी।

वैसे सन् 1953-54 में ही 'भाषा-विज्ञान' शीर्षक पुस्तक के प्रकाशित होते ही मैं उनसे परिचित हो गया। किसी तकनीकी पुस्तक के इतने संस्करण शायद ही निकले हों। सन् 1959 में इसको संशोधित करने का श्रेय मुझे भी प्राप्त हुआ। व्यक्तिगत साक्षात्कार दकन कालेज, पूना के तत्त्वावधान में भाषाशास्त्र के ग्रीष्मकालीन स्कूल में देहरादून में पहली बार 1957 में हुआ। वह प्रारंभिक कोर्स में थे और मैं उच्चस्तरीय कोर्स में। हम दोनों ही कैंपस के बाहर रहते थे। मैं अपने परममित्र पं. मोहनलाल शर्मा के पास सेवक आश्रम में रहता था। बड़े भाई तुल्य डॉ. तिवारी अनेक विषयों पर चर्चा करने स्वयं मेरे पास आ जाते थे। बस मेरे प्रति उनका यह भाव अंत तक बना रहा जबकि वह अग्रज सभी दृष्टियों से थे। आज एक साथ पिछले बीते वर्षों पर दृष्टि डालता हूँ तो समझ में नहीं आता कि क्या लिखूँ। मेरे पास उनके लिखे सैकड़ों पत्र हैं।

अपने दुःख-सुख की बात वह मुझे जरूर लिख देते थे। अभी कुछ माह पूर्व घातक रोग की सूचना मिलते ही उन्होंने मुझे दिनांक 26 अगस्त, 1989 के पत्र में लिखा :

"कैंसर हो गया है। एडवांस स्टेज का। डॉक्टरों ने कोई ठीक-ठाक दवा नहीं बताई। कैंसर की कोई दवा नहीं। थककर होमियोपैथी दवा चल रही है। लिखा नहीं जा रहा है।"

इस पत्र के ठीक दो माह बाद दिनांक 25 अक्टूबर को वह हमेशा के लिए चले गए।

ऐसा नहीं कि इससे पूर्व वह अस्वस्थ नहीं हुए पर कभी हार नहीं मानी। जो व्यक्ति सीने में गोली खाए हुए हो वह हार मान भी कैसे सकता है। दो वर्ष पहले तक मैं लालबहादुर शास्त्री राष्ट्रीय प्रशासकीय अकादमी, मसूरी में था। ग्रीष्मावकाश में उन्हें बुलाता रहता था पर उन्हें कहाँ अवकाश। आने पर भी वह मेरे निवास में स्टडीरूम में ही रुकना पसंद करते थे जिससे वह सारी रात निर्बाध रूप से अध्ययन कर सकें। डॉ. प्रकाश दीक्षित का शोध-ग्रंथ (अब तक अप्रकाशित) उन्होंने तब इस प्रकार ही पढ़ा। यहाँ ग्रंथों की सूची देना लक्ष्य नहीं है। प्राण-घातक कैंसर रोग से पहले भी उन्होंने सन् 1983 में लिखा था :

"मुझे पाँच मई को अस्पताल में भर्ती होना पड़ा। अभी मैं अस्पताल में ही हूँ। एक दिन तो अस्पताल में हालत काफी चिंताजनक हो गई थी। अब आप मित्रों की कृपा से पहले से ठीक हूँ। यों ब्लडप्रेशर अभी सामान्य से काफी ज्यादा है। मैं स्वयं भी मसूरी आने की सोच रहा था। सत्ताईस मई को आपका बेटा गर्मी की छुट्टियों में अमरीका से आ रहा है। इसका आशय यह है कि मैं, पत्नी, मुकुल और राजीव चार व्यक्ति होंगे। मुझे पता नहीं कि आपके यहाँ कितना स्थान है। यदि तनिक भी असुविधा की संभावना हो तो संकोच की बात नहीं, आपका घर अपना घर ही है। आने पर कोश के बारे में बात करेंगे। भाभी जी वहीं होंगी। उन्हें मेरा प्रणाम कहें। पहली जून से वहाँ रहने का कार्यक्रम बनाना चाहता हूँ। यों बेटे के आने के बाद आपको तुरंत लिखूँगा।"

दिनांक 17-5-1983

'अखिल भारतीय प्रशासन कोश' (प्रभात प्रकाशन) उनकी प्रेरणा से ही तैयार हुआ। सन् 1987 में राष्ट्रपति भवन में महामहिम ज्ञानी जैल सिंह द्वारा जो मुझे अभिनंदन ग्रंथ **'संपर्क भाषा हिंदी और भारतीय भाषाएँ'** प्रदान किया गया उसका संपादन डॉ. भोलानाथ तिवारी जी ने ही किया था जिसके साथ डॉ. कमल सिंह का योगदान था। उसी वर्ष दिल्ली विश्वविद्यालय के भाषा-विज्ञान विभाग के अध्यक्ष डॉ. रवींद्रनाथ श्रीवास्तव के सहयोग से **'अनुप्रयुक्त भाषा-विज्ञान'** विषय पर एक

अभिनंदन ग्रंथ मैं संपादित करना चाहता था क्योंकि अनुप्रयुक्त भाषा-विज्ञान की शाखाओं-प्रशाखाओं पर जितना उन्होंने कार्य किया संभवतः सभी बड़ी-बड़ी संस्थाओं ने मिलकर भी नहीं किया है। पर वह **'प्रचार'** तथा **'अभिनंदन'** से दूर रहते थे। उन्होंने जो कार्य किया है वही अब अभिनंदनीय रूप में स्वीकार करना होगा। उन्होंने अपने दिनांक 11 फरवरी, 1987 के पत्र में स्पष्ट रूप में लिखा :

> ''अपने अभिनंदन के विषय में ईमानदारी की बात है कि मेरी कोई रुचि नहीं बन पा रही है। अभी आप कुछ न करें तो शायद ठीक रहेगा। आपके अभिनंदन का संपादक मैं बना तुरत आप मेरा करें तो गिव-टेक की लोग सोचेंगे। श्रीवास्तव जी तो ऐसे ही कह रहे थे। भाभी जी को प्रणाम।''

आपका

भो. ना.

छोटे-मोटे सम्मानों तथा पुरस्कारों से उनको अवश्य सम्मानित किया गया लेकिन उनके कृतित्व के अनुकूल कोई बड़ा सम्मान हिंदी प्रदेश की सरकार/संस्था नहीं कर सकी यह बात आज सालती है। सम्मान को वह टालते रहते थे। 8 सितंबर, 1984 के पत्र में उन्होंने सूचित किया :

> ''मलेरिया की कृपा से मुक्त-सा हो गया हूँ। पूर्वांचल वाले गाजीपुर में मेरा सम्मान कई सालों से करना चाह रहे थे। मैं टालता रहा। अंत में डॉ. विवेकी राय के आग्रह के कारण मानना पड़ा। सत्रह सितंबर को गाजीपुर में सम्मान होगा। इस कार्य के लिए प्रदेश के गवर्नर को उन लोगों ने बुलाया है। एक सप्ताह के लिए जा रहा हूँ। सपत्नीक।''

डॉ. तिवारी चाहते थे कि 'भारतीय भाषा-विज्ञान का इतिहास' कई खंडों में तैयार किया जाए। यह बात उन्होंने तभी सोच ली थी जब पं. मोहन बल्लभ पंत की स्मृति में उन्होंने **भारतीय भाषा-विज्ञान** की भूमिका संपादित की थी। इस ग्रंथ के लिए उन्होंने मुझसे 'हिंदी व्याकरण का इतिहास' लिखवाया था। 'भूमिका' के लेख का रिप्रिंट मुझे नहीं मिला अतएव उन्होंने लिखा :

> ''भूमिका के रिप्रिंट तो नहीं हैं। चाहें तो एक-एक पुस्तक और देने की अनुमति संस्था से ले लूँगा। यों आप कितने रिप्रिंट चाहते हैं।''

'भाषा-विज्ञान के इतिहास' के संबंध में वह बार-बार लिखते रहे। मैं स्वयं विविध कार्यों में इतना अधिक व्यस्त रहा कि इस दिशा में कुछ नहीं कर सका। उन्होंने स्वयं कुछ जरूर किया होगा। आठ सितंबर, 1984 के पत्र द्वारा उन्होंने लिखा :

> ''भारतीय भाषा-विज्ञान का इतिहास कब तक पूरा होने की संभावना है? जिन्हें भी लिखें, काम मूल्यांकनपरक हो। पुस्तक लेख (उस भाषाविषयक)

सभी यथासाध्य ऐसे लिए जाएँ। व्याकरण, भाषा-विज्ञान, अनुवाद के सिद्धांत, संकेत विज्ञान, प्रैगमैटिक्स, प्रोक्तिविज्ञान आदि सभी लेते हुए। मरे हुए लोगों के जन्म-मृत्यु तथा जीवितों के जन्म (ये दोनों अत्यंत महत्त्वपूर्ण लोगों के) अंत में कुछ अत्यंत गिने-चुने महत्त्वपूर्ण लोगों पर संक्षिप्त टिप्पणियाँ। उस पुस्तक के लिए ये चीजें अपेक्षित होंगी। इससे कम में बात नहीं बनेगी। मात्र कुछ थोड़ी पुस्तकों का कालक्रमानुसार परिचय नहीं। भारतीय भाषा-विज्ञान के लिए जिनसे भी लिखवाएँ ये चीजें आवश्यक हैं। यदि आप कहें तो कुछ भाषाओं के लिए मैं भी लोगों को लिखूँ। मेरे लेख तो भेजिए। महरोत्रा ने सात लेखों की कतरनें भेजी हैं।

भो.ना.ति.

डॉ. तिवारी जहाँ भी जाते थे उनका अध्ययन निरंतर चलता रहता था। जब वह रूस में विजिटिंग प्रोफेसर के रूप में सातवें दशक में गए तो वहाँ सर्वथा एक नई भाषा खोज निकाली। उस भाषा का नामकरण भी उन्होंने स्वयं ही **'ताजुज्बेकी'** किया। पहले उस पर संक्षेप में लिखा फिर तो बड़े विस्तार से पुस्तक तैयार की और बाद में इस कार्य पर ही जबलपुर विश्वविद्यालय से डी.लिट्. की उपाधि प्रदान की गई। इस ग्रंथ के प्रकाशन की सूचना इक्कीस जुलाई 1970 को उन्होंने दी :

> ''स्वस्थ हूँ। 15 को ज्वाइन किया। 'ताजुज्बेकी'[1] आने वाली है। शीघ्र ही भेजूँगा।''

एक बार हम लोगों ने आगरा में केंद्रीय हिंदी संस्थान में संपन्न हुई 'हिंदी व्याकरण-संगोष्ठी' पर भाषाविदों की समिति भी गठित की। इसकी मुखपत्रिका **'भाषिकी'** के संपादन का भार डॉ. तिवारी ने स्वयं लिया। इसका अंक भी निकला। इसकी सामग्री की सूचना उन्होंने इस प्रकार दी :

> ''ध्वनि-विज्ञान वाली सामग्री का उपयोग भाषिकी में अब तक नहीं हो पाया। सोच रहा हूँ : एक प्रकाशक पीछे पड़ा है—भाषा-विज्ञान की पत्रिका के लिए। उसी को पत्रिका के प्रथम अंक के लिए दे दूँ। वैसी स्थिति में आप से भी सामग्री लूँगा। प्रायोगिक वाली सामग्री लगभग तैयार है। कुछ के अनुवाद हो रहे हैं। भाभी जी अब तो पहुँच गई होंगी। उन्हें नमस्कार।''

सस्नेह

भोलानाथ

---

1. ताजुज्बेकी, जबलपुर विश्वविद्यालय, जबलपुर 1974, (डी.लिट्.) नेशनल पब्लिशिंग हाउस, दिल्ली, 1970, पृ. 17+201

'अनुप्रयुक्त भाषा-विज्ञान' (प्रायोगिक) की पुस्तक की योजना भी मेरे साथ ही तैयार हुई। इस पुस्तक की ज्यों-ज्यों सामग्री जुड़ती गई, अन्य व्यक्तियों के नाम जुड़ गए फलतः मेरा नाम उसमें सम्मिलित नहीं हो सका यह दूसरी बात है। अनुप्रयुक्त भाषा-विज्ञान के विविध पक्षों पर उन्होंने स्वयं कार्य किया और अपने निर्देशन में शोधकार्य करवाया। 'शैलीविज्ञान' जैसे विषय पर भी उन्होंने स्वयं लिखा/लिखवाया। सन् 1983 में सूचित किया :

"शैलीविज्ञान काफी दिनों से आउट ऑफ प्रिंट थी। उसका नया संस्करण प्रेस में जा रहा है। साथ ही एक पुस्तक व्यावहारिक शैलीविज्ञान भी जा रही है।"

अनुवाद तथा कोश विज्ञान की दिशा में तो उनका किया हुआ कार्य अप्रतिम है।

मेरा उनसे पारिवारिक संबंध हो गया था, ऐसी स्थिति में, जब उनका पत्र नहीं आता था तो मैं उनके स्वास्थ के विषय में चिंतित हो जाता था। तीन मई 1983 के पत्र में उन्होंने लिखा :

"मैं बहुत दिनों से काफी अस्वस्थ हूँ। इसलिए न तो मैं उत्तर दे सका न ही मार्च की कादंबिनी देख सका। आपने मेरे रुष्ट होने की बात लिखी है। मेरे तो जीवन में कुल तीन ही चार मित्र हैं। उनसे किसी भी तरह का रोष मेरे मन में नहीं है। कादंबिनी भी मैं नहीं देख पाया। स्वस्थ होते ही देखूँगा। लाख कोशिश करने पर भी राष्ट्रभाषा परिषद्, पटना की पत्रिका के दोनों अंक नहीं देख पाया। यदि रिप्रिंट्स उपलब्ध हों तो एक-एक भेज दें। भाभी जी को नमस्कार। सभी लोग सकुशल होंगे। मुकुल की शादी लगभग तय हो गई है। 27 मई को बेटा आ रहा है। अब आप किस काम में लगे हैं?"

उनकी सबसे छोटी कन्या मुकुल है। बाद में तीस मई के पत्र द्वारा सूचित किया :

"राजीव आ गया है। मुकुल का विवाह निश्चित हो गया है अतः अब इधर दिल्ली से बाहर जाना संभव न होगा। विवाह की निश्चित तिथि के विषय में लिखूँगा। भाभी जी आ गईं हों तो उन्हें प्रणाम।"

इस प्रकार उनकी मसूरी यात्रा टल गई। वैसे उनकी सुपुत्री परिवार सहित आईं पर उनके मन में बहुत पहले से मसूरी आने की बात घूमती रही। चौदह अगस्त 1976 के पत्र द्वारा सूचित किया :

"मसूरी चलूँ, न चलूँ की उधेड़बुन में पत्र लिखने में देर हो गई। असल में विश्वविद्यालय देर से खुला है, अतः अभी तक जुलाई वाली व्यस्तता

है और चाहने पर भी मसूरी आना संभव नहीं हो रहा है। क्षमा करेंगे। डॉ. श्रीवास्तव के पास 10 अगस्त को नियुक्ति पत्र आ गया। वे 1-9-76 को ज्वाइन करने की सोच रहे हैं। घर का नंबर एच 1/पाँच माडल टाउन, दिल्ली-9। मैंने दुबारा देखकर लगभग पंद्रह दिन में पूरी सूची पर निशान लगाकर नायक साहब को भेज दिया है। मंगल को उसकी मीटिंग दिल्ली में है। आपकी, मेरी, नायक साहब की, हिंदी निदेशालय में। अभी तक भाषिकी प्रेस में नहीं जा सकी। गोस्वामी बाहर थे। एक लेख का अनुवाद होना अभी शेष है। भाभी जी को प्रणाम। शैलीविज्ञान प्रेस में भेज दिया है। अब आधुनिक भाषा-विज्ञान पर लगा हूँ। शेष बाईस अगस्त को मिलने पर।"

आपका

भोलानाथ

उक्त पत्र के संदर्भ में उल्लेखनीय बात यह है कि भारत सरकार के शिक्षा मंत्रालय (अब मानव संसाधन का विभाग) के हिंदी निदेशालय के तत्त्वावधान में जिन द्विभाषी, त्रिभाषी और भारतीय भाषाओं के कोश की योजना बनी (और आज जिनमें से अधिकांश प्रकाशित हो चुके हैं) उनकी आधार शब्दावली को अंतिम रूप हम दोनों ने दिया।

अपने दिल्ली आगमन पर मैं प्रायः उनके निवास पर ही ठहरता था। एक बार उनको कहीं अचानक जाना पड़ा। बाद में मेरे आगमन की सूचना मिलने पर उन्होंने लिखा :

"दुख हुआ कि आप मॉडल टाउन आए और सभी लोग गायब थे। कपूर साहब (डॉ. बदरीनाथ) का पत्र आया है।

व्यतिरेकी आ गई है। इधर आने वाले हैं क्या? **हिंदी उच्चारण कोश** भी आने वाला है। पिछली बार आपको **शब्दविज्ञान** भेजा था या **व्यावहारिक शैलीविज्ञान** याद नहीं आ रहा है। भाभी जी को प्रणाम।"

आपका ही

भोलानाथ

इधर गत पाँच वर्षों से वह 'संरचना' सीरीज को तैयार करने में व्यस्त थे। जब कभी योजना बनती थी वह तुरंत लिखते थे। अंतिम औपचारिक पत्र इस संबंध में उनका आया था। वह चाहते थे कि **समास संरचना** से इसकी समाप्ति की जाए। अफसोस है कि वह इसकी सामग्री नहीं जुटा पाए। जनवरी, 1989 में

इस प्रकार अपने विचार व्यक्त किए :

''नए वर्ष की शुभकामनाएँ।

इधर मैं काफी अस्वस्थ रहा हूँ इसलिए पत्र नहीं लिख पाया। पहले से ठीक हूँ पर पूर्णतः ठीक नहीं।

'समास-संरचना' पर लोगों ने कुछ लिखा नहीं है शायद क्योंकि बहुत प्रयास करने पर भी आपके लेख **संकर शब्दावली** वाले लेख के अतिरिक्त कोई सामग्री नहीं मिल पाई। यदि आपको ज्ञात हो तो एक सूची भेजने का कष्ट करें। भाभी जी को नमस्कार।''

सप्रेम, आपका

भोलानाथ तिवारी

जब यह योजना 1984 में प्रारंभ हुई तो उन्होंने लिखा :

''हिंदी रूप-रचना के किसी पक्ष पर आपके पास कोई प्रकाशित या अप्रकाशित लेख अवश्य होगा एक संग्रह के लिए चाहिए। कृपया शीर्षक तथा पृष्ठ संख्या सूचित करेंगे। **'हिंदी-अंग्रेजी कोश'** निकल गया है। सकुशल होंगे।''

भोलानाथ

''पत्र मिला। परिचय भी। लेख भी। वस्तुतः मैं रीडिंग 'संरचना' पर निकाल रहा हूँ। अभी मेरी इस सीरीज की पहली पुस्तक **हिंदी भाषा की आर्थी संरचना** प्रकाशित हुई है। इसमें 14-15 लेख मेरे हैं तथा इतने ही अन्य लोगों के हैं। अब मुझे रूप संरचना, शब्द संरचना तथा वाक्य संरचना (हिंदी की) पर प्रेस में पांडुलिपि देनी है। लेख मिल नहीं पा रहे हैं। लगता है कि इस बार फिर काफी मुझे ही लिखने पड़ेंगे। यदि आपके इन संरचनाओं से संबद्ध लेख हों तो सूचित करेंगे। यह लेख तो प्रयोग पर है। इसी विषय पर अर्थ को भी लेते हुए एक लेख मेरी 'हिंदी भाषा की आर्थी संरचना' में है। यदि आप इधर आने वाले हों तो पुस्तक कर कमलों में दूँगा और नहीं तो डाक द्वारा भेजूँगा। भाभीजी को प्रणाम। मेरे निर्देशन में इधर वर्तनी, प्रोक्ति, रूपांतरित वाक्य तथा संबंधपरक व्याकरण पर चार शोधकार्य हुए। स्वस्थ होंगे।

पुनश्च : आपके अंडर में ऐडवर्बियल फ्रेज पर किस सन् में किसने काम किया था?

'संरचना' सीरीज से संबंधित अनेक पत्र प्राप्त हुए जिनमें से कुछ इस प्रकार

हैं :

"हाँ, रीडिंग्ज ही हैं। अव्ययवाला लेख तो शायद प्रयोगों पर है; रूप रचना पर नहीं है। या है तो उसे एडिट करके भेज दें। एक कोई और भी लेख हो तो वह भी। आपके दो लेख देना आपके स्तर की दृष्टि से ठीक ही रहेगा। आगे वाक्यरचना तथा ध्वनि संरचना पर भी दो-दो लेख अगले महीने तक। अपना अप-टु-डेट बायोडाटा भी। भाभी जी को प्रणाम।"

आपका

भोलानाथ

पुनश्च : भारतीय भाषा-विज्ञान के इतिहास का भी ध्यान रखें।

"आपका एक लेख 'नागरी लिपि तथा संक्षिप्तीकरण' में 1981 'राजभाषा भारती' में छपा था। लिपि से संबद्ध नया विषय लग रहा है। कृपया उसकी फोटो स्टेट लिपि वाले संग्रह के लिए भेज सकें तो ठीक रहेगा। श्याम जी से बात हुई थी–संभावना है 20-22 तक छप कर आ जाने की। भाभीजी को नमस्कार।"

आपका ही

भोलानाथ

जैसी चर्चा की जा सकी है 'भारतीय भाषा-विज्ञान के इतिहास' की उन्हें काफी चिंता थी क्योंकि विदेशों में जो कुछ प्रकाशन होता है उसमें भारत की चर्चा नाममात्र की होती है। इसी बात से प्रेरित होकर मैंने हिंदी में 'भाषा भूगोल' की कई दशक पूर्व लिखा था।

अपने पंद्रह अक्टूबर, 1984 के पत्र द्वारा सूचित किया कि :

"पाठालोचन और भाषा-विज्ञान, डॉ. सत्येंद्र, हिंदी वाक्य-संरचना और बलयुक्त पद तथा निषेधात्मक अव्यय–ये चार लेख और चित्र भी मिले (ये सभी मेरे द्वारा लिखित), आभारी हूँ।"

इसी पत्र में पुनः 'भारतीय भाषा-विज्ञान के इतिहास' की चर्चा करते हुए लिखा :

"भारतीय भाषा-विज्ञान का इतिहास वाला कागज मिल नहीं रहा है। कोई खास बात नहीं थी। मैंने एक पोस्टकार्ड बीच में लिखा था कि पैटर्न क्या हो (इसकी चर्चा पहले की जा चुकी है)। उसी के अनुसार एक परिपत्र साइक्लोस्टाइल या टाइप करा लें (आपके यहाँ सुविधा है) तथा तमिल, तेलुगु, कन्नड़, मलयालम, गुजराती, मराठी का उसी पैटर्न पर लिखवा लें। शेष बंगला,

उड़िया, असमी, कश्मीरी, सिंधी, पंजाबी, मैं करवा दूँगा। कृपया उस परिपत्र की कुछ प्रतियाँ भी मेरे पास भेज देने का कष्ट करें।

शब्द, रूप, पद आपके पास है, वाक्य, ध्वनि मेरे पास जो कुछ भी (हो) ले लें। मुझे सूचित कर दें।''

आपका

भोलानाथ

'महत्त्वपूर्ण तथा आवश्यक' कर लिखा :

''कृपया एक पैरा इस विषय पर लिखकर भेज दें कि आपकी दृष्टि में हिंदी भाषा-विज्ञान को आपकी देन क्या है?''

मैं समझता हूँ कि यह पैरा मैंने भेजा होगा। मेरे पास तो उसकी कोई प्रतिलिपि नहीं है और यह भी अब पता लगना कठिन है कि इस सामग्री का क्या उपयोग किया गया।

जैसा अब सर्वविदित है कि डॉ. तिवारी एक साथ कई प्रकाशनों तथा संपादन कार्यों को हाथ में ले लेते थे जिसके फलस्वरूप कभी-कभी उलझन भी उत्पन्न हो जाती थी। जैसा कि उन्होंने अपने एक पत्र में सूचित किया कि बिना लेख लिए और छपे भी उन्होंने मनीआर्डर से धनराशि भेज दी :

''...का पत्र इधर मुझे भी नहीं मिला। उनका लेख मैं नहीं ले सका था, इसीलिए वह **व्यतिरेकी** में छपा भी नहीं। फिर भी जब उनका पत्र पिछले महीने आया तो मैंने बिना देखे 'व्यतिरेकी' की एक प्रति और पचास रुपए भेज दिए थे।''

'हिंदी भाषा और साहित्य' का बड़ा कोश भी डॉ. नगेंद्र जी के साथ चल रहा था जिसके लिए कुछ प्रविष्टियाँ मुझे भी लिखने के लिए भेजी गई थीं। इस संबंध में भी आपने स्मरण दिलाया :

''नगेंद्र जी की प्रविष्टियाँ भेज दें, मेरे पास''

जैसा मुझे स्मरण है आवंटित प्रविष्टियों में से काफी मैंने डॉ. तिवारी जी के पास प्रेषित कर दी थीं।

उनके पत्रों में प्रायः काम की बातें ही होती थीं फिर भी अत्यावश्यक सूचनाएँ भी प्रेषित करते रहते थे। पत्र में एक साथ अनेक बातें वह लिख देते थे। यही उनके व्यक्तित्व की विशेषता है कि समानांतर रूप से आगंतुकों से बातचीत, शोधार्थियों को निर्देशन, अतिथि का सत्कार चलता रहता था साथ ही उन्होंने कब किसको बुलाया है, कौन प्रकाशक किस पुस्तक का प्रूफ लेने कब आएगा याद रहता था (वैसे चोट के कारण स्मरण नहीं रहता यह वह प्रायः कहते थे)। और इन सभी

कार्यों के बीच नवीन पुस्तक की योजना बनती रहती थी। मसूरी पहुँचा ही था कि उनका पत्र मिला :

—मैंने दोनों सज्जनों को भाषिकी भेज दी। उनके रुपए मेरे यहाँ नहीं पहुँचे हैं। भेज सकें तो कृपा होगी।

—अनुवाद की एक प्रति भेज रहा हूँ। अपनी अकादमी को इसका सदस्य बनवाइए।

—डॉ. उदयभानु सिंह शिमले में प्रोफ़ेसर हो गए।

—श्रीमती सिन्हा बीमार हैं। एक्टिंग हेड डॉ. स्नातक हैं।

—भाषिकी का नया अंक प्रेस में जाने वाला है। ध्वनि विशेषांक। आपका लेख अब उसी में जाएगा।

—भारतीय भाषा-विज्ञान की परंपरा भी प्रेस में जा रहा है।

भाभी जी कहाँ हैं?

मन तो लग गया होगा। प्रसन्न होंगे।

आपका

भोलानाथ

जो संदेशात्मक पत्र होते थे उनमें भी वह कुछ-न-कुछ जिज्ञासा व्यक्त कर देते थे। उन्हें अपने प्रकाशनों की चिंता के साथ मित्रों के प्रकाशन की चिंता भी बनी रहती थी। 'हिंदी भाषा की संरचना' पर बहुत पहले मैंने पुस्तक लिखी थी जिसके आधार पर उन्होंने पाठ्यक्रम भी संशोधित कर लिया। जब समय पर पुस्तक नहीं आई तो स्वयं तैयार की (वाणी प्रकाशन से प्रकाशित) पर वह लगातार यह पूछते रहे कि आखिर मेरी पुस्तक का क्या हुआ? एक पत्र में लिखा :

"और आजकल क्या कर रहे हैं? ज्ञान प्रकाशन आपकी हिंदी संरचना पर कोई पुस्तक छाप रहा था, क्या हुआ उसका? दिल्ली में मौसम गर्म होता जा रहा है। वहाँ तो अभी काफी सर्दी होगी।"

डॉ. भोलानाथ तिवारी के कुछ पत्र

Tiwari B.N.

Tashkent U.S.S.R.

प्रिय भाई,

महरोत्रा के पत्र से पता चला कि आपने थीसिस सबमिट कर दी। बहुत-बहुत बधाई। पत्र मिला। एक पत्र और मैं भेज चुका हूँ, आशा है मिला होगा। 1. डॉ.

तिवारी[1] की भाषा-विज्ञान वाली पुस्तक नहीं मिली। अब भारत आकर ही देखूँगा। 2. Reading in Hindi Linguistics के लिए हिंदी व्यंजन विषय तो बहुत बड़ा हो जायगा। आप जानते हैं, अब 4 महीने आने को रह गए हैं, अतः बहुत कुछ घूमफिर लेना, मिल-मिला लेना, अपने काम की चीजें पढ़-लिख लेना, मतलब कि बहुत व्यस्तता है। साथ ही अपने पास यहाँ सामग्री भी सीमित है। अधिकांश सामग्री भारत में ही है। अतः कोई छोटा विषय ही ले सकूँगा। यों यदि भारत आकर लिखने की सुविधा दें तो, अधिक अच्छा हो। अभी तो योजना है, लोगों को लिखने-लिखाने में समय लग जाएगा। देशी-विदेशी सभी लोगों से सामग्री जुटाई जानी चाहिए, **यह मेरा सुझाव है।** कृपया तिवारी जी को मेरी ओर से लिख दें। ऐसी चीज निकले, तो काफी अच्छी लिखें, और हिंदी पर वर्णनात्मक दृष्टि से बाहर के जिन-जिन लोगों ने काम किया है, सभी के आर्टिकिल हों। वस्तुतः यह योजना मेरी भी थी—किंतु अच्छा है यदि तिवारी जी ही ले लें। 3. अफगानी वाला लेख थीसिस का अंश है, उसे अभी कहीं नहीं भेजना है। 4. पिछला पत्र जो भेज रहा हूँ, उसमें मैंने लिखा था कि क्या कुछ कर रहा हूँ और क्या कुछ आपसे करवाना चाहता हूँ। 5. प्रसन्नता है कि माताबदल को सीधे डी.लिट्. के लिए आज्ञा मिल गई। 6. मेरा थीसिस अब तक सबमिट हो गया होता पर इधर आने से देर हो गई। 7. प्रिय भाई, हिंदी में गंभीरता से काम करने वाले अधिक नहीं हैं, और जो हैं उनमें भाषा-विज्ञान के क्षेत्र में निश्चय ही आप इस पीढ़ी में सबसे आगे हैं। मैंने जो कुछ किया है, वह सतही ही अधिक है, अतः मैं नहीं चाहता कि आपकी प्रतिभा एवं श्रम का दुरुपयोग सतही और अनियोजनाबद्ध कामों में हो। डी.लिट्. सबमिट कर चुके, अब वास्तविक काम करने का समय आ गया है। हिंदी सर्वदा अनुवाद ही करती रहेगी, या उसमें भी कुछ होगा जिसका दूसरे लोग अनुवाद कर सकें। आने पर मिल बैठकर बातें होंगी, बुरा मत मानना। मैं उपदेश नहीं दे रहा। आप अपने हैं, अतः आपकी प्रतिभा के प्रति मुझे मोह है। फुटकर लेखादि, अब बंद सा कर दें, और पहले डटकर जर्मन और फ्रेंच पढ़ लें, थोड़ी ग्रीक लैटिन भी। हिंदी में कुछ ऐसा करना है, जिसे लोग समझें कि कुछ हुआ है। आपको, मैं चाहता हूँ कि और विषयों के अतिरिक्त Reconstruction के विशेषज्ञ बनें। अभी इसे अपने तक रखें। किंतु धीरे-धीरे 5-6 वर्ष मसाला इकट्ठा करके आपसे **हिंद-ईरानी** पर एक पुस्तक लिखवानी है। इसके लिए फारसी भी पढ़नी है, आपको। अवेस्ता भी। तुम्हारा बड़ा भाई यह तुमसे भीख माँग रहा है, आशा है अवश्य दोगे। छोटे-मोटे विषयों पर लिखने वाले बहुत से

1. डॉ. उदयनारायण तिवारी जिनकी जन्म शताब्दी वर्ष (सन् 2003) मनायी गई है।

होते रहेंगे। अब तक किसी भारतीय ने भाषा-विज्ञान में भारत से बाहर कुछ Contribute नहीं किया है। पत्रोत्तर अवश्य देना, अपनी प्रतिक्रिया। भाभी को नमस्ते। बच्चों को स्नेह।

आपका ही

भोलानाथ

पत्र-लेखन एक कला है। पं. हरिशंकर शर्मा के अनुसार, ''यों सब चिट्ठियाँ, चाहे वे कलात्मक न हों, हृदय की भाषा में होने के कारण महत्त्वपूर्ण और उपयोगी होती हैं। इनसे निस्संदेह किसी का भाव, प्रभाव और व्यक्तित्व जानने में बड़ी सहायता मिलती है।'' डॉ. बनारसीदास चतुर्वेदी ने सबसे अधिक पत्र संगृहीत किए। उनका कथन है, ''जीवन चरित्रों में पत्रों का बड़ा महत्त्व है। शरीर में रक्त मांस का जो स्थान है, वही स्थान जीवन चरित्रों में छोटे-छोटे किस्से-कहानियों तथा पत्रों का है।'' डॉ. वासुदेवशरण अग्रवाल ने पत्र साहित्य का महत्त्व प्रतिपादित करते हुए लिखा, ''मुझे तो डाक का रोग है। पत्रों से रस चूसता हूँ। मेरी समझ में किसी व्यक्ति की भारी भरकम साहित्यिक कृति आँधी के समान है। उसके साहित्यिक पत्र उन झोंके के समान हैं, जो धीरे से आते जाते रहते हैं और वायु की थोड़ी मात्रा साथ लाने पर भी साँस बनकर जीवन देते हैं। अन्न की उत्पत्ति और मेघों की उत्पत्ति के लिए अंधड़ भी चाहिए पर मंद वायु से जो फरहरी है, उसका भी कुछ अनूठा आनंद है।'' पत्रों के आधार पर किसी के व्यक्तित्व के अंदर झाँका जा सकता है। डॉ. तिवारी के पत्रों से व्यक्तित्व के साथ-साथ कृतित्व भी उजागर होता चलता है।

इधर इस वर्ष जब दिल्ली में दुर्घटनाग्रस्त होकर अस्पताल में दाखिल कर दिया गया तो उनका मई 89 में पत्र मिला कि ''दुर्घटना की बात सुनकर दुख हुआ। आशा है, अब आप पूरी तरह स्वस्थ होंगे। भगवान् आपको दीर्घायु प्रदान करे। इधर मैं भी अस्वस्थ चल रहा हूँ।'' इस पत्र से स्पष्ट पता चलता है कि उन्हें आभास काफी पहले हो गया था पर डॉक्टर ही उनके रोग को पहले नहीं पहचान पाए अन्यथा निदान हो जाता। रोग का पता ही उस समय लगा जबकि वह असाध्य हो चुका। उनके अनेक संस्मरण मेरे पास हैं। पता नहीं कितनी संगोष्ठियों/कार्य गोष्ठियों/अधिवेशनों में हमने साथी के रूप में कार्य किया। अनेक योजनाएँ उनके साथ बनीं और पूरी हुईं।

शताधिक पुस्तकों में कुछ महत्त्वपूर्ण पुस्तकें

भाषा-विज्ञान कोश, वाराणसी, ज्ञानमंडल, सं. 2020

भाषा-विज्ञान, किताब महल, इलाहाबाद, सन् 1954 ई.
भाषा चिंतन, स्मृति प्रकाशन, इलाहाबाद, सन् 1971 ई.
व्यतिरेकी भाषा-विज्ञान, आलेख प्रकाशन, दिल्ली, 1983 ई.
आधुनिक भाषा-विज्ञान, लिपि प्रकाशन, दिल्ली, 1978 ई.
शब्दों का अध्ययन, शब्दकार, सन् 1969; द्वितीय संस्करण 1977
शब्दों का जीवन, राजकमल प्रकाशन, नई दिल्ली
ताजुब्बेकी, नेशनल पब्लिशिंग हाउस, नई दिल्ली, सन् 1970
व्यावहारिक शैली विज्ञान, (इस पर डी.लिट्. प्राप्त हुई।) सन् 1983
हिंदी की यांत्रिक क्रिया, भाषा–1973
हिंदी 'आप' की व्युत्पत्ति, भाषा 4(3), 1965
हिंदी शब्द की व्युत्पत्ति, हिंदुस्तानी 27 (1-2), 1970 तथा सम्मेलन पत्रिका 39 (1) 1952

संपादन

भाषिकी, भा.भाषा परिषद्, दिल्ली, 1971
अनुप्रयुक्त भाषा-विज्ञान, आलेख प्रकाशन, दिल्ली, सन् 1980
हिंदी भाषा की ध्वनि संरचना, साहित्य सहकार, दिल्ली
हिंदी भाषा की संधि संरचना, साहित्य सहकार, दिल्ली
हिंदी भाषा की शब्द संरचना, साहित्य सहकार, दिल्ली
हिंदी भाषा की पद संरचना, साहित्य सहकार दिल्ली
हिंदी भाषा की वाक्य संरचना, साहित्य सहकार, दिल्ली
संपर्क भाषा हिंदी (डॉ. कैलाशचंद्र भाटिया अभि. ग्रंथ), प्रभात प्रकाशन, दिल्ली-6

विद्यानिवास मिश्र

[सन् 1926-2005]

अपने अंतरंग साथी पं. विद्यानिवास मिश्र के अचानक हम सबको छोड़कर जाने का हृदय-विदारक समाचार दूरदर्शन पर सुनकर सन्न रह गया। इस आघात को व्यक्त करने में 'वज्रपात' शब्द भी बहुत छोटा है।

ललित निबंधों के अमर सर्जक, भाषा, साहित्य, धर्म और संस्कृति के उन्नायक, सिद्ध लेखक, संपादक पंडित जी की अनेक स्मृतियाँ आज सजग हो उठी हैं। जीवन के प्रारंभ से ही वह राजर्षि पुरुषोत्तम दास टंडन, श्री नारायण चतुर्वेदी, प्रो. चट्टोपाध्याय जैसे व्यक्तियों की छत्रछाया में आगे बढ़े। इलाहाबाद में हिंदी साहित्य सम्मेलन में महापंडित राहुल सांकृत्यायन के साथ कोश-कार्य करते हुए उन्हें जहाँ लोक को समझने का अवसर मिला, वहीं भाषा में शब्द प्रयोग के सूक्ष्म भेदों को जानने का मौका मिला। राहुल जी के साथ काम करने से 'एक साथ विविध प्रकार के काम करने की क्षमता' विकसित कर ली, जिसको उन्होंने 'बहुधंधीपन' शब्द से व्यक्त किया है।

डॉ. मिश्र संस्कृत-हिंदी के तो उद्‌भट विद्वान थे ही, पर भाषा शास्त्र में उनका असाधारण अधिकार था। संस्कृत की ठोस पृष्ठभूमि उनको विरासत में प्राप्त हुई और वर्णनात्मक भाषा तत्त्व के सिद्धांतों को अर्जित कर, समन्वित रूप अपने विविध ग्रंथों में अभिव्यक्त किया, जिसको कई ग्रंथों–'हिंदी शब्द संपदा', 'रीति विज्ञान', 'भारतीय भाषा चिंतन', 'डिस्क्रिप्टिव टेकनीक ऑफ पाणिनि' आदि में देखा जा सकता है। भाषा के विविध प्रयोगों को समझने की जो सूक्ष्म दृष्टि उनमें थी, वह अनेक भाषाशास्त्रियों में नहीं मिलती, क्षेत्र चाहे संस्कृत-हिंदी हो, चाहे अंग्रेजी।

अलीगढ़ मुस्लिम विश्वविद्यालय, अलीगढ़ के भाषाशास्त्र (लिंग्विस्टिक्स)

विभाग में वह कई बार आमंत्रित किए गए, संस्कृत-विभाग में भी पधारे। जब-जब वह अलीगढ़ पधारे तो मेरे निवास पर रुकने में ही उन्हें सहज आनंद प्राप्त होता था। आज मुझे स्मरण आ रहा है कि सातवें दशक में उर्दू विभाग में अखिल भारतीय संगोष्ठी का आयोजन किया गया। सुप्रसिद्ध विद्वान तथा आलोचक प्रो. आले अहमद उर्दू विभाग के अध्यक्ष थे। उन्होंने हिंदी के कालजयी साहित्यकार अज्ञेय जी तथा पं. विद्यानिवास मिश्र को निमंत्रित किया। अज्ञेयजी के विचारक रघुवीर सहाय भी आए थे। जैसा सर्वविदित है, किसी गोष्ठी में अज्ञेय जी के साथ उपस्थिति ही महत्त्वपूर्ण मानी जाती थी। पं. विद्यानिवास जी ने इस संगोष्ठी में बड़े उत्साह से भाग लिया और अपना शोध-पत्र भी प्रस्तुत किया, जिसका विषय था—'लखनऊ और आगरा-दिल्ली की उर्दू में अंतर' यह ऐसा गंभीर विषय था जिस पर उर्दू के लेखकों का ध्यान भी नहीं गया था।

वह आगरा विश्वविद्यालय (वर्तमान में डॉ. भीमराव अंबेडकर विश्वविद्यालय) के कं.मु. हिंदी तथा भाषा-विज्ञान विद्यापीठ के निदेशक पद पर सुशोभित हुए। आगरा में रहते हुए उन्होंने ब्रजभाषा कोश (साहित्यिक) का संपादन किया। उस अवधि में वह अनेक बार वृंदावन आए, क्योंकि आकर्षण का केंद्रबिंदु स्वामी अखंडानंद जी वहाँ निवास करते थे। अखंडानंदजी के आश्रम में उन्होंने कई गोष्ठियाँ संपन्न कराईं, वत्सल निधि के कार्यक्रम करवाए और वहीं अखिल भारतीय ब्रज साहित्य मंडल का अधिवेशन भी आयोजित किया। पं. गोपाल प्रसाद व्यास भी पधारे। इसी अधिवेशन में 'ब्रज लोककला' के सत्र की अध्यक्षता भी मुझसे करवाई।

ब्रजभूमि के प्रति उनका विशेष राग था। 'मैं ब्रजभूमि के प्रति कृतज्ञ हूँ, जो मुझे आश्रय दिए हुए है, हालाँकि यह आश्रय से अधिक निराश्रय है, क्योंकि यहाँ परायेपन का भाव ही प्रबल है। शायद परायेपन के अतिरेक ने ही मुझे लाचार किया है कि अपनेपन को ढूँढ़ूँ।' आगरा प्रवास के मध्य जो विभिन्न नगरों की यात्राएँ कीं और उन यात्राओं पर आधारित ललित-निबंध लिखे, उनका संकलन बंधुवर श्यामजी के विशेष आग्रह पर 'अंगद की नियति' शीर्षक से 'प्रभात प्रकाशन' से सन् 1983 में प्रकाशित हुआ, जिसको समर्पित किया है—

वृंदावन के उस आविद्ध भाव को,
जो कोई ठौर रहने नहीं देता,
जो कोई ठौर देता भी नहीं—
और इसके व्याख्याता

पूज्य स्वामी श्री अखंडानंद सरस्वती को।

लालबहादुर शास्त्री राष्ट्रीय प्रशासन अकादमी, मसूरी से अवकाश ग्रहण करने के बाद सन् 1987 में वृंदावन शोध संस्थान, वृंदावन के निदेशक पद पर नियुक्त हुआ तो वर्ष-पर्यंत तैयारी के बाद सन् 1988 के शरद् महोत्सव के साथ **'भावरूप श्रीकृष्ण'** विषय पर त्रिदिवसीय अखिल भारतीय संगोष्ठी का आयोजन किया। इस संगोष्ठी का उद्घाटन स्वनामधन्य पं. विद्यानिवासजी ने किया। डॉ. मिश्र वक्तृत्व कला के धनी के रूप में विख्यात रहे। कई श्रोता तो टेपरिकार्डर लेकर आए और उनके भाषण को टेप करके ले गए तथा अपने आश्रम में सुनाया। ऐसा अनुभव जीवन में पहली बार हुआ।

एक साथ चार भाषाओं में—संस्कृत, हिंदी, अंग्रेजी, उर्दू—धाराप्रवाह भाषण देने की क्षमता उनमें थी। संस्कृत-हिंदी में तो उनके भाषण प्रायः सुनने को मिलते रहे। उर्दू का उल्लेख किया जा चुका है। दकन कालेज, पुणे तथा राकफेलर फाउंडेशन अमेरिका द्वारा संचालित लिंग्विस्टिक्स (भाषा शास्त्र) के ग्रीष्मकालीन स्कूल में उनकी प्रतिभा से प्रभावित होकर अमेरिकन प्रोफेसरों ने उनको कैलिफोर्निया विश्वविद्यालय में सन् 1960-61 में आमंत्रित किया।

दिल्ली विश्वविद्यालय, दिल्ली स्थित लिंग्विस्टिक्स (भाषा शास्त्र) विभाग के अंतर्गत प्रो. रवींद्रनाथ श्रीवास्तव स्मृति व्याख्यान डॉ. मिश्र ने सितंबर 1994 में अंग्रेजी में दिया। उनके व्याख्यान का विषय था—

The Epistemology of Samarthya in Panini अध्यक्ष थे हिंदी के मूर्धन्य आलोचक डॉ. नामवर सिंह।

किसी भी विषय पर ललित शैली में लिखते हुए वह कैसे उस विषय को लोकोपयोगी बना देते थे, इसके लिए मात्र एक उदाहरण पर्याप्त है। जिस पेड़ के नीचे श्रीकृष्ण ने देहोत्सर्ग किया, वह पेड़ गिर गया। मात्र एक पंक्ति में छपी इस खबर को पढ़कर उनका मन इतना अधिक उद्वेलित हुआ कि उस पर 'बस, सिर्फ एक पेड़ गिर गया' शीर्षक से जो निबंध लिखा, उसका अंश इस प्रकार है—

> ''पीपल का एक नाम वासुदेव पड़ा ही इसलिए है कि वासुदेव के देहोत्सर्ग का साक्षी है, उनके उस अकेलेपन का अकेला साक्षी है। वासुदेव सर्वजीवन है, उसमें समस्त जीवन समाहित है। पीपल का पेड़ भी जीवन की निरंतरता का और संपूर्णता का प्रतिमान है। इसी से हमारे यहाँ मरने पर वहाँ जीवन सच्छिद्र घट के रूप में बाँधा जाता है। उसके छिद्र से पानी पीपल की जड़

को सींचता है। स्थूल शरीर नहीं रहता, पर इस प्रक्रिया में ही सूक्ष्म शरीर बनता रहता है। पर इससे भी अधिक महत्त्वपूर्ण यह है कि वह भाव शरीर बनता रहता है, एक जीवन की निरंतरता का भाव ग्रहण करता रहता है।''

आज डॉ. विद्यानिवास जी स्थूल शरीर में हमारे साथ नहीं हैं, मात्र सूक्ष्म शरीर है, भाव शरीर है। वही प्रेरणा देता रहेगा कि उनके अधूरे कार्यों को पूर्ण करें। उनके न रहने से जैसे ललित निबंध की शृंखला ही टूट गई। ऐसा बहुमुखी प्रतिभा का धनी हम सबको छोड़ गया। लगता है, वह उद्घोष कर रहे हैं कि उनके भाव शरीर से हम प्रेरणा लेते रहें। उनकी स्मृति में मेरा शत्-शत् प्रणाम।

विद्यानिवास मिश्र की महत्त्वपूर्ण पुस्तकें

Descriptive Technique of Panini (पी-एच.डी. शोध प्रबंध)
हिंदी की शब्द संपदा, राजकमल प्रकाशन, दिल्ली सन् 1970, संशोधित रूप रूप में पुनः प्रकाशित
रीति विज्ञान, राधाकृष्ण प्रकाशन, दिल्ली, सन् 1973
भारतीय भाषा-दर्शन की पीठिका
संप्रेषणात्मक व्याकरण, केंद्रीय हिंदी संस्थान आगरा, सन् 1988 ई.
भारतीय भाषाशास्त्रीय चिंतन की पीठिका (सं.)
हिंदी का प्रतिमान रूप, माध्यम-1(1)
सार्वजनिक हिंदी का भावी रूप, गवेषणा-2(3), सन् 1964
भाषा, लक्ष्य और लक्षण, भाषा-5(1), सन् 1965
पाणिनीय व्याकरण का साँचा हिंदी के लिए कितना अनुकूल? हिंदी संस्थान, हैदराबाद, सन् 1979

शिवेंद्र किशोर वर्मा

[सन् 1931-2004]

डॉ. शिवेंद्र किशोर वर्मा हमारे बीच से अचानक इस वर्ष चले गए। उनके साथ मेरा संबंध चालीस वर्ष पुराना था। यद्यपि वह अंग्रेजी के प्राध्यापक पटना विश्वविद्यालय, पटना (सन् 1951-66) में रहे और बाद में अंग्रेजी तथा विदेशी भाषा संस्थान, हैदराबाद में आ गए। इसी संस्थान में अनेक पदों को सुशोभित करते हुए उपकुलपति-कुलपति के रूप में भी रहे। तीस वर्ष के कार्यकाल में (सन् 1966-1996) उनका पर्याप्त योगदान रहा। भाषा-व्यवहार एवं भाषा-भेद के संदर्भ में भाषा का समग्र रूप में उन्होंने अध्ययन किया। भाषा शिक्षण, व्यतिरेकी भाषा-विज्ञान के वह अधिकारी विद्वान थे। उनकी प्रकाशित पुस्तकों में हिंदी के उदाहरण पर्याप्त मिलते हैं। शताधिक शोधपत्रों के लेखक प्रो. वर्मा **'रजिस्टर'** (प्रयुक्ति) की अवधारणा के अधिकारी विद्वान थे। उनका इस विषय पर लिखा शोधपत्र प्रयोजनमूलक हिंदी से जुड़े अध्यापकों को जरूर पढ़ना चाहिए : The 'Register' A study in restricted languages. उस्मानिया विश्वविद्यालय का जर्नल 1968 ई.।

'प्रयोजनमूलक हिंदी' पर जब केंद्रीय हिंदी संस्थान के दिल्ली परिसर में तीन शताब्दी पूर्व गोष्ठी हुई थी तो उन्होंने इसकी अवधारणा को इस प्रकार स्पष्ट किया था। इस संबंध में चर्चा-परिचर्चा को प्रारंभ करते हुए डॉ. वर्मा ने कुछ महत्त्वपूर्ण तथ्यों की ओर संकेत किया था :

> "प्रयोजनमूलक हिंदी के सामाजिक और मनोवैज्ञानिक संदर्भ को ढूँढ़ने से पहले हमें इस बात पर विचार कर लेना चाहिए कि प्रयोजनमूलक विशेषण का वास्तविक अर्थ और सदंर्भ क्या है। ×××प्रयोजनमूलक हिंदी से मेरा तात्पर्य विषयबद्ध एवं परिस्थितिबद्ध हिंदी भाषा रूप से है। मातृभाषा-भाषी जब अपनी भाषा को सहजरूप में सीखता है, तब आधारभूत व्याकरण के

साथ-साथ वह प्रयोजन सिद्ध भाषा रूपों के नियम को भी आत्मसात करता चलता है लेकिन समस्या अन्य भाषा के रूप में उस समय उभरती है, जब व्यक्ति अपनी मातृभाषा के अतिरिक्त किसी दूसरी भाषा को सीखता है। भाषा का संबंध संप्रेषण-व्यवस्था के साथ है, इसलिए जिन व्यवहार-क्षेत्रों में व्यक्ति अपनी मातृभाषा को सीखता है, तब उस भाषा को उसी रूप में सीखना चाहता है, जो उस व्यवहार क्षेत्र के लिए सर्वाधिक उपयुक्त हो।" (27.4.1974)

प्रो. वर्मा हार्वर्ड विश्वविद्यालय में सन् 1982 में विजिटिंग फेलो रहे। बाद में सन् 1983-84 में सिंगापुर विश्वविद्यालय में रहे। चेकोस्लोवाकिया, बेल्जियम, इंग्लैंड, रूस, आस्ट्रेलिया आदि देशों में वह विशेषज्ञ के रूप में बुलाए गए। अनेक महत्त्वपूर्ण प्रकाशनों के संपादक मंडल में रहे, जिनमें से कुछ ये हैं :

English Worldwide (जर्मनी)

Papers and studies in contrastive linguistics. (पोलैंड)

Text (एमस्टरडम)

संक्षेप में उन्होंने एम.ए.के. हैलिडे के भाषा-चिंतन को फैलाया ही नहीं वरन् उसको व्यावहारिक रूप भी प्रदान किया।

डॉ. वर्मा ने हिंदी-अंग्रेजी व्याकरण का तुलनात्मक अध्ययन बड़ी गंभीरता से किया था। उनका शोध का विषय था जिस पर उन्हें एडिनबरा विश्वविद्यालय एडिनबरा से सन् 1961 में पीएच.डी. की उपाधि प्राप्त हुई थी :

A Study in the Systematic description of Hindi Grammar & Comparison of the Hindi and English verbal group.

एक प्रकार से 'हिंदी क्रिया की संरचना' पर उनका गहन अध्ययन था, जिस पर उनके शोधपत्र भी यत्र-तत्र प्रकाशित होते रहे जिनमें से दो का उल्लेख आवश्यक है :

The Semantics of chahiye (चाहिए)–1974 (Foundations of Languages-12)

Notes on some Spurious Caustives in Hindi—1975 (Osmania Papers in Linguistics-1)

उनसे प्रथम प्रथम भेंट आगरा में केंद्रीय हिंदी संस्थान में आयोजित अखिल भारतीय (हिंदी की व्याकरण पर) संगोष्ठी में आगरा में सातवें दशक में हुई जिसका आयोजन रा.शै.अनु. प्रशिक्षण परिषद् के प्रो. अनिल विद्यालंकार जी ने किया था।

मेरा शोधकार्य **'अंग्रेजी की आगत शब्दावली'** पर था अतएव उनसे घनिष्ठता बढ़ती गई। अपने शोधपत्रों में वह इसका उल्लेख करते रहे।

डॉ. वर्मा का व्यक्तित्व बहुआयामी था। निरंतर वह अंग्रेजी व्याकरण के विभिन्न पक्षों पर लिखते रहे जिसके फलस्वरूप उनका (डॉ. हेमलता के साथ) अंग्रेजी का (नई पद्धति से लिखा गया) व्याकरण सन् 1999 में प्रकाशित हुआ : An Interactive Grammar of Modern English (फ्रैंक ब्रादर्स)

यह व्याकरण इतना अधिक लोकप्रिय हुआ कि एक वर्ष में ही इसके तीन संस्करण प्रकाशित हुए। यह व्याकरण आठ अध्यायों और सैंतीस इकाइयों (यूनिट्स) में विभक्त है।

इसी पद्धति से वह कई वर्षों से अस्वस्थ होते हुए भी हिंदी की व्याकरण लिख रहे थे जिसके अंश धारावाहिक रूप से हैदराबाद की पत्रिका **'दक्षिण भारत'** में प्रकाशित होते रहे हैं। पहली आवश्यकता आज यही है, कि उनके द्वारा प्रारंभ किए हुए इस कार्य को व्यवस्थित किया जाए और उनकी प्रथम पुण्य तिथि पर आगामी वर्ष प्रकाशित हो। हिंदी व्याकरण के प्रति समर्पित डॉ. वर्मा के प्रति यही सच्ची श्रद्धांजलि होगी।

डॉ. शिवेंद्र किशोर वर्मा की महत्त्वपूर्ण

पुस्तक/आलेख : A Study in the Systematic description of Hindi & Comparison of the Grammar Hindi-English Verbal Group. (Ph.D.) एडिनबरा, सन् 1961

द्वितीय भाषा के रूप में हिंदी शिक्षण, आई.आई.ए.एस., शिमला, सन् 1969

भाषा-विज्ञान में प्रचलित विचारधाराएँ तथा हिंदी (द्वितीय भाषा) का शिक्षण. केंद्रीय हिंदी संस्थान, आगरा, 1973

बिहार में हिंदी बोलने वाले विद्यार्थियों द्वारा अंग्रेजी में की गई अशुद्धियाँ, एडिनबरा, सन् 1962

हिंदी में श्रेणी-परिवृत्ति (Rank shift), आई.एस. 27(1), सन् 1966

हिंदी में शब्दक्रम, न्यू स्टेट्समैन 9(2-3), 1966-67

हिंदी में अप्रामाणिक प्रेरणार्थक, उस्मानिया पेपर्स-1, सन् 1975

हिंदी में विकरण प्रक्रिया (Thematisation) (पुस्तक सं. डॉ. कौल), सन् 1981

हिंदी 'चाहिए' का अर्थवैज्ञानिक विवेचन, फाउंडेशन ऑफ लैंग्वेज-12, सन् 1974

हिंदी की कुछ प्रयुतियाँ, आगरा, सन् 1973 (स्मारिका)

कोड-परिवर्तन : हिंदी-अंग्रेजी, आई.टी.एल.-28, सन् 1975

वही, संस्थान (CIEFL)—1976 ई.

वही, लिंग्वा-38(2), 1976 ई.

व्यतिरेकी विश्लेषण, भाषा—1973 ई.

रवींद्रनाथ श्रीवास्तव

[सन् 1936-1992]

[भारतीय भाषावैज्ञानिकों में प्रो. रवींद्रनाथ श्रीवास्तव का शीर्षस्थान रहा है। लेनिनग्राद विश्वविद्यालय से भाषा-विज्ञान में डॉक्टरेट की उपाधि के बाद पोस्ट डॉक्टरेट शोधकार्य के लिए केलिफोर्निया (सं.रा. अमेरिका) गए। हिंदी भाषा को केंद्र में रखकर साहित्य, संस्कृति, शिक्षा और संप्रेषण के बहुविध तथा बहुआयामी पक्षों पर कई पुस्तकें लिखीं जिनकी विद्वानों में पर्याप्त चर्चा हुई। यूनेस्को की भाषा समिति में विशेषज्ञ के रूप में भारत का प्रतिनिधित्व किया। ध्वनिविज्ञान के सूक्ष्मतम क्षेत्रों में तो शोधकार्य किया ही साथ ही समाज भाषा-विज्ञान, शैलीविज्ञान, अन्य भाषा शिक्षण, संकेत विज्ञान, स्वनिम विज्ञान आदि अनेक शाखाओं-प्रशाखाओं पर गंभीर चिंतन तथा अध्ययन-लेखन किया। अमेरिका तथा इटली में विजटिंग प्रोफेसर के रूप में अध्यापन किया।

यहाँ उनकी नव प्रकाशित पुस्तक **'भाषाई अस्मिता और हिंदी'** की चर्चा की जा रही है।]

भाषाविद प्रो. श्रीवास्तव का योगदान भाषा और समाज के अंतस्संबंध पर विशेषतः माना जाएगा जिसके साथ-साथ भाषा के आधुनिकीकरण पर उनकी लेखनी निरंतर चलती रही। कुछ समय पूर्व डॉ. सूरजभान सिंह की नव प्रकाशित पुस्तक के लोकार्पण समारोह में उन्होंने मानव संसाधन विकास मंत्री श्री अर्जुन सिंह के समक्ष भाषा-नियोजन पर अपने विचार बड़े विस्तार से प्रस्तुत किए थे। उपर्युक्त संदर्भ में समय-समय पर उनकी लेखनी 'भाषा और सामाजिक अस्मिता', बहुभाषिकता, भाषा अनुरक्षण जैसे गूढ़ विषयों पर भी चलती रही, यहाँ यह भी उल्लेखनीय है कि हिंदी भाषा के विवेचन के अतिरिक्त साहित्यिक दृष्टि से भी भाषाई चेतना के विविध पक्षों पर बहुत गंभीरता से वह चिंतन करते रहे। इस प्रकार

हिंदी के विविध पक्षों पर लिखे गए उनके अठारह आलेखों का संकलन, 'भाषाई अस्मिता और हिंदी' (वाणी) शीर्षक से उनके अवसान से कुछ माह पूर्व ही प्रकाशित हुआ। अचानक हम लोगों के बीच से महाप्रयाण करने के कारण इस पुस्तक की चर्चा नहीं हो सकी।

जैसा पुस्तक के शीर्षक से स्पष्ट है पुस्तक के सभी आलेखों में **'भाषाई अस्मिता'** का प्रश्न हिंदी के संदर्भ में उभर कर आया है। 'अस्मिता' में 'मैं हूँ' का ज्ञान होता है। 'मैं हूँ' की संचेतना को व्यक्ति और व्यक्तियों का समूह अपनी भाषा के माध्यम से व्यक्त करता है। ऐसी स्थिति में भाषा और साहित्य ही वह क्षेत्र है जिसमें 'अस्मिता बोध' उभर कर आता है। अपना देश, अपने देश का भूगोल और उसका वातावरण, प्राणी जगत के अनंत रूप से संबंधित विभिन्न भाव और बिंब मन में बनते रहते हैं और इनके फलस्वरूप संस्कार से प्राप्त अस्मिता दृढ़ता प्राप्त करती चलती है। यही अस्मिता लोकवाणी, लोकोक्तियों तथा लोक-जीवन में अभिव्यक्त होती है जिससे किसी राष्ट्र की पहचान होती है।

मूल पुस्तक से पहले 'पूर्वपीठिका' के रूप में डॉ. श्रीवास्तव ने **'कुछ शब्द : विषय अंतर्दृष्टि'** शीर्षक से इस संबंध में अपने मौलिक विचार विस्तार से प्रस्तुत किए हैं जिनको मोटे तौर से पाँच भागों में विभाजित किया है। प्रथम में मूल स्वर है—हिंदी भाषा की अपनी प्रकृति और उसके प्रयोजन को कैसे समझें। द्वितीय भाग अत्यधिक महत्त्वपूर्ण है जिसमें 'तीन दृष्टियाँ : हिंदी के तीन संदर्भ' पर सुचिंतित विचार प्रस्तुत किए गए हैं। वस्तुतः इस अंश को स्वतंत्र आलेख ही कहा जा सकता है जिसमें अंतर्दृष्टि है और यही वह आधार-बुनियाद है जिस पर भाषाई अस्मिता का भवन टिका हुआ होता है। 'हिंदी' भाषा की अनेकार्थी संकल्पना को बड़े विस्तार से डॉ. श्रीवास्तव ने स्पष्ट किया है जिसका बीजारोपण अर्द्धशताब्दी पूर्व सुप्रसिद्ध भाषाशास्त्री डॉ. धीरेंद्र वर्मा ने किया था। सार रूप में कहा जा सकता है व्याकरण प्रजनित समरूपी भाषा की संकल्पना 'हिंदी' के तात्पर्य बोध को **खड़ी बोली** के एकाश्मक रूप (मोनोलेक्टल) तक सीमित करने के पक्ष में है। भाषा की अनेकाश्मक (पालीलेक्टल) दृष्टि भी व्याकरण को अपनी धुरी बनाकर भाषा को समझना-समझाना चाहती है। प्रत्येक भाषा **'प्रयोजन सिद्ध शैलियों का एक समुच्चय'** होती है, साथ ही उसकी एक आधारभूत शैली भी होती है। हिंदी वस्तुतः उच्च हिंदी साहित्यिक उर्दू, सामान्य हिंदुस्तानी आदि खड़ी बोली की प्रयोजन सिद्ध शैलियों का समुच्चय है और इस बात पर भी बल दे सकते हैं कि **सामान्य हिंदुस्तानी** ही उसकी आधारभूत शैली है। भाषा के संदर्भ में समाज पर बल देते

हुए कहा, ''सामाजिक वह शक्ति है जो किसी एक समुदाय के सभी व्यक्तियों को भावना, चिंतन और जीवन दृष्टि के धरातल पर एक-दूसरे के नजदीक आकर **एक इकाई** में बाँधती है। तीसरे भाग में भाषा-अध्ययन के दो संदर्भ–संरचना केंद्रित तथा प्रयोजन केंद्रित को तालिकाबद्ध रूप में सात दृष्टियों से स्पष्ट किया गया है। आगे भाषाई कोश को स्पष्ट करते हुए व्यक्त किया गया है कि वह **'संपूर्ण भाषिक संसाधन'** है जो किसी भाषाई समुदाय के सदस्यों को विचार विनिमय के लिए उपलब्ध रहता है। यह भाषिक संसाधन बोलियों और सामाजिक शैलियों पर आधारित होता है।

प्रस्तुत पुस्तक चार खंडों में विभाजित है जिसके अंत में छह महत्त्वपूर्ण परिशिष्ट हैं :

–सामाजिक दायित्व और हिंदी

–भाषाई चेतना और हिंदी

–भाषाबोध का तुलनात्मक आधार

–स्मृति-संदर्भ

उपर्युक्त खंडों में ''एक तरफ **समाजभाषा वैज्ञानिक** दृष्टि से हिंदी की कुछ विशिष्ट भूमिकाओं पर रोशनी डालने की कोशिश देखी जा सकती है और दूसरी तरफ हिंदी के अध्ययन विश्लेषण के माध्यम से पूरे भारतीय समाज की संप्रेषण व्यवस्था को समझने का प्रयत्न भी देखा जा सकता है। परिशिष्ट में दिए गए तथ्य और आँकड़े कथन के खंडन-मंडन में तो सहायक हैं ही, स्वयं में भारत की भाषाई प्रकृति पर प्रकाश डालने में समर्थ हैं।'' (पृ.17 से)

पुस्तक का पहला खंड–**सामाजिक दायित्व और हिंदी** सर्वाधिक महत्त्वपूर्ण है जिसके अंतर्गत **दस आलेख** हैं, जिनमें से प्रथम तीन–'भाषा और सामाजिक अस्मिता', 'सामाजिक अस्मिता और हिंदी-उर्दू का सवाल', 'हिंदी और भोजपुरी समाज की अस्मिता' सीधे सामाजिक अस्मिता से संबंधित हैं। लेखक के अनुसार, ''सामाजिक अस्मिता जिस इकाई को जन्म देती है उसके मूल लक्ष्य हैं 'आभ्यंतर एकता' और 'बाह्य विशिष्टता'। इन दोनों लक्ष्यों को साधने के लिए हम 'भाषा' का सहारा लेते हैं। लेखक ने देश के राजनीतिक और सामाजिक परिप्रेक्ष्य में भाषा की भूमिका को विस्तार से स्पष्ट किया है। किस प्रकार गुजरात और मराठी भाषाभाषियों के आपसी तनाव और टकराहट ने सन् 1960 में महाराष्ट्र को दो उपखंडों में विभक्त किया और यही स्थिति पंजाब में हुई जो पंजाब और हरियाणा में बँटकर भी आज तक सुलझ नहीं पा रही है। विद्वान लेखक ने विश्व में बहुभाषी

भारत की स्थिति पर्याप्त भिन्न मानते हुए घोषित किया है कि भारत की बहुभाषिकता की प्रकृति सामाजिक (सामासिक) है जिसकी जड़ें बहुत गहरी हैं, इतनी गहरी कि बिना स्कूली शिक्षा पाए ही व्यक्ति द्विभाषिक बन जाता है। यहाँ कोई भी ऐसा भाषाई समुदाय नहीं है जिसके भाषाई कोश में तीन से कम भाषाएँ हों।'' (पृ. 23)

एक साथ एक व्यक्ति समाज में स्थानिक संदर्भ, क्षेत्रीय संदर्भ, राष्ट्रीय संदर्भ और अंतर्राष्ट्रीय संदर्भ में अपनी विभिन्न भूमिकाएँ निभाता है। यहीं यह बात भी स्पष्ट कर दी गई है कि ''एक-भाषीय समाज इन विभिन्न प्रयोजन-धर्मी भूमिकाओं को शैली-भेद के आधार पर साधता है जबकि भारतीय बहुभाषी समाज अपनी प्रकृति के अनुसार अपने भाषाई कोश के विभिन्न घटकों द्वारा।'' (पृ. 23) निष्कर्षतः कहा जा सकता है कि ''बहुभाषिकता उसके व्यक्तित्व का एक साधक और सार्थक पक्ष था।'' सदियों से चली आ रही उसकी इस बहुभाषिकता ने एक ऐसे 'भारतीय व्यक्तित्व' को जन्म दिया है जिसे न आर्य जाति की संज्ञा दी जा सकती है, न अनार्य जाति की। यह उसके समग्र व्यक्तित्व का ही फल था कि भक्ति आंदोलन से संबद्ध दक्षिण के आचार्यों की (बल्लभाचार्य, रामानुजाचार्य, निम्बाकाचार्य, मध्वाचार्य) मातृभाषा द्रविड़ कुल की थी, पुनर्जागरण और जन-संपर्क की उनकी भाषा ब्रज थी और तत्त्वचिंतन तथा दर्शन की भाषा संस्कृत थी। **इन तीनों भाषाओं के प्रयोजनधर्मी तंतुओं के माध्यम से ही उनका व्यक्तित्व निर्मित हुआ था।**

इस आलेख में ही राजभाषा-राष्ट्रभाषा शब्दों के पारस्परिक संबंध और प्रयोग भेद को स्पष्ट किया गया है :

- ''राजभाषा राजनैतिक दृष्टि से देश को सफल बनाती है जबकि राष्ट्रभाषा सामाजिक-सांस्कृतिक दृष्टि से उसे एकताबद्ध करती है।
- राजभाषा का आधार राष्ट्रता (नेशनिज़्म) है और राष्ट्रभाषा का 'राष्ट्रीयता' (नेशनलिज़्म)।
- राजभाषा के लिए यह आवश्यक नहीं कि भाषा उस देश की ही हो, पर जातीय अस्मिता के प्रश्न से संबद्ध होने के कारण राष्ट्रभाषा के लिए यह निहायत ज़रूरी है कि वह उस देश की अपनी भाषा हो।
- राजभाषा वस्तुतः आर्थिक विकास और प्रशासनिक प्रयोजनों की भाषा है जबकि राष्ट्रभाषा जातीय प्रामाणिकता और सामाजिक अस्मिता की भाषा है।'' (पृ. 26-27)

जैसा स्वतः ही स्पष्ट है इसके अंतर्गत ही 'राष्ट्रता' और 'राष्ट्रीयता' के भेद

को समझा दिया गया है।

विशेष रूप से बल देकर कहा गया है कि न तो हमारे सामाजिक संबंधों की प्रकृति एकोन्मुख और न ही हमारी सामाजिक अस्मिता एकाश्मक।

सामाजिक अस्मिता के प्रश्न को ही आगे चलकर व वर्तमान संदर्भ में हिंदी-उर्दू के सवाल से जोड़ा गया है। एक ओर संस्कृतनिष्ठता और दूसरी ओर अरबी-फारसी की ओर अत्यधिक झुकाव दोनों ही प्रवृत्तियाँ भाषा के विकास में बाधक सिद्ध हुईं। आम जनता के लिए ये दोनों भाषा-प्रयोग बोझिल रहे हैं और रहेंगे। तब ही तो एक शताब्दी से भी पहले भारतेंदु हरिश्चंद्र ने नए चाल की हिंदी को अपनाया। जिसका पक्ष लेते हुए इंग्लैंड से पिन्कॉट ने अपने पत्र में भारतेंदु को लिखा :

> ''यह सच बात है कि आपकी हिंदी और हिंदुस्तान सबसे मनोहर है, इसके बदले राजा शिवप्रसाद को अपना ही हित सबसे भारी बात है।''
>
> राजभाषा हिंदी (कैलाशचंद्र भाटिया)

इस पक्ष को डॉ. श्रीवास्तव ने द्वितीय खंड के 'भारतेंदु युग की भाषाई चेतना' शीर्षक आलेख में पुष्ट किया है।

लेखक ने भाषाई अस्मिता के आधार पर दोनों भाषाओं–हिंदी और उर्दू को एक भाषा ठहराया है और यहीं यह प्रश्न उभारा है : ''अगर हिंदी-उर्दू दोनों इस धरातल पर एक हैं तो उसी भाषा की अन्य प्रयोजनमूलक शैलियाँ भी एक होंगी तो इसी धरातल पर। जरूरत है तो इन भाषा-प्रयोगों और प्रयोजनमूलक शैलियों के उन आधारों को जनता संदर्भित करने की, जिन पर वे अलग होती हैं, विशिष्ट बनती हैं। ×××इसको दूर करने का एक ही रास्ता है–भाषाई अस्मिता को सामाजिक अस्मिता के संदर्भ में बाँधने का रास्ता।'' (पृ. 41)

भोजपुरी भाषा-भाषी होने के नाते डॉ. श्रीवास्तव ने हिंदी और भोजपुरी के पारस्परिक संदर्भ को भी उभारा है और इस बहाने हिंदी की उपभाषाओं व बोलियों के महत्त्व को प्रतिपादित किया है। डॉ. उदयनारायण तिवारी की स्थापनाओं का न केवल विरोध किया वरन् पुष्ट आधारों–

रूपात्मक (व्याकरणिक) दृष्टि

ऐतिहासिक (आनुवंशिक) दृष्टि

समाजभाषा वैज्ञानिक (संस्थागत) दृष्टि

पर भाषा-बोली के भेद को स्पष्ट किया है और पृष्ठ 55-56 पर सात प्रकार्यात्मक दृष्टियों से पारस्परिक भेद को समझाया है। लेखक ने अपनी पुस्तक 'भाषा-भूगोल' में इसको विस्तार से स्पष्ट किया है। विश्व हिंदी सम्मेलन के अवसर पर डॉ. श्रीवास्तव

ने बड़े आग्रह से लेखक (डॉ. कैलाशचंद्र भाटिया) से **'हिंदी की मानक शैली और बोलियाँ : अंतस्संबंधों की व्याख्या'** शीर्षक आलेख तैयार करवाया था जो केंद्रीय हिंदी निदेशालय के मुखपत्र 'भाषा' (सन् 1975) के विशेषांक में प्रकाशित हुआ। इस संबंध को अपनी पुस्तक 'ब्रजभाषा और खड़ी बोली' की अपनी बात में स्पष्ट किया है—''आज की साहित्यिक हिंदी का मूलाधार 'खड़ी बोली' है यों अभी तक ब्रजभाषा ही हिंदी की प्रमुख साहित्यिक भाषा रही थी। हिंदी के साथ दोनों का अभिन्न संबंध है। भाषा-विज्ञान की सूक्ष्म दृष्टि से यद्यपि आज 'ब्रजभाषा' बोली मात्र रह गई है और 'खड़ी बोली' अपने विपुल वाङ्मय के कारण साहित्यिक भाषा का मानदंड बन चुकी है।'' प्रकारांतर से इसी बात को डॉ. श्रीवास्तव ने डॉ. रामविलास शर्मा की पुस्तक से लंबा उद्धरण देकर पुष्ट किया है (पृ. 50 पर)।

हिंदी के विशेष संदर्भ में भाषा-बोली के पारस्परिक संबंध को और आगे 'हिंदी का जनपदीय, राष्ट्रीय एवं अंतर्राष्ट्रीय संदर्भ' शीर्षक आलेख में विस्तार दिया गया है। हिंदी का जनपदीय संदर्भ अत्यधिक महत्त्वपूर्ण है अन्यथा ब्रजभाषा अवधी में लिखा अपार साहित्य विशेषतः भक्तिपरक, मैथिली के विद्यापति के गीत तथा पुरानी राजस्थानी-डिंगल के अनेक ग्रंथों से वंचित रहना पड़ेगा। राष्ट्रीय संदर्भ की चर्चा पिछले आलेख में हो चुकी है और अगले में 'राष्ट्रीयता, राष्ट्रता और राष्ट्रभाषा हिंदी' (पृ. 60-68) और विस्तार से समझाया गया है। अब तेजी से हिंदी का 'अंतर्राष्ट्रीय महत्त्व' बढ़ता जा रहा है क्योंकि अनेक विश्वविद्यालयों में पठन-पाठन के अतिरिक्त भारत मूल के निवासी जिन देशों (मॉरिशस, फीजी, त्रिनिदाद, गुयाना, सूरीनाम) में हैं उनके कारण साहित्य रचना भी प्रारंभ हो गई है। विदेशों से अनेक पत्र-पत्रिकाएँ हिंदी में प्रकाशित होने लगी हैं। अंतर्राष्ट्रीय स्वरूप के भावी रूप को लेखक ने यों स्पष्ट किया है :

> ''इस विपुल साहित्य में हम पाते हैं इन देशों की माटी की गंध, वहाँ की अपनी लोकोक्तियों का निखार, वहाँ की जिंदगी का रस। भाषा की व्याकरणिक संरचना की प्रकृति उसी हिंदी की है जिसे भारतवर्ष में उसके प्रयोक्ता व्यवहार में लाते हैं, पर उसकी बुनावट (टेक्स्चर) में है इन विभिन्न देशों की सामाजिक एवं सांस्कृतिक चेतना की छाप।'' (पृ. 58)

परिशिष्ट-I में फिशमैन के आधार पर विकासशील राष्ट्रों में राजभाषा और बृहत्तर जन-संपर्क की भाषा की जो तालिका पृ. 219-20 पर दी गई है उसके अनुसार, ''निश्चय ही भारतवर्ष अगर किसी वर्ग में रखा जा सकता है तो वह है ग-टाइप के निर्णय लेने वाले देशों का वर्ग।'' पर स्थिति उतनी सरल नहीं जितनी

फिशमैन समझते हैं विशेषतः हिंदी के संदर्भ में। हिंदी को राष्ट्रभाषा का पद प्रदान करने में अनेक तत्त्वों ने काम किया है। डॉ. श्रीवास्तव ने चार धाराएँ—राष्ट्रीयतावादी धारा, अंतर्राष्ट्रीयतावादी धारा, क्षेत्रीय धारा, लोकवादी जनतांत्रिक धारा स्पष्ट की हैं जिनसे निश्चित रूप से संविधान निर्माता अपरिचित न थे।

'बहुभाषिता' के संदर्भ में दो आलेख हैं :

—बहुभाषिता : शक्ति या सीमा

—बहुभाषिकता और हिंदी भाषाई समाज

प्रथम आलेख में भी फिशमैन के इस मत का खंडन किया गया है कि "भाषिक स्तर पर समरूप (होमोजीनियस) राजनीतिक इकाइयाँ सामान्यतः आर्थिक दृष्टि से अधिक विकसित, शिक्षा की दृष्टि से अधिक उन्नत, राजनीति की दृष्टि से अधिक आधुनिक और चिंतन की दृष्टि से अधिक प्रौढ़ और संतुलित हैं।" (पृ. 69) उन्होंने अनेक ऐसे देशों के उदाहरण प्रस्तुत किए हैं विषमरूपी (हैट्रोजीनियस) होकर भी आर्थिक दृष्टि से समुन्नत हैं। अनेक समरूपी ऐसे देश हैं जो बहुत पिछड़े हुए हैं। न केवल फिशमैन द्वारा दिए गए विचारों का खंडन युक्ति युक्त विवेचन कर तार्किक दृष्टि से पुष्ट उदाहरणों से भारत के संदर्भ में किया है वरन् अमान्य ठहरार्या है और साथ ही स्वीट, यस्पर्सन, वाइनराडख आदि के मतों की भी पुष्ट प्रमाणों से काट दिया है। नोबोकोव ने तो रूसी, फ्रांसीसी, जर्मन और अंग्रेजी—इन चारों भाषाओं में स्वतंत्र रूप से साहित्य वर्णन किया है तो रवींद्रनाथ ठाकुर ने बंगला और अंग्रेजी दोनों ही भाषाओं में अपनी कारयित्री प्रतिभा का परिचय दिया। निष्कर्ष रूप में व्यक्त किया है कि "भारतीय समाज की यह विशेषता रही है कि वह प्रयोजन सिद्ध भाषाभेद को सहज और स्वाभाविक भाव में मान्यता देता आया है।" (पृ. 74)

द्वितीय आलेख—'बहुभाषिकता और हिंदी भाषाई समाज' में उन्होंने मौलिक विचार प्रस्तुत करते हुए संप्रेषण के कई स्तर स्वीकार किए हैं—

पारिवारिक स्थानीय

क्षेत्रीय साक्षरता का स्तर (माध्यम भाषा-I)

—सामान्य शिक्षा (मा.भा.-II)

—उच्च शिक्षा (मा. भा.-III)

उनकी सुविचारित मान्यता है कि "भारतवर्ष की सामाजिक बनावट की यह प्रकृति रही है कि वह पारिवारिक मूल्यों का निर्वाह स्थानीय सामाजिक मूल्यों से टकराए बिना करती रही है।"

भाषाशास्त्री फरगुसन ने जिस 'डायग्लोसिया' (एक ही भाषा की दो शैलियाँ) की चर्चा की थी उसका ज्वलंत उदाहरण भारत में पग-पग पर दिखाई देता है। "भारतीय समाज न केवल बहुभाषी समाज है बल्कि स्तरीकृत होने के कारण उसकी भाषाओं में शैली भेद सामाजिक प्रयोजनों के साथ संबद्ध होकर सामने आते हैं। ×××बंगाली भाषा में 'चर्चित' और 'साधुभाषा', तेलुगु में 'व्यावहारिक' और 'ग्रंथिका' शैली तथा तमिल में 'पेचू' और 'सेन तमिल' की तो स्पष्ट शैलियाँ हैं।" (पृ. 79)

इसी आलेख में निम्नलिखित चार प्रयोजनों के संदर्भ में अन्य भाषा के रूप में हिंदी की स्थिति स्पष्ट की है :

(1) सहायक भाषा
(2) संपूरक भाषा
(3) परिपूरक भाषा
(4) समतुल्य भाषा

भाषा-नियोजन के लिए उपर्युक्त संदर्भों में हिंदी की स्थिति को देखना चाहिए।

'भारत की संपर्क भाषा : हिंदी' आलेख में चार महत्त्वपूर्ण और उपयोगी सूचनाओं से युक्त तालिकाएँ प्रस्तुत की गई हैं। विविध प्रकार की इस सामग्री के आधार पर कुछ महत्त्वपूर्ण निष्कर्ष इस प्रकार निकाले गए हैं :

"भारतीय समाज की दृष्टि न केवल व्यापक और उदार रही है वरन् उसकी प्रकृति गत्यात्मक और संपर्कपरक भी रही है। यह उसी का परिणाम है कि हम सिंध से आसाम तक भारत की संप्रेषण व्यवस्था को कहीं टूटते नहीं पाते और हिमालय से कन्याकुमारी तक भाषाई परिवारों के बीच अंतस्संबंधों की एक ऐसी कड़ी पाते हैं जो न केवल अटूट है बल्कि भाषाई रंगों की विविधता से भरी-पूरी भी है।" (पृ. 91) "भारतीय द्विभाषिकता न तो अलगाव सिद्धांत पर आधारित है और न ही समीकरण सिद्धांत पर। उसकी आधारशिला वस्तुतः समाकलन सिद्धांत है।" (पृ. 93)

समाकलन का सिद्धांत वस्तुतः क्या है इसको भी स्पष्ट किया गया है। यह सिद्धांत अनेकता में एकता की मान्यता को पुष्ट करता है जो भारतीय सामाजिक जीवन की वर्षों से चली आ रही मान्य धारणा है। इस आलेख का अंतिम भाग कितना सटीक है :

"राजभाषा के रूप में हिंदी, अंग्रेजी की तरह न केवल प्रशासनिक प्रयोजनों की भाषा है बल्कि उसकी भूमिका राष्ट्रभाषा के रूप में भी है। वह हमारी

सामाजिक-सांस्कृतिक अस्मिता की भाषा है।''

'भारतीय व्यक्ति एवं उसका भाषाई व्यक्तित्व' हिंदी के संदर्भ में यह उद्घोष करता है कि ''उसका (भारतीय) भाषाई व्यक्तित्व भाषा, बोली और शैली के अनेक रंगों से रंजित है पर उसकी जातीय अस्मिता एवं साहित्यिक संस्कार की प्रकृति केंद्राभिमुखी है।'' (पृ. 101)

समाजीकरण की प्रक्रिया को प्राथमिक, द्वितीयक तथा तृतीयक आधारों पर तालिका द्वारा स्पष्ट किया गया है जिनमें क्रमशः मातृभाषा, प्रमुख क्षेत्रीय भाषाएँ तथा राष्ट्र/राजभाषा की भूमिकाएँ हैं। उदाहरण के लिए ''खुसरो तुर्क थे अतः मातृभाषा तुर्की थी, जन-सामान्य के प्रयोग की भाषा अर्थात् द्वितीयक समाजीकरण की माध्यम भाषा मातृभाषा से भिन्न हिंदवी थी और सांस्कृतिक भाषा इन दोनों से भिन्न फारसी थी।''

इस आलेख में एक तथ्य की ओर विशेष ध्यान दिलाया गया है : ''**भारतीय व्यक्ति** के आविर्भाव के पीछे की कहानी का मूलभूत आधार भाषिक लक्षणों का अभिसारण अर्थात् संपर्क की स्थिति में दो भाषाओं के बीच की अनुकूलता है। ×××यह भाषिक अभिसारण की प्रक्रिया वैदिक के पहले प्रारंभ हो चुकी थी।'' (पृ. 106)

इस दृष्टि से द्रविड़ तथा आर्य परिवार में ही आदान-प्रदान नहीं हुआ वरन् अन्य परिवारों के मध्य भी।

इसी स्थल पर डॉ. श्रीवास्तव ने एमेन्यू का स्मरण किया जिन्होंने सबसे पहले सन् 1956 में भाषाई क्षेत्र की संकल्पना करते हुए भारत को एक 'भाषाई क्षेत्र' कहा [India as a Linguistic Area लैंग्वेज 32 (1956)] इसको ही आगे सन् 1962 व 1974 में अधिक तथ्यों से पुष्ट किया और डॉ. श्रीवास्तव के शब्दों में ''यह सिद्ध किया कि भारत के विभिन्न भाषाई परिवारों के बीच पाई जाने वाली भाषाई समानता युगों से चली आ रही संपर्क स्थिति का परिणाम है।'' (पृ. 109) भारतीय के भाषा व्यवहार में प्रमुखतः छह व्याकरणिक लक्षण समान रूप से जो आज विद्यमान हैं उनको विस्तार से पृ. 109 व 110 में प्रस्तुत किया है। इन समानधर्मी लक्षणों के आधार पर भारत को एक भाषाई क्षेत्र सरलता से सिद्ध किया जा सकता है।'' (पृ. 110)

प्रथम खंड का अंतिम दसवाँ आलेख 'भाषा अनुरक्षण तथा भाषा-विस्थापन के सिद्धांत' (पृ. 118-138) में भाषा की दो समस्याओं—विस्थापन तथा अनुरक्षण को विश्व के संदर्भ में प्रस्तुत किया है। अनेक देशी-विदेशी विद्वानों की पूर्व

प्रकाशित सामग्री के आधार पर तैयार किया गया यह 'शोधपत्र' कहा जाएगा। इसमें विशेषतः शर्मरहार्न के (सन् 1970 में प्रकाशित) तीन परिवर्तों (वैरियेबिल)–पारस्परिक व्यवहार की प्रकृति, संवेष्टन की मात्रा तथा नियंत्रण की मात्रा की चर्चा है जिनको बर्थ ने बहुत पहले (सन् 1945 ई.) भिन्न प्रकार से प्रस्तुत करते हुए अल्पसंख्यकों के संदर्भ में 'समीकरणवादी', 'अनेकतावादी', 'पृथकतावादी' तथा 'उग्रवादी' नीतियों के रूप में रखा था। इन समस्त पाश्चात्य सिद्धांतों के परिप्रेक्ष्य में भारत के महानगर दिल्ली में बसे बंगाली और पंजाबी हिंदुओं में समीकरण की प्रवृत्ति को देखा गया है। इस आलेख में भारत की दृष्टि से कुछ महत्त्वपूर्ण बातें हैं :

–भारत में पंजाबी भाषी सिख अपनी भाषाई अस्मिता बनाए रख सकने में इसलिए समर्थ हैं कि उसके द्वारा वे अपनी जातीय अस्मिता बनाए हुए हैं। (पृ.133)

–मध्य भारत में **सदरी,** उत्तर-पूर्वी क्षेत्र में **नागामीज** और दक्षिण-पूर्वी भारत में **देसिया** का संपर्क भाषा के रूप में प्रयोग जातीय अस्मिता के सवाल के साथ जुड़ा रहा है। (पृ. 134)

द्वितीय खंड–'भाषाई चेतना और हिंदी' में मात्र चार आलेख हैं :

सूरदास की भाषिक संपदा

भारतेंदु युग की भाषाई चेतना

मैथिलीशरण गुप्त का भाषाबोध

आचार्य द्विवेदी (हजारी प्रसाद) का भाषा विषयक चिंतन

प्रथम आलेख 'सूरदास की भाषिक संपदा' सर्वाधिक महत्त्वपूर्ण है जिसमें एक साथ निम्नलिखित चार संदर्भों में सूरदास-रचित साहित्य का सम्यक् अनुशीलन किया गया है :

(1) काव्यभाषा–कलात्मक संवेग भाषाई चेतना पर अपनी रूप प्रकृति निर्धारित करती है।

(2) काव्यपरक भाषा–परंपरा को समर्थन करने वाली प्रयुक्ति (रजिस्टर) सापेक्ष भाषा है।

(3) कविता की भाषा–लोक जीवन के मिट्टी-सने अनुभव-संस्कार को अपने भीतर बाँधती है।

(4) कवि की भाषा–भाषा की लचीली संभावना के भीतर से 'विकल्प से चुनाव' का परिणाम होती है।

उपर्युक्त संदर्भ में विवेचन से सूरदास की उस सर्जनात्मक शक्ति की पहचान

होती है जिसके सहारे उन्होंने भाषा के भीतर से काव्यमूर्तियाँ गढ़ने का प्रयास किया है।

'भारतेंदु युग की भाषाई चेतना' पर अन्य संदर्भ में पहले कहा जा चुका है। फिर भाषिक दृष्टि से कुछ तथ्य उजागर हुए हैं वे इस प्रकार हैं :

—साहित्यिक काव्यधारा की भाव-व्यंजना का प्रधान माध्यम ब्रजभाषा थी और तथ्यनिरूपण, बौद्धिक चिंतन एवं सामाजिक विद्रोह की उपकरण भाषा खड़ी बोली थी।

—भाषा माध्यम के क्षेत्र में नूतन प्रयोग का बीज डाला।

—जिस गद्य को भारतेंदु ने अपनाया और जिसको साहित्यिक संस्कार दिया, वह पत्रकारिता की सामाजिक संप्रेषणीयता के मूल्य से युक्त थी और चिंतन की तर्क प्रणाली के अनुरूप थी।

—भाषा की प्रकृति लोकोन्मुखी थी, वह नित्य व्यवहार के अनुकूल थी।

—प्रयोजनपरक दृष्टि ही थी कि व्यंग्य और पैरोडी के लिए अंग्रेजी कोड मिश्रित हिंदी का प्रयोग इस युग में कविता के क्षेत्र में भी हुआ।

'मैथिलीशरण गुप्त का भाषा-बोध' में गुप्त पूर्व युग की भाषा का विश्लेषण (1) प्रयोग क्षेत्र तथा (2) अभिवृत्ति की दृष्टि से किया गया है। भाषा-संस्कार की दृष्टि से चार चरण निश्चित किए हैं :

—काव्य प्रणयन का आरंभिक काल (1900 से 1909)

—खड़ी बोली की संभावना से साक्षात्कार (1910 से 1929)

—शैली संस्कार और साहित्यिक उपलब्धि

—शैली तटस्थ और साहित्यिक व्यामोह

'आचार्य द्विवेदी का भाषा-विषयक चिंतन' में बहुत गंभीरता से उनका यह विचार रखा गया है कि "सामाजिक बनने की प्रक्रिया का रास्ता भाषा का रास्ता है।" उर्दू के संदर्भ में भी आचार्य द्विवेदी का यह कथन आज भी सार्थक है कि "उर्दू अभी तक आत्मकेंद्रित भाषा बनी रही है क्योंकि केंद्राभिमुखी-भाषा होने में वह हिंदी के समान है, न कि उसकी जनपदीय बोलियों को।"

तृतीय खंड—'भाषाबोध का तुलनात्मक आधार हिंदी और इतालवी' में दो आलेख हैं जो हिंदी और इतालवी के संदर्भ में हैं—

—नाते रिश्ते की शब्दावली।

—शिष्ट अभिव्यक्तियाँ।

इन दोनों आलेखों के लिए अल्बर्तो नार्देल्ला का महत्त्वपूर्ण योगदान है। अन्य

भाषा शिक्षण की दृष्टि से इनका महत्त्व आँका जाएगा।

चतुर्थ खंड—'स्मृति संदर्भ' में मात्र दो आलेख हैं। पहला श्री प्रबोध बेचरदास पंडित पर है। वस्तुतः यह 'स्मृति संदर्भ' है क्योंकि उनके अवसान के बाद लिखा गया जिसका प्रारंभ 'मृत्यु' की व्याख्या से इस प्रकार किया गया :

> ''मृत्यु जीवन का दर्पण है। यह वह शीशा है जिसमें स्मृतियों की छाँव में पलने वाली घटनाएँ न केवल प्रतिमूर्तित होती हैं अपितु स्थिर समय को भेदकर वे भविष्य में भी अपनी सत्ता का प्रक्षेपण करती हैं। मृत्यु इसीलिए काल के वर्तमान बोध से जुड़कर भी मुक्त रहती है।'' (पृ. 205)

अपने कथन को भाषा से उदाहरण देकर स्पष्ट किया। आज उनके ही शब्द उन पर लागू हो रहे हैं। आज डॉ. श्रीवास्तव का स्थूल शरीर नहीं है पर वह अपनी कालजयी कृतियों के माध्यम से जीवित हैं। उन्होंने स्वयं माना है कि 'व्यक्ति' और व्यक्ति का शरीर दो भिन्न इकाइयाँ हैं जिनके स्वर दो हैं, संदर्भ दो हैं और सच पूछा जाए तो जिनकी पूरी सत्ता के आयाम ही दो हैं।

दूसरा आलेख अपने ही अग्रज पंडित विद्यानिवास मिश्र पर 'धूप की छाँव में' संस्मरणात्मक है पर ललित शैली में लिखा गया है। शैलीविज्ञान के अधिकारी विद्वान् ने शैलीविज्ञान (रीतिशास्त्र) के अध्येता और वह भी ललित निबंधकार पर ललित शैली में लिखा यह बड़ी बात है। इससे यह भी उद्‌घाटित होता है कि अगर वह हमारे बीच में रहते तो अपनी ललित शैली में और भी 'संस्मरण' लिखते और समय मिलता तो ललित निबंधकार के रूप में प्रतिष्ठित हो सकते। पर काल के ग्रास ने उनका यह पक्ष बरबस छीन लिया और उनके इस नमूने से ही संतोष करना पड़ेगा। इस संस्मरण का एक अनुच्छेद इस प्रकार प्रारंभ होता है—''सूरज अपनी जगह पर ठहरने की नियति लेकर उदित नहीं होता। धीरे-धीरे वह क्षितिज के ऊपर उठता है। उसकी लालिमा अपना लालित्य छोड़ नीलाकाश के मोह को भंग करने के लिए शुभ्र वस्त्र धारण कर लेती है।'' और अंत किया है डॉ. विद्यानिवास जी के ही धूप विषयक अनुच्छेद से जिससे प्रेरित होकर उन्होंने पंडित जी के लिए 'धूप की छाँव में' शीर्षक चुना। मात्र कल्पना ही की जा सकती है पं. मिश्र जी का धूप की तरह तपता व्यक्तित्व उसके छाँव में बैठे सुधी मनीषी भाषाविद् डॉ. श्रीवास्तव के यकायक गायब हो जाने से कैसा-कैसा अनुभव कर रहा होगा।

डॉ. श्रीवास्तव की कृति **'भाषाई अस्मिता और हिंदी'** वह कालजयी कृति सिद्ध होगी जिस पर भारतीय भाषाविद् गर्व पर सकेंगे कि कोई तो ऐसा साथी था जिसने विदेशी विद्वानों को पढ़कर, मनन कर ही स्वीकार किया और यदि कोई

बात भारतीय अस्मिता से मेल नहीं खाती तो तर्कों से उसको खंडित कर दिया।

अपने इस आलेख को उनके ही इस वाक्य से विराम दे रहा हूँ कि "हिंदी को उसके सही संदर्भ में समझने के लिए अत्यावश्यक है कि हम उसके समाज के भाषाई कोश, कोड मैट्रिक्स, कोड परिवर्तन को उस समाज में पायी जाने वाली बहुभाषिकता की सही प्रकृति के परिप्रेक्ष्य में देखें।"

किसी बात को सही परिप्रेक्ष्य में देखना ही उनके प्रति सच्ची श्रद्धांजलि होगी।

अचानक डॉ. रवींद्रनाथ श्रीवास्तव के सबको छोड़कर चले जाने के बाद उनके सैकड़ों लेखों को क्रमबद्ध करके डॉ. बीना जी ने जो सुकार्य किया है, वह चिरस्मरणीय रहेगा। इन पुस्तकों का विवरण इस प्रकार है :

हिंदी भाषा का समाजशास्त्र–सं. डॉ. दिलीपसिंह/डॉ. महेंद्र

हिंदी भाषा : संरचना के विविध आयाम–डॉ. कैलाशचंद्र भाटिया/डॉ. महेंद्र

भाषा-विज्ञान चिंतन–डॉ. रमानाथ सहाय/डॉ. महेंद्र

अनुप्रयुक्त भाषा-विज्ञान–डॉ. सूरजभान सिंह/डॉ. दिलीप सिंह

समीक्षा की भाषिक दृष्टि–डॉ. नामवर सिंह/डॉ. दिलीप सिंह, प्रकाशक राधाकृष्ण प्रकाशन, नई दिल्ली

कविता : अचानक की एक मुलाकात, द.भा. हिंदी प्रचार सभा, हैदराबाद, 2007

अंग्रेजी में :

Vol I : Literary
II : Stylistics
III : Bilingualism Multilingualism
IV : Applied Linguistics
V : Hindi Linguistics
VI : Language Theory & Language Structure
VII : Generative phonology

प्रकाशक : कलिंग पब्लिकेशंस, दिल्ली-91

स्मृति ग्रंथ : भाषा अध्ययन विविध पक्ष, सं. शिवेंद्र किशोर वर्मा/डॉ. दिलीप सिंह

प्रकाशक : आलेख, दिल्ली, सन् 2005

अन्य प्रकाशन : प्रगतिशील आलोचना, साहित्य भवन, इलाहाबाद।

शैलीविज्ञान और आलोचना की नई भूमिका, कें. हि. संस्थान, आगरा।

भाषा-शिक्षण, मैकमिलन, 1978, वाणी प्रकाशन, 1992।

संरचनात्मक शैलीविज्ञान, आलेख, दिल्ली, 1979।

भाषाविद् कैलाशचंद्र भाटिया की भाषाविदों के साथ विविध छवियाँ

अध्ययन कक्ष में भाषाविद् कैलाशचंद्र भाटिया

विचार-विमर्श करते हुए भाषाविद् कैलाशचंद्र भाटिया

व्याख्यान देते हुए भाषाविद् कैलाशचंद्र भाटिया

पूर्व राष्ट्रपति डॉ. शंकर दयाल शर्मा से सम्मान ग्रहण करते डॉ. भाटिया

डॉ. धीरेन्द्र वर्मा के चित्र को माल्यार्पण करते हुए डॉ. भाटिया
साथ में डॉ. ब्रजेश्वर वर्मा

डॉ. लोकेश चंद्र से नातालि पुरस्कार ग्रहण करते हुए डॉ. भाटिया

डॉ. कैलाशचंद्र भाटिया भाषण देते हुए

महापंडित राहुल जी के शताब्दी समारोह आगरा में भाषण देते हुए कैलाशचंद्र भाटिया

डॉ. ग्रियर्सन स्मृति शताब्दी समारोह पर उद्घाटन भाषण देते हुए डॉ. भाटिया

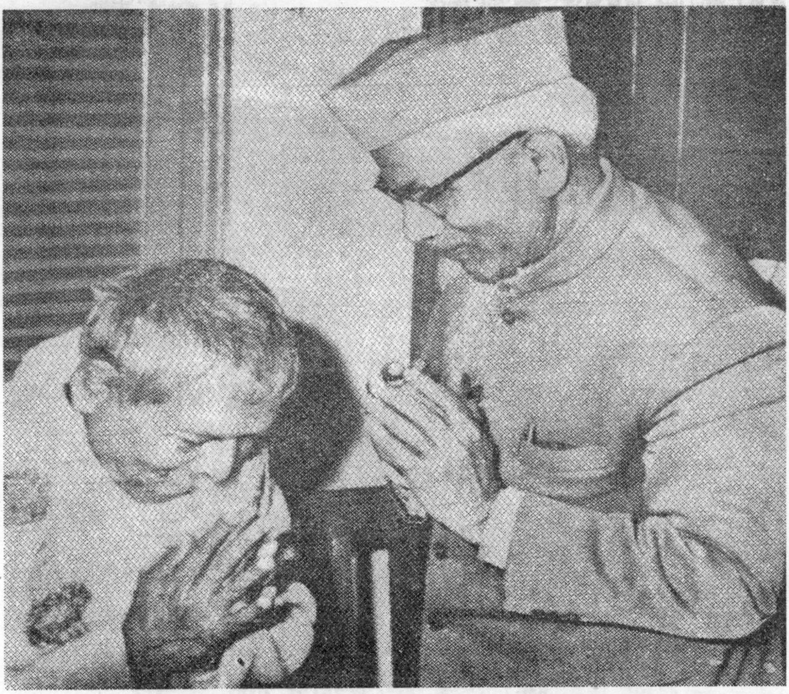

आचार्य किशोरीदास वाजपेयी श्री बाबूराम सक्सेना के साथ

कनखल हरिद्वार में आचार्य वाजपेयी के आवक्ष मूर्ति के साथ लेखक
साथ में गुरुकुल वि.वि. में हिन्दी विभाग के अध्यक्ष डॉ. रावत

कुछ पत्र

प्राग
8 अक्तूबर, 1970

माननीय श्रीमान् जी,

आपके कृपा पत्र का उत्तर बहुत देर से दे रहा हूँ, इस कारण मैं आप से क्षमा माँगता हूँ। कई दिनों की बात है कि मैं पेरिस से वापस आकर आपका पत्र पढ़ सका।

जो भी आपने विस्तारपूर्वक लिखा इससे मैं बिल्कुल सहमत हूँ। मगर आपको शायद मालूम नहीं होगा कि वह लेख मैंने सन् 1966 में लिखकर मुख्य संपादक को भेज दिया। अतः जो पुस्तकें इसके बाद प्रकाशित हुईं (उदाहरण के लिए डॉ. केलकर की 'हिंदी-उर्दू') वे सूची में भी शामिल नहीं हो सकीं। एक और बात है—हमारे देश में हिंदी का अध्ययन करना काफ़ी मुश्किल है क्योंकि पुस्तकालयों में हिंदी की किताबें और पत्रिकाएँ बहुत कम ही मिलती हैं। अक्सर ऐसा होता है कि भारत में कई महत्त्वपूर्ण पुस्तकें प्रकाशित होने पर भी हमें पता भी नहीं!

आपके प्रश्नों पर यह उत्तर दे सकता हूँ कि 'Hindi Syntagmatics' मुंशीराम मनोहरलाल के प्रकाशन-गृह में प्रकाशित होगी। ठीक समय मुझे ज्ञात नहीं है। नीदरलैंड में मेरी 'Theory of Hindi Syntax' प्रकाशित हुई है, परंतु उसकी प्रतियाँ मुझे अब तक प्राप्त नहीं हुईं। प्राप्त होने के बाद मैं आपको एक प्रति भेजूँगा।

अगर आपकी कृपा हो तो मुझे 'हिंदी में अक्षर तथा शब्द की सीमा' नामक पुस्तक की एक प्रति भेज देने का कष्ट करें। यह विषय मेरे लिए बहुत महत्त्वपूर्ण है। आपकी पुस्तक में अवश्य बहुत से पारिभाषिक शब्द मिलेंगे जो मेरे काम के लिए लाभदायक होंगे।

मुझे खेद है कि मेरे लेख की एक भी प्रति न रह गई।

आपके पत्र के लिए धन्यवाद देते हुए मैं आप से प्रार्थना करता हूँ कि कृपया मेरे आदरपूर्ण नमस्कार स्वीकार करें।

भवदीय
व्लादिमीर मिल्तनेर

प्राग
2 मई, 1971

आदरणीय श्री भाटिया जी,

आपका पत्र मिलकर मुझे बहुत प्रसन्नता हुई। आपकी भेजी हुई पुस्तक के लिए बहुत धन्यवाद। दो-तीन दिनों की बात है कि मैंने आपके पते पर अपनी 'Theory of Hindi syntax' नामक पुस्तिका भेज दी है। (उसका प्रकाशन हॉलैंड में हुआ) जो पुस्तक दिल्ली में प्रकाशित होने वाली है (अर्थात् 'Hindi Syntagmatics') वह अब तक प्रकाशित नहीं हुई, लेकिन आशा है कि अब इसमें बहुत देरी न लगेगी।

'हिंदी भाषा में अक्षर तथा शब्द की सीमा' शीर्षक आपकी पुस्तक की प्रतीक्षा उत्सुकता से करता हूँ। आप अंत्य स्थिति में 'अ' की उपस्थिति स्वीकार नहीं करते—यह जानकर मुझे बहुत खुशी हुई। वास्तव में इस 'लघु अ' का उच्चारण ही नहीं होता है। अतः इस बात के संबंध में मैं आपके साथ बिल्कुल सहमत हूँ।

इस समय मैं 'हिंदी भाषा-वैज्ञानिक परिभाषा-शब्दावली' नामक पुस्तक तैयार करने में निमग्न हूँ। वह शायद दिल्ली में प्रकाशित होगी। उसे समाप्त करने के बाद मैं भारतीय महाकाव्यों का चेक अनुवाद करने लगूँगा (जो प्राग में शीघ्र प्रकाशित होंगे)। हमारी जनता की भारत और उसके साहित्य और दर्शन के प्रति अत्यंत रुचि है। जो भी भारत संबंधी पुस्तक प्रकाशित है वह दो-तीन दिनों में Out of Stock है। पिछले वर्ष मैंने 'कामसूत्र' का पहला चेक अनुवाद प्रकाशित करवाया। दो लाख प्रतियाँ बिक गईं। भारतीय लोक कथाएँ भी प्रकाशित करने वाला हूँ और ब्रतिस्लावा की एक साहित्यिक पत्रिका में बिहारी कृत सतसई का मेरा स्लोवाक अनुवाद शीघ्र प्रकाशित होगा। (वस्तुतः मैं चेक हूँ, लेकिन स्लोवाक भाषा भी अच्छी तरह बोलता हूँ।)

शेष शुभ।

भवदीय
मिल्तनेर

पुनश्च : मेरे पहले नाम व्लादिमीर का हिंदी अनुवाद 'जगन्नाथ' है। मेरे भारतीय मित्र मुझे 'जग्गू भैया' पुकारते हैं।

CALCUTTA
July 23, 1968

Prof. Dr. Kailash Chandra Bhatia,
Department of Hindi, Aligarh muslim University,
Aligarh (U.P.)

Dear Prof. Bhatia,

I have to thank you very much for your book "A Linguistic study of Hindi Loan-words form English" (in Hindi), Which I received a short while ago. I have given a cursory glance to this work, and I found it excellently done, and it is an important addition to our study of modern Indo-Aryan. I Can really congratulate you on a very fine pice of research which you have brought out. There has not been such a deailed and comprehensive study of English elements in Hindi and other Indian languages. Apart from the phonetic and phonological aspects of the question, you have also taken good note of the influence of English on Hindi morphology and syntax, as well as in vocabulary and expression. Your book will be of very great use not only for an intensive study of the linguistics of Hindi, but also as a work of reference. I can wholeheatedly congratulate you and the Hindi world, as well as the world of scholars interested in Indian linguistics, for your work.

With regard to the derivation of the four anglo-Indian words (1) Kanji-House, (2) Compound, (3) Godwon, and (4) Bungalow, I do not think there is any difficulty; as much as for the Indianised English word 'clout'. I think for the first, the only reasonable derivation is the one suggested by Yule and Burnell in "Hobson-Jobson". It was originally a cell or Prison-chamber where delinquent sepoys were kept under guard on short rations which would consist of only rice-water (K″anj_+i). Then the meaning was extended for cattle pens for impounding stray cattle. It is quite simple for the other words, the current interpetations seem to be all right.

Your book has a literary value and it reads very well all through, and has quite a mass of interesting information which will be novel, entertaining as well as informative for both students and average readers. It was a good idea to bring in appendices II and III which add a touch of humour and humanise a dry-as-dust subject as Linguistics. These Appendices as well as your Appendixes VII & VIII also show how

Profoundly Hindi and other Indian languages are becoming saturated with the spirit of English and are being modified accordingly. Finally, the scholarly word will be grateful to you for the very extensive Bibliography you have given in Appendix IX.

Looked at from all Points, this is quite a fine book and brings great distinction to linguistics. Of course there are some small matters here and there where there is room for diversity of opinion, but this does not take away from the quality of your book. I wish greater power to your elbow.

Yours sincerely,
Suniti Kumar Chatterji

लेखक ने अपना ग्रन्थ 'हिंदी भाषा अक्षर और राष्ट्र की सेवा' उन्हें समर्पित किया है :

विश्वविश्रुत भाषाविद्
नेशनल प्रोफेसर
तथा
अध्यक्ष
साहित्य अकादमी, नई दिल्ली
डॉ. सुनीतिकुमार चाटुर्ज्या
की सेवा में
सादर समर्पित

CALCUTTA
January 7, 1971

Dr. Kailash Chandra Bhatia, Ph.D., D. Litt.,
Department of Hindi,
Muslim University,
Aligarh (U.P.)

Dear Dr. Bhatia,

I received day before yesterday Your 'Hindī Bhāshā-men Akshar tathā shabd-kī sīmā' as published by the Nagari Pracharini sabha of Varanasi. I feel really honoured by your associating my name with your work by way of a dedication. I am really glad to see your work. I have turned over the pages of it. It is a fine piece of research describing the behaviour of the syllable in the word in the Hindi language. Your point of veiw is strictly scientific and I am happy to note that you have not ignored the work of the purvâcharyas. The subject has been very thoroughly dealt with, and form this one can see that you have a rare and quite an uncommon competence in the subject. The kymographic illustrations add to the value of the work. The subject is one which involves a good deal of detailed study, and only serious and painstaking worker would be able to take the fullest advantage from your book. The section on the Hindi transformation of foreign words from persian and English is very well done. On the whole, I can congratulate you and the Hindi-reading public, as well as the small but growing number of people in our country who are taking a proper scientist's interest in linguistic studies, for your giving us this book.

There are one or two minor things to which I would like to draw your attention. Hindi borrowings from foreign languages have a two-fold character. These borrowings may be described as either **tadbhavas of semi-tatsamas,** as in the case of the native Aryan elements in the language. Words which come through direct borrowing from the mouths of English speakers by persons usually not acquainted with the English language conform immediately and fully to the speech habits of Hindi. They are the popular words and these could be, in the absence of a more suitable term, described as persianised or English tadbhavacs e.g./Hindi/masi+t/ is a **tadbhava** beside/masjid/, /Tayra/for Tawaif/, /T″alluk for Ta-alluk/, etc. wherever the word has been recently borrowed, and has a learned look,

Cit seeks to preserve the original pronunciation. But a word, when it becomes very common it quietly falls in line with the native Hindi pronunciation. That in why we have the pronunciations/ISK/, /Ird-Gird/, /cust/, /Husn/,/Lutf/, /Jild/, /Zulf/, where the consonant clusters are not broken up by the intrusion of a vowel. These may be described as persianised semitatsamas, in Hindi as opposed to/Hukam/Darad/, Garam/, /Gusal/,/Phasal/, in place of /Hukm/, /Dard/, /Garm/, / Ghusl/, /Fasl/etc. So in the case of English borrowings, e.g. words like/Botal/,/Pātlun/,/Gilās/, /lālten/,/Lāt/,/Iskul/,/Jandrāl/,/Karnal/,/Midil/,/Tebul/ are folk borrowings, which are sometimes influnce by similar borrwings form portuguese, e.g. portuguese/Botelha/=English/Bottle/Coronello/=English/Colonel/etc. whereas words like/Chcolate, Economics, Mathematics, Control, Advocate/ etc. are learned words and there is a conscious attempt to preserve the original English pronunciation, and these therefore may be called English **Semi-tatsamas** in the foreign borrowings of Hindi. Of course, the line of demarcation cannot always be clearly marked out.

Another little matter. Why this crusade against the Roman script When you give a long quotation from English it would be a matter of great convenience to give it in English. To transliterate such an English passage into the nagari letters may be 'Nationalistic' and 'Patriotic', but it does not help; and is in not like obliterating Number Plates in motor cards for Nagari letters and Nagari numerals?

But these do not at all take anything away from the intrnsic value of your work. There have been other books in Hindi on Phonetics, and there have been some very good books—the one by Dr. Baburam Saksena, so far as I remember. Then another by Prof. Dr. Golok Bihari Dhall, and in others, and yours in one of the most important and will be also most useful.

Wishing you still greater success in your scientific endeavour in linguistics.

I remain,

Yours very sincerely,

Suniti Kumar Chatterji

परिशिष्ट

अंबाप्रसाद 'सुमन'

1. कृषक जीवन संबंधी ब्रजभाषा शब्दावली-I खंड, हिंदुस्तानी एकेडेमी, इलाहाबाद, सन् 1960।
2. कृषक जीवन संबंधी ब्रजभाषा शब्दावली-II खंड, हिंदुस्तानी एकेडेमी इलाहाबाद, सन् 1961।
3. हिंदी भाषा : अतीत और वर्तमान, विनोद पुस्तक मंदिर, सन् 1965 ई.।
4. हिंदी और उसकी उपभाषाओं का स्वरूप, हिंदी साहित्य सम्मेलन, इलाहाबाद, सन् 1966 ई.।
5. मानस शब्दार्थ तत्त्व, विज्ञानभारती, नई दिल्ली-3, सन् 1971 ई.।
6. रामचरितमानस : वाग्वैभव, विज्ञानभारती, नई दिल्ली-3, सन् 1973 ई.।
7. रामचरितमानस भाषा हस्य, बिहार राष्ट्रभाषा परिषद, पटना, सन् 1974।
8. आचार्य किशोरी दास वाजपेयी, कुसुम प्रकाशन, मुजफ़्फ़रनगर, सन् 1983।
9. भाषा चिंतन, कुसुम प्रकाशन, मुजफ़्फ़रनगर, सन् 1986 ई.।
10. भाषा : शब्द और उसकी संस्कृति, वासंती प्रकाशन, सहारनपुर, सन् 1989 ई.।
11. शब्दब्रह्म की ज्योति, वही, सन् 1990 ई.।
12. मैं और मेरा भाषा चिंतन, वही, सन् 1994 ई.।
13. तुलसीकृत कवितावली पदकोश, वही, सन् 1998 ई.।

सैकड़ों आलेख विभिन्न पत्र-पत्रिकाओं में।

अनिल विद्यालंकार

आधुनिक भाषावैज्ञानिक परिप्रेक्ष्य में, भारतीय भाषा दर्शन, (पीएच. डी. शोध प्रबंध), दिल्ली वि.वि., सन् 1978 ई.।

हिंदी में शब्द, पद और पदबंध, भाषा-विशेषांक, 1973 ई.।

अन्विता अब्बी

Reduplication in Hindi : A generative Semantic Study (Ph.D.) कानेल वि.वि.।

Semantic Grammar & Hindi, बाहरी पब्लि., दिल्ली, 1980।

—Manual of Linguistic.

—Field work & Structures of Indian Languages, 2001।

Reduplicated Adverbs in Hindi, I,L. 38 (3) 1977।

Coordination in Hindi Language forms, वही, 5 (3-4)

Reduplicatie Structure : A Phonomenon of Ling. Area भारतीय भाषा संस्थान मैसूर, 1982।

अमरबहादुर सिंह

अवधी-भोजपुरी भाषा सीमा की बोली (डी.फिलू. शोध प्रबंध) इलाहाबाद, 1960।

हिंदी की स्वन प्रक्रिया का विश्लेषण, नेशनल पब्लि. हाउस, दिल्ली, 1973।

आओ हिंदी सीखें (गुजराती भाषियों के लिए), दकन कालेज, पुणे, 1971।

हिंदी क्रियाएँ, इंडियन सिं.-26, पुणे, 1965।

हिंदी की सहायक क्रियाएँ, वही, पुणे, 1978।

हिंदी में काल, स्थान और यह सर्ग, वहीं, पुणे, 1977।

हिंदी के प्रतिध्वनि शब्द, वही, पुणे, 1969।

विदेशी भाषा के रूप में हिंदी (शिक्षण), भाषा, 1973।

अवधी-भोजपुरी संक्रमण बोली, इंडियन लिं-33(4), 1972।

अशोक केळकर

1. स्टडीज इन हिंदी-उर्दू, पुणे, सन् 1968।
2. त्रिवेणी आलेख प्रकाशन, दिल्ली, सन् 2004।
   (इसमें भाषा परक तीन आलेख हैं—भाषा वैज्ञानिक शोधकार्य की नई दिशाएँ भाषानियोजन, हिंदी उच्चारण-शिक्षण)

भाषा और साहित्य (शैली और शैलीविज्ञान) आगरा, 1976 ई.।

The Scope of Historical Dictionary पुणे, 1973 ई.।

इम्तियाज हसनैन

Trends in Indian Bilingualims, Language Sc. Vol 13 (2) Oxford
New Economic Policy and the fate of Minority Languages (Translation & M.) P. International, Delhi, 1997 ।
Place of Minority Languages in Education, UNESCO Pub., New Delhi, 2001, P. 58-103 ।

उदयनारायण सिंह

मैथिली वाक्य रचना के कुछ पहलू : प्रजनक रूपांतरण (पीएच.डी. शोध प्रबंध), दिल्ली।
मैथिली भाषा की उद्देश्यता श्रेणी, भारतीय भाषा संस्थान, 1982 ई., मैसूर
मैथिली भाषा आंदोलन, भा.भा. संस्थान मैसूर, सन् 1980 ई.।

Translation, Translucence, Transedence (For Dr. Kaul) Papers in Applied Ling-I, 2001
Papers in Applied Ling-II (For Dr. P. Pattanayak)

एच. एस. गिल

संकेतन और संकेत विज्ञान, केंद्रीय हिंदी संस्थान, आगरा, 1990 ई.।
पंजाबी भाषा एटलस (सं.)।
The A. Semiotics & Essays, बाहरी, 1989 ई.।
Meantal Images and pure Forms, बाहरी पब्लि., दिल्ली, 1991 ई.।
Structures of Signification, Vol III, 1993 ई.।

ओंकारनाथ कौल

Language, Style and Discsourse, Bahari pub, Dehli, 1986 ।
Linguistic Studies in Kashmiri, बाहरी पब्लि., दिल्ली, सन् 1977 ।
Kashmiri, A Sociolinguistic Survey, 1983 ।
Punjabi/Urdu Phonetic Reader, 1980 ।
Topics in Hindi Linguistics, Vol. II, 1981 ।
Aspects of Kashmiri Linguistics, 1984 ।

Papers in Applied Linguistics-I, cill Mysore, 2001 (Festsehreft for O.N. Koul)

कमल सिंह

गोरखनाथ की भाषा का अध्ययन, मुजफ़्फ़रनगर, 1984 ई.।

गोरखनाथ : हिंदी के प्रथम कवि, कुसुम प्रकाशन, मुजफ़्फ़रनगर, सन् 1998 ई.

भाषा-विवेचन, कुसुम प्रकाशन, मुजफ़्फ़रनगर, सन् 2004।

संपर्क भाषा हिंदी (कैलाशचंद्र भाटिया अभि. ग्रंथ) 1987।

कवितावली पद कोश (डॉ. सुमन)।

डॉ. अम्बाप्रसाद सुमन के अनेक ग्रंथों के संपादन।

कालपरक हिंदी शब्दकोश (कोश विज्ञान : सिद्धांत और प्रयोग), वाराणसी, सन् 1989 ई.।

कालीचरन बहल

हिंदी का संदर्भ व्याकरण।

(A Reference Grammar of Hindi), University of Chicago, 1967।

Studies in the semantic Structure of Hindi-I Motilal Banarasidas Delhi, 1974। वही, Vol. II, 1979।

हिंदी क्रिया के स्थानांतरणीय विश्लेषण (Transformational) (पीएच.डी. शोध), पंजाब वि.वि., 1968।

Some Aspects of Complexti of karva conjunct verbs in Hindi Mouton 1978।

आधुनिक राजस्थानी व्याकरण, जोधपुर।

हिंदी भाषी प्रदेश में प्रेरणार्थक क्रियाएँ, शिकागो वि.वि., 1967।

हिंदी समापिका क्रिया रूपों का अर्थ तात्त्विक विवेचन, भाषा, 1973, नई दिल्ली।

कोरवा की शब्दावली, शिकागो विश्वविद्यालय, सन् 1962 ई.

अमेरिका में हिंदी भाषा-शिक्षण सामग्री की वस्तुस्थिति।

कृपाशंकर सिंह

भोजपुरी का संरचनात्मक विश्लेषण, (पीएच.डी. शोध प्रबंध), दिल्ली, सन् 1970।

भाषा विज्ञान और भोजपुरी, आदर्श साहित्य प्रकाशन, दिल्ली, 1973।

हिंदी उर्दू भाषा विज्ञान, नेशनल पब्लि. हाउस, दिल्ली, सन् 1978।

आधुनिक भाषा विज्ञान, वही, सन् 1957।

भोजपुरी की श्रेणीबद्ध रूपरेखा, आई.एल. 33(1), सन् 1972।
भोजपुरी की एक व्यक्ति बोली, खंडीय स्वर, भाषा-8(4), 1969 ई.।
भोजपुरी रूप स्वन प्रक्रिया, आई.एस.-34(2), सन् 1963।
हिंदी की आक्षरिक संरचना, भाषा-19(1), सन् 1979।
हिंदी में संहिता, भाषा-1973 ई.।

कृष्णकुमार गोस्वामी

शैक्षिक व्याकरण और व्यावहारिक हिंदी, आलेख प्र., दिल्ली, सन् 1981।
शैलीविज्ञान और रामचंद्र शुक्ल की भाषा, अभिव्यक्ति प्रकाशन, दिल्ली (शोध प्रबंध, प्रथम प्रकाशन, मेरठ 1971), सन् 1996।
सं. भारतीय आत्मा माखनलाल चतुर्वेदी, हैदराबाद, सन्, 992।

हिंदी की सामाजिक शैलियाँ, भाषा–1973 ई.।
हिंदी की अनुलेखन पद्धति, भाषा–1973 ई.।
परंपरागत व्याकरण और स्वरूप, हैदराबाद, सन् 1979 ई.।
आधुनिकीकरण की प्रक्रिया में हिंदी, गवेषणा-41, आगरा, (सन् 1983)।

कैलाशचंद्र अग्रवाल

शेखावटी बोली (पीएच.डी.) लखनऊ वि.वि., 1964 ई.।
राजस्थानी क्रियाओं में क्रिया संरचना (डी.लिट्.), 1971 ई.।
उ.प्र. भाषा एटलस, आगरा विश्वविद्यालय, आगरा 1994 ई.।
हिंदी उपवाक्य, भारतीय साहित्य (14/1-2), आगरा, 1969 ई.।
रूप संरचना प्रणाली, वही (13/51-2), 1970 ई.।
अवधी का विकास
चंदायन की भाषा
मधुमालती : एक भाषा विश्लेषण
प्रद्युम्न चरित की भाषा
रामचंद्रिका की भाषा
मध्यकालीन हिंदी भाषा, आगरा वि.वि., 1989

राजस्थानी में सहायक क्रियाएँ, गवेषणा-29-30 (1977), आगरा।

हिंदी पदबंध (परसर्ग) संरचना, भाषा, 1973।
जयपुरी में सहायक क्रिया, भारतीय साहित्य, 1963।

गुरुप्रसाद श्रीवास्तव

बैसवाड़ी रूप प्रक्रिया और रूप स्वनिमिकी (पीएच.डी. शोध प्रबंध), रविशंकर विश्वविद्यालय रायपुर, 1963 ई.।
हिंदी पर अंग्रेजी का प्रभाव (डी.लिट्. शोध प्रबंध) रविशंकर विश्वविद्यालय, रायपुर।

बैसवाड़ी के संज्ञा रूपों का गठन, भाषा-9(3), सन् 1970।
अवधी में प्रतिबंधित रचना, साइकोलिंग्वा-1(1), सन् 1971।
नागर्ची स्वन प्रक्रिया, मध्य भारती-1, सन् 1962-64।
रायपुर की बहेलिया बोली, रायपुर वि.वि. रिसर्च रिपोर्ट, सन् 1968।
बहेलिया सर्वनामों पर टिप्पणी, आई.एल.-35(3), सन् 1974।

(पी.) गोपाल शर्मा

सामाजिक विज्ञानों की पारिभाषिक शब्दावली का समीक्षात्मक अध्ययन, एस. चाँद एंड कंपनी, नई दिल्ली (पीएच.डी. का शोध प्रबंध), सन् 1968।
हिंदी की भूमिकाएँ, पुस्तकायन, नई दिल्ली-2, सन् 1989 ई.।

On some Common Words of Hindi & major Dravidian Languages, गवेषणा-51-52, आगरा, सन् 1988।
भाषा अध्यापन की पद्धति का क्रमिक विकास, गवेषणा-8, आगरा।
जनतंत्र में भाषा-योजना, गवेषणा-31 (1978), आगरा।

चंद्रभान रावत

मथुरा जिले की बोली (शोध प्रबंध) हिंदुस्तानी एकेडेमी, इलाहाबाद, सन् 1967 ई.।
हिंदी भाषा : विकास और विश्लेषण, आगरा, 1969 ई.।

उकार बहुल, प्रकृति की परंपरा ब्रज की बोली, भारतीय साहित्य 1 (4) 1956।
ब्रज और ब्रजभाषा तथा उसकी सीमाएँ, भारतीय साहित्य 4(2)
मथुरा जिले का बोली भूगोल, भारतीय साहित्य 3(4), सन् 1958 ई.।

वही, भारतीय साहित्य 4-3 1959।

हिंदी के सर्वनामों का रूपमिक विश्लेषण, तिरुपति वि.वि. 8(1-2), सन् 1965।

चतुर्भुज सहाय

'हिंदी क्रिया' पर विशेष कार्य : 'हिंदी की क्रियाएँ', हिंदी संस्थान, आगरा, सन् 1968।

आधुनिक भाषा-विज्ञान (डॉ. कृपाशंकर सिंह के साथ), नेशनल पब्लि. हाउस, 1977 ई.।

स्वनविज्ञान (उच्चारणिक स्वनविज्ञान), कुमार प्रकाशन, वैशाली, 1987 ई.।

भोजपुरी में नासिक्य ध्वनियाँ (डिप्लोमा शोध प्रबंध), आगरा, 1967 ई.।

हिंदी क्रियाएँ गवेषणा-3 व 4, आगरा।

हिंदी क्रिया की काल रचना, गवेषणा-4, आगरा।

हिंदी में पूरक उपवाक्य, गवेषणा-20, आगरा।

हिंदी में नकारात्मक निपात, गवेषणा-9 व 10, आगरा।

भाषा वर्णन की विविध प्रविधियाँ, गवेषणा-24, आगरा।

हिंदी के विशेषण उपवाक्य, गवेषणा-26, आगरा।

हिंदी में कर्म वाच्य, गवेषणा-27, आगरा।

हिंदी की तथाकथित प्रथम प्रेरणार्थक क्रियाएँ गवेषणा-36, आगरा, (1980)।

हिंदी की परसर्गीय व्यवस्था, गवेषणा-38 (1981), आगरा।

हिंदी में अनुतान, गवेषणा-40 (1982), आगरा।

समुच्चबोधक 'और'-1, गवेषणा-42 (1983), आगरा।

समुच्चबोधक 'और'-3, गवेषणा-43 (1984), आगरा।

चित्तरंजन कर

हिंदी परसर्ग (शोध ग्रंथ), रविशंकर वि.वि., रायपुर।

हिंदी का नवीनतम बीज व्याकरण (डॉ. महरोत्रा के साथ), पहचान प्रकाशन, रायपुर, 1986 ई.।

नाम विज्ञान, विवेक प्रकाशन, रायपुर, सन् 1982।

हिंदी परसर्गों का प्रकार्यात्मक विश्लेषण, गवेषणा-48 (1986 ई.)।

जगदेव सिंह

बांगरू (हरियाणवी) का वर्णनात्मक व्याकरण (पीएच.डी. शोध), पेंसिलवेनिया, 1959 ई.।

वही, कुरुक्षेत्र विश्वविद्यालय, 1970 ई.।

हिंदी में क्रियापद, गवेषणा, 3(6), 1965, आगरा।

हिंदी में क्रियारूप, इंडियन लि. पुणे-32(2), 1971 ई.।

हिंदी में रूपिम निर्धारण, भाषा, 1973 ई.।

हिंदी व्याकरणिक वर्गों का निरूपण, इंडियन लि. पुणे, 1973।

हिंदी में सहायक क्रियाएँ, पुणे, 1978।

हिंदी में विध्यर्थक निर्माण, पुणे 1978।

हिंदी-बांगरू तथा पंजाबी में सहायक क्रियाएँ, हरियाणा, 1976 ई.।

संस्कृत और हरियाणवी, कुरुक्षेत्र वि.वि. जर्नल, 1972 ई.।

(वी.रा.) जगन्नाथन

हिंदी की आधारभूत शब्दावली, केंद्रीय हिंदी संस्थान, आगरा।

हिंदी तथा तमिल की समान स्रोतीय भिन्न शब्दावली।

गहन हिंदी शिक्षण, आक्सफर्ड, नई दिल्ली-2।

प्रयोग और प्रयोग–वही।

नूतन हिंदी व्याकरण–रा.शै. अनु. परिषद्, नई दिल्ली-16।

स्वयं हिंदी सीखें : जनेपा पब्लिशिंग हाउस, नई दिल्ली।

छात्र कोश, वही।

विशेष : हिंदी परसर्ग, गवेषणा-13, आगरा।

वर्ष 2005 का शारदाचरण मित्र सम्मान।

(पी.) जयरामन

भारती और निराला का काव्य (शोध प्रबंध), सागर विश्वविद्यालय, 1964।

प्रकाशित–हिंदी, साहित्य भंडार, लखनऊ, सन् 1966।

Course in Hindi, वाणी प्रकाशन, नई दिल्ली-2।

–पारिभाषिक शब्द : हिंदी और तमिल के स्रोत, भाषा-5(4) सन् 1966।

–तमिलनाडु में हिंदी, भाषा-विश्व हिंदी सम्मेलन अंक, सन् 1975 ई.।

ज्योत्स्नामयी

Causatives in Hindi (Ph.D.) दिल्ली विश्वविद्यालय, 1984।

Phonology of Hindi Causatives, गवेषणा-49-50 (1987)।

Reflective in Compound Causatives, गवेषणा-48 (1985)।

Final Adverbial Hindi Causative in Hindi, गवेषणा-51-52 (1988), आगरा।

ज्ञानशंकर पांडेय

अवधी में क्रिया संयुक्तता (पीएच.डी. शोध प्रबंध), लखनऊ वि.वि., लखनऊ, सन् 1986।

हिंदी में संयुक्त क्रिया, भाषा (8/2), सन् 1969।

हिंदी की 'बनना' क्रिया, भाषा (8/3), सन् 1969।

हिंदी की संधि व्यवस्था, भाषा (11/4), सन् 1972।

अवधी भाषा की उत्पत्ति और विकास, हिंदुस्तानी 27 (3-4), सन् 1966 ई.।

ठाकुरदास

भारतीय आर्यभाषा में पूर्वी हिंदी-बिहारी की बोलियों का स्थान (पीएच.डी. शोध प्रबंध), दिल्ली (वि.वि.)।

कार्यालयीन हिंदी, आक्सफर्ड, सन् 1976।

हिंदी की ध्वनि विज्ञान संगोष्ठी, गवेषणा, सन् 1972।

आधुनिक आर्यभाषा हिंदी तथा उसकी बोलियाँ, भाषा, 1973 ई.।

भाषा दोष—द्वितीय भाषा अनुशिक्षण, Ling. 2(1), 1976 ई.।

भाषा प्रयुक्ति की संकल्पना, भाषा, विश्व हिंदी अंक, 1975 ई.।

तेजकृष्ण भाटिया

Notes on Negation in Hindi

रत्नाकर की भाषा का भाषाशास्त्रीय अध्ययन (शोध प्रबंध), 1967।

हिंदी में अनुनासिकता, 1975 गवेषणा-12(23)।

The treatment of Transitivity in Hindi Grammationl Tradition स्टडीज इन द लिं. साइंसेज 4(2), 1981।

Transplanted South Asian Languages, वही 4(2), 1981।

Trinidad Hindi वही ,,(2), 1981।

द्वितीय भाषा अधिग्रहण, अनुसंधान और प्राचीनतम हिंदी, भारतीय भाषा संस्थान, मैसूर, 1982।

Negation through questions in modern Hindi Language Sc. 5(2), 1975।

The Oldest Grammar and Hindustani (with...... Tokyo, 2008 ई.।

Advertising and Marketing 3 voll. Rural India, 2007 ई.।

Oldest Grammar of Hindustani, I II, Tokiyo, 2008 ई.।

On the Scope of Negetive in Hindi, Stndico in Ling Sc. 3(2), 1973

हिंदी के कुछ अभिनव शिक्षण व्याकरण, 1974।

हिंदी-उर्दू निजवाचीकरण, शिक्षण व्याकरण 38(1), 1977।

दयानंद श्रीवास्तव

प्रारंभिक हिंदी गद्य का ऐतिहासिक वाक्य विन्यास (पीएच.डी. शोध प्रबंध) अणिमा प्रकाशन, कलकत्ता, सन् 1970।

प्रारंभिक हिंदी गद्य में सहवाचक करण कारक, I, L-19, सन् 1958।

वही ,, संबंधकारक, वही, ,, IL-17, 1955।

दिलीप सिंह

सामाजिक स्वर-भेद और भाषा स्वर-भेद (पीएच.डी. शोध, दिल्ली वि.वि)।

व्यावसायिक हिंदी, दक्षिण भारत हिंदी प्रचार सभा, हैदराबाद, सन् 1983।

अनुवाद : अवधारणा और अनुप्रयोग, हैदारबाद, सन् 1986।

अनुवाद : नई पीठिका, नए संदर्भ, चेन्नई, सन् 2006।

भारतीय-भाषा पत्रकारिता (सं.) हैदराबाद, सन् 2000 ई.।

डॉ. रवींद्रनाथ श्रीवास्तव के ग्रंथ (सं.) हिंदी भाषा का समाजशास्त्र, राधाकृष्ण प्रकाशन, दिल्ली।

हिंदी भाषा-चिंतन, वाणी प्रकाशन, नई दिल्ली।

भाषा और हमारी धारणा, स्वतंत्र वार्ता, हैदराबाद, 23.5.2004।

भाषा सिद्धांत नहीं, व्यवहार है, वही, दिनांक 30.5.2004।

भाषा का संबंध व्यक्ति से भी तो है, वही, जून, 2004।
भाषा संप्रेषण भी है, वही, दिनांक 13.6.2004।
भाषा सर्जनात्मक भी है, वही, दिनांक 20.6.2004।
(यही सीरीज दिनांक 17.10.2004 तक चली, क्रमांक 1-22 तक)
—भाषा का संसार
—पाठ-विश्लेषण
—भाषा साहित्य और संस्कृति शिक्षण

देवीदत्त शर्मा

1. A Syllabic Structure of Hindi and Punjabi, 1973 ई.।
2. मध्य-पूर्व पहाड़ी भाषा के स्वनिमिकी का अध्ययन (डी.लिट्.)।
3. भारत की संपर्क भाषा, आर्य बुक डिपो, मधोक (कृष्ण के साथ), नई दिल्ली, सन् 1979।
4. The Formation of Kumauni Language, बाहरी पब्लि., 1987।
5. भाषिकी एवं संस्कृत भाषा, हरियाणा साहित्य अकादमी, चंडीगढ़।

---

1. मध्य हिमालय में संस्कृत के अवशेष—गवेषणा-44 (1984)।
2. List of linguistic Behaviour in Laddakhi गवेषणा-45 (1985)।
3. कुमाऊँनी में नकारात्मक क्रिया संरचना, पंजाबी यूनिवर्सिटी पटियाला, सन् 1971।
4. कुमाऊँनी भाषा भूगोल, आई.आई.ए.एस. शिमला, 1971 ई.।
5. कुमाऊँनी में आघात, विश्व., होशियारपुर, 5(2), 1967 ई.।
6. कुमाऊँनी में अनुतान, वही, 10(1-2), 1973 ई.।
7. कुमाऊँनी संहिता : एक संरचनात्मक संकेत, I & D L-10(1), 1981 ई.।
8. दक्खिनी हिंदुस्तानी और मध्य पहाड़ी, पंजाबी यूनि., पटियाला, सन् 1971।
9. पट्टनी की अक्षर संरचना, I. L. 38(3), सन् 1977।
10. दरदी पहाड़ी में संबंधकारक, पंजाब वि.वि. जर्नल 2(1), सन् 1971।
11. केंद्रीय पहाड़ी, पंजाब यूनि., 1980।
12. मध्य पहाड़ी में स्वर दीर्घता, पुणे, सन् 1978।

देवीप्रसन्न पटनायक

उड़िया, असमिया, बंगाली, हिंदी की नियंत्रित ऐतिहासिक पुनर्रचना

(पीएच.डी. शोध प्रबंध), कार्नेल, 1961।
शिक्षा संदर्भ और भाषा, कें. हिंदी संस्थान, आगरा, 1988-89।
Multilingualism and Mother Tongue (बहुभाषिकता और मातृभाषा शिक्षण), Oxford, 1981।
कुमाऊँनी व्याकरण (एम.एल. आप्टे के साथ) ड्यूक वि.वि., 1964।
उच्चतर हिंदी पाठमाला, दकन कालेज, पटना, सन् 1968।
गहन हिंदी पाठ्यक्रम अभ्यास, पुणे, सन् 1968।
हिंदी सेतु पाठ्यक्रम, भारतीय भाषा संस्थान, मैसूर, 1977।

हिंदी के अधीन दूसरी मातृभाषाओं का वर्गीकरण-टिप्पणी, 1972।
हिंदी : मातृभाषा/द्वितीय भाषा, भा.भाषा संस्थान, मैसूर।
प्रौढ़ शिक्षार्थियों के लिए लिपि-शिक्षण, गवेषणा-5, 1967, आगरा।
Tribal Languags in Education, Unesco Publ., 2001।

देवीशंकर द्विवेदी

बैसवाड़ी शब्द सामर्थ्य (शोध प्रबंध), बिहार राष्ट्रभाषा परिषद्, पटना, सन् 1969 ई.।
भाषा और भाषिकी, लक्ष्मीनारायण अग्रवाल, आगरा, सन् 1964 ई.।
द्वितीय संस्करण-1974, प्रशांत प्रकाशन।
तृतीय संस्करण-1993, राधाकृष्ण प्रकाशन, नई दिल्ली।
देवनागरी, प्रशांत प्रकाशन, सन् 1990 ई.।
हिंदी की प्रमुख बोलियाँ (सं.), हरियाणा साहित्य अकादमी।

1. विचार, भाषा और अभ्यास, सन् 1958, युग चेतना।
2. Korku Pronouns, मध्य भारती, सागर, 1962-64 ई.।
3. भाषा सर्वेक्षण तथा समच्छवियों के प्रकार, परिषद् पत्रिका, पटना, 1968 तथा 1969।
4. बैसवाड़ी के क्रियागत निष्पादक प्रत्यय, वही, जुलाई, 1969।
5. भाषायी आदान, भारतीय साहित्य, सन् 1971।
6. आप और अपना, भाषा, सन् 1973।
7. On Defining the Scope of Nagation कुरुक्षेत्र, 1978 ई.।
8. संरचनात्मक भाषा-विज्ञान और भाषा-शिक्षण (अनुप्रयुक्त भाषा-विज्ञान) 1980 ई.।

9. हिंदी और उर्दू, अलीगढ़, सन् 1989।
10. Linguistics at Crossroads Again, लखनऊ, 1995 ई.।

परमानंद पांचाल

दक्खिनी हिंदी के कवियों की पारिभाषिक शब्दावली (पीएच.डी. शोध प्रबंध), मेरठ, सन् 1975।

दक्खिनी हिंदी : विकास और इतिहास, अलंकार प्रकाशन, दिल्ली, सन् 1978 ई.।

हिंदी भाषा : भाषा, राजभाषा और लिपि, हिंदी बुक सेंटर, नई दिल्ली, सन् 2001।

मिनिकॉय द्वीप की भाषा 'महल'।

बदरीनाथ कपूर

1. हिंदी पर्यायों का भाषागत अध्ययन (पी-एच.डी. शोध), पंजाब, 1963। प्रकाशित–हिंदी साहित्य सम्मेलन, इलाहाबाद, सन् 1964।
2. आजकल की हिंदी, शब्दलोक प्रकाशन, वाराणसी, 1966।
3. हिंदी अक्षरी, शब्दलोक प्रकाशन, सन् 1969।
4. वैज्ञानिक परिभाषा कोश, शब्दलोक, वाराणसी, 1965।
5. आधारभूत हिंदी : मीनाक्षी प्रकाशन, मेरठ, 1978।
6. वही, अंग्रेजी माध्यम, हिंदी प्रचारक, वाराणसी, 1965।
7. शब्द परिवार कोश, रचना प्रकाशन, इलाहाबाद, 1968।
8. मानक हिंदी कोश (पाँच भाग में) हिंदी साहित्य सम्मेलन, सन् 1962-66।
9. मीनाक्षी हिंदी-अंग्रेजी शब्दकोश, मीनाक्षी प्रकाशन, मेरठ, सन् 1980।
10. हिंदी-अंग्रेजी कोश, व अन्य कोश, प्रभात प्रकाशन, नई दिल्ली-2।

'जाना' की अर्थ संपदा, भाषा-2(4), सन् 1963।

बलवीर प्रकाश गुप्त

हिंदी में समरूपीय संघर्ष–हिंदी शब्दावली (एम.ए. शोध प्रबंध), आगरा, 1962।

Some Aspects of Subject and Theme in Hindi (Ph.D.) कार्नेल वि. (Cornell University), 1974 ई.।

हिंदी में समरूपी शब्दावली, भारतीय साहित्य 9(1), सन् 1963।

कारक व्याकरण–सामान्य परिचय, गवेषणा-39 (1982), आगरा।

हिंदी में लिंग अन्विति की समस्या, 1.L-26, सन् 1965।

बालगोविंद मिश्र

Historical Phonology Modern Standard Hindi (Ph.D. शोध प्रबंध), कार्नेल सं.रा.अमे., 1967। (केंद्रीय हिंदी संस्थान, आगरा के निदेशक)

हिंदी क्षेत्र में भाषा आंदोलन, भारतीय भाषा संस्थान, मैसूर, 1979 ई.।
द्विभाषिकता का अध्ययन (दक्षिण भारत के संदर्भ में), वही, 1976 ई.।
हिमाचल प्रदेश में भाषा का प्रयोग, वही, सन् 1980 ई.।

ब्रजवासी लाल श्रीवास्तव

हिंदी वाक्य रचना (डी.लिट्. शोध प्रबंध)

हिंदी वाक्य रचना—हिंदी साहित्य का बृहद् इतिहास—खंड-2 (हिंदी भाषा)।
पदक्रम तथा हिंदी पद—भारतीय साहित्य, वर्ष 6, अंक 2, अप्रैल 1961।

ब्लादिमीर मिल्तनेर

प्रारंभिक हिंदी की स्वन प्रक्रिया/वाक्य विन्यास, प्राह।
हिंदी वाक्य संरचना (Hindi Sentence Structure), 1965।
हिंदी अनुवाद, भाषा, 1973 ई.।
हिंदी वाक्य विन्यास के सिद्धांत : वर्णनात्मक, प्रजनक रूपांतरणपरक, हेग, सन् 1970।
प्रारंभिक हिंदी की रूपप्रक्रिया और वाक्य विन्यास, प्राह, 1966।

बिहारी सतसई में प्राचीन ब्रज रूपप्रक्रिया, आर्काइव ओरियंतालनी-30, 1962 ई.।
सतसई में अरबी-फारसी-तुर्की भाषाओं के शब्द, वही 29, सन् 1961ई.।
हिंदी और नव आर्य भाषाओं की साधक रचना, 45, सन् 1973 ई.।
हिंदी के वाक्यों के भागों का वितरण, वाप्रोसी-12(3), 1963 ई.।
हिंदी में वाक्य संबंधी प्रकार्यों में परिवर्तन (तुलसी) IAOS 83, 1963।
हिंदी सिंटेगमाओं में द्विरूपक संबंध, भारतीय विद्या 23 अन्य भी 10(1) तथा 25, 24, 1963।
हिंदी तथा भारतीय आर्यभाषाओं की संरचना, भाषा—1975।
तुलसीदास : हिंदी वाक्य रचना, मुंशीराम मनोहरलाल 1967।

भगवानदीन मिश्र

बाँदा जिले का बोली-भूगोल (शोध प्रबंध), लखनऊ विश्वविद्यालय, सन् 1966-67।

बौद्ध धर्म का भाषाई प्रदेय, दूर्वादल 22-26।

बाँदा जिले की बोली के निपातीय प्रयोग, भाषा-11(3), 1972 ई.।

बोली मानचित्र के निपातीय प्रयोग, भाषा, 1974 ई. (प्रकाशन सन् 1978)।

मंजरी ओहाला

Topics in Hindi-Urdu phonology, California, 1972।

(हिंदी-उर्दू स्वन प्रक्रिया) पीएच.डी. शोध प्रबंध

The Abstractness Controversy Experimental input from Hindi Languges (1974)।

The Sehwa Deletion in Hindi, University of California

Scress in Hindi, 1977।

Phonological features of Hindi stops, SALA (जनवरी, 1960), 1979।

अमूर्तता संबंधी वाद-विवाद, भाषा-50(2), 1974 (इंडियाना विश्वविद्यालय 1973)।

The Treatment of Phonological Variation, लिंग्वा-42(2-3), 1977।

हिंदी स्वन विज्ञान में महाप्राणत्व, भाषा–1973।

Conflicting Expectations for the Direction of sound change, I.L-39(1-4), 1978।

हिंदी में नासिक्य और अनुनासिक, 1973, लैब्रोटरी–1976।

हिंदी ध्वनि विज्ञान में महाप्राण की समस्या, टोकियो वि.वि. 6, 1972 ई.।

मसूद हुसैन खाँ

1. A Phonetic and Phonological Study of word in Urdu (शोध प्रबंध, पैरिस)
2. किस्सए मेह्र अफ्रोज़ व दिलबर (सं.), उस्मानिया विश्वविद्यालय, हैदराबाद, सन् 1966।
3. दकनी डिक्शनरी, हैदराबाद, सन् 1965-66।

4. मुक़दमे-तारीख-जबाने उर्दू (उर्दू भाषा के इतिहास की भूमिका)।

—पंद्रहवीं और सोलहवीं शताब्दी की हिंदी भाषागत विशेषताएँ (उर्दू लिपि में प्राप्त सामग्री) भारतीय साहित्य, 13(1-2), सन् 1968।

महावीर सरन जैन

बुलंदशहर और खुर्जा तहसील का समकालिक अध्ययन (पी-एच.डी.), 1962।
परिनिष्ठित हिंदी का वर्णनात्मक विश्लेषण (डी.लिट्.), जबलपुर 1967।
परिनिष्ठित हिंदी का ध्वनिग्रामिक व रूपग्रामिक अध्ययन, लोकभारती प्रकाशन, इलाहाबाद, सन् 1974।

हिंदी संज्ञा, भाषा, नई दिल्ली, सन् 1973।
अन्य भाषा शिक्षण तथा ध्वनि विज्ञान, गवेषणा-9-10, आगरा।
हिंदी में रूपग्रमिक विश्लेषण की कुछ समस्याएँ, गवेषणा-31, (1978)।
हिंदी की उपवाक्य संरचना, मैसूर अकादमी जर्नल, 29/1, सन् 1974।
अन्य भाषा के रूप में हिंदी का शिक्षण, भाषा, 14 (3-4), 1975 ई.।
ब्रजभाषा एवं खड़ी बोली के क्षेत्र, भारतीय साहित्य 8(3), सन् 1963 ई.।

महेंद्र

कबीर की भाषा (पी-एच.डी. शोध प्रबंध), दिल्ली वि.वि., दिल्ली, सन् 1966।
डॉ. रवीन्द्रनाथ श्रीवास्तव के ग्रंथों का सह संपादन।

हिंदी संज्ञा पदबंध, भाषा, 1973 ई.।

माता प्रसाद गुप्त

(तुलसीदास तथा सूरदास के साहित्य का संपादन)

1. मध्यकालीन हिंदी भाषा—अवधी तथा ब्रज, क.मुं. हिंदी तथा भाषा-विज्ञान विद्यापीठ, आगरा वि.वि., सन् 1969 ई.।
2. वसंत-विलास और उसकी भाषा, आगरा वि.वि., सन् 1966।
3. राउलवेल और उसकी भाषा, मित्र प्रकाशन, इलाहाबाद, सन् 1962।
4. चंदायन, आगरा वि.वि., आगरा, 1958 ई.।
5. कुतुब शतक और हिंदुई (भाषाशास्त्रीय अध्ययन)।
6. तुलनात्मक भाषा-विज्ञान (फ़ार्तुनातोव), आगरा वि.वि., आगरा, सन् 1966। (निदेशक की प्रस्तावना)

माताबदल जायसवाल

कबीर की भाषा (शोध प्रबंध डी. फिल.), कैलाश ब्रादर्स, इलाहाबाद, सन् 1965।
मानक हिंदी का ऐतिहासिक व्याकरण (डी.लिट्. शोध प्रबंध), महामति प्रकाशन, इलाहाबाद, सन् 1979।

हिंदी नाम की व्युत्पत्ति, यूनि. जर्नल इलाहाबाद-9, सन् 1952।

मुरलीधर श्रीवास्तव

हिंदी के यूरोपीय विद्वान : व्यक्तित्व और कृतित्व (शोध ग्रंथ) बिहार हिंदी ग्रंथ अकादमी, पटना, सन् 1973।
हिंदी तद्भव शास्त्र, कलाकार प्रकाशन, सन् 1961।
एलीमेंट्स ऑफ हिंदी ग्रामर, पटना, सन् 1969।
हिंदी धातुकोश, शब्दलोक वाराणसी, सन् 1969।
(शब्द ब्रह्म के उपासक आचार्य रामचंद्र वर्मा की पुण्य स्मृति में)

हिंदी की महाव्याकरण पर लेखन कार्य चल रहा था कि उनका महाप्रयाण हो गया।

मुरारीलाल उप्रैति

हिंदी में प्रत्यय विचार (पीएच.डी. शोध प्रबंध)।
कुमाऊँनी संरचना।
भाषा सर्वेक्षण : सिद्धांत और व्यवहार, बिहार राष्ट्रभाषा परिषद्, पटना, सन् 1999।.

हिंदी अनुतान, गवेषणा-9-10, आगरा।
भाषा का विकास, आगरा वि.वि., 1969।

यमुना काचरू

A Transformational Treatment of Hindi Verbal Syntax (Ph.D. Thesis), Londan, 1965।
An Introduction to Hindi Syntax, Illinois University, 1966।
हिंदी व्याकरण के पक्ष, मनोहर, दिल्ली, 1980 ई.।
The Syntax, Papers in Linguistics, 1970।

Predicate Complement Construction in Hindi, Illinois University.
Nominal Complement Construction in Hindi, गवेषणा-9-10, आगरा।
The Copula in Hindi, Formation of Languages Holland, 1968।
समकालीन भाषा-वैज्ञानिक मॉडल और हिंदी (ब्रज काचरू के साथ), Am. Institute, दिल्ली, 1968।
हिंदी रूपांतरण व्याकरण के कुछ प्रकरण, केंद्रीय हिंदी संस्थान, आगरा, 1973 ई.।
हिंदी में संबंधवाचक उपवाक्य रचना, भाषा–1973।

रमानाथ शर्मा

द अष्टाध्यायी ऑव पाणिनि, खंड-1, मुंशीराम मनोहरलाल, दिल्ली।
द अष्टाध्यायी ऑव पाणिनि, खंड-2, मुंशीराम मनोहरलाल, दिल्ली।
पाणिनि और उसकी अष्टाध्यायी (भाषाशास्त्र के सूत्रधार–डॉ. रवींद्र श्रीवास्तव), नेशनल, नई दिल्ली, 1989 ई.।

रमानाथ सहाय

हिंदी क्रिया रूपों का वर्णनात्मक एवं ऐतिहासिक अध्ययन (डी.लिट्. शोध प्रबंध) आगरा, 1968।
हिंदी की काल व्यवस्था : कें. हि. संस्थान, आगरा, 1992।
संप्रेषणपरक व्याकरण : प्रकृति और स्वरूप, कें. हि. संस्थान, आगरा, 1987 ई.।
हिंदी शब्दकोश : अंत्याक्षर, तुकांत व समाक्षरी, 1987 ई., प्रभात प्रकाशन, नई दिल्ली-2, वर्ष 2004।

हिंदी क्रिया धातुओं की ऐतिहासिक पृष्ठभूमि, भारतीय साहित्य 13(3-4), 1968।
अन्य भाषा शिक्षण में टेग्मेमिक्स की उपयोगिता, गवेषणा-9-10।
हिंदी में काल, वृत्ति और पक्ष, गवेषणा-31 (1978), आगरा।

रमेशचंद्र महरोत्रा

हिंदी का स्वन विज्ञान (पीएच.डी. शोध प्रबंध), सागर, 1963।
हिंदी ध्वनिकी और ध्वनिमी, मुंशीराम मनोहरलाल, दिल्ली, सन् 1970।
वही, बौद्धिक प्रकाशन, सन् 1980।
Hindi Phonology, भाषिका प्रकाशन, रायपुर, 1981 ई.।

Distance amang-22 dialects of Hindi, भाषिका प्रकाशन, रायपुर, 1981 ई.।
हिंदी का नवीनतम बीज व्याकरण, पहचान प्रकाशन, रायपुर, 1986
भाषैसणा, रायपुर, सन् 1968।
हिंदी में अशुद्धियाँ, मीनाक्षी प्रकाशन, मेरठ, सन् 1982।
मानक हिंदी के शुद्ध प्रयोग भाग एक से चार, वही, सन् 2001।

Hindi Syllabic structure, I L-26, 1959।
हिंदी स्वनिम, वही-25 (1964)।
हिंदी के स्वरों और व्यंजनों का स्वर लोप, मध्य भारती 16(14-16), 1965-67।
हिंदी की सहायक क्रिया की काल रचना, भाषा भारती (11), 1971।
हिंदी में गुरुता और लघुता, भाषा 8(2), 1968।
हिंदी बलाघात और सुर लहर, राजर्षि अभि. ग्रंथ, 1960।
उच्चारण और वर्तनी का संबंध, भाषा 3(1), सन् 1963।
हिंदी-संस्कृत में अनुस्वार और नासिक्य व्यंजन, मध्यभारती-2, सन् 1959।
छत्तीसगढ़ के कितने रूप? नवभारत, 8 दिसंबर, 1974 ई.।
(बाद में 'छत्तीसगढ़ी कोश' का संपादन)

(एन.वी.) राजगोपालन

हिंदी का भाषावैज्ञानिक व्याकरण, केंद्रीय हिंदी संस्थान, आगरा।
भारतीय भाषाओं का भाषाशास्त्रीय अध्ययन, विनोद पुस्तक मंदिर, आगरा, सन् 1965।

A Transformational Approach to Hindi syntax गवेषणा-16, आगरा।
भाषा-शिक्षण तथा भाषा-विज्ञान, गवेषणा-9-10, आगरा।
Some Structural Peculiarities of Hindi syntax, गवेषणा-17, आगरा।
हिंदी के पदबंधात्मक शब्द रूप गवेषणा-13, आगरा।

राजमल बोरा

भाषा : अर्थ और संवेदना, औरंगाबाद, सन् 1977।
अर्थानुशासन, सन् 1985।
भारत की प्राचीन भाषाएँ, दिल्ली विश्वविद्यालय, दिल्ली, 1999 ई.
ऐतिहासिक भाषा-विज्ञान, दिल्ली विश्वविद्यालय दिल्ली, सन् 1998 ई.।

भारत की भाषाएँ, वाणी प्रकाशन, नई दिल्ली-2, 1995 ई.।
भारत के भाषा परिवार, आलेख प्रकाशन, दिल्ली-32, सन् 2004।
ऐतिहासिक भाषा-विज्ञान और हिंदी भाषा (डॉ. रामविलास शर्मा), राजकमल प्रकाशन, 2003।
नामों का भाषा-विज्ञान, राजपाल एंड संस, दिल्ली-6, सन् 1993 ई.।
भाषा-विज्ञान (स्वरूप, सिद्धांत और अनुप्रयोग), नई दिल्ली-2, सन् 2000।

अन्य शोधपरक आलेख

पैशाची भाषा, समकालीन भारतीय साहित्य, नई दिल्ली-1, सित.-अक्तबूर 1996।

रामचंद्र वर्मा

शब्दार्थक ज्ञानकोश, लोकभारती, इलाहाबाद, सन् 1967।
शब्द और अर्थ, शब्दलोक प्रकाशन, वाराणसी, सन् 1965।
शब्दार्थ मीमांसा, केंद्रीय हिंदी निदेशालय, दिल्ली, सन् 1965।
अच्छी हिंदी (बारहवाँ संशोधित संस्करण) (सोलहवाँ-1972), लोक भारती प्रकाशन, इलाहाबाद, सन् 1966।
हिंदी कोश रचना, प्रकार और रूप, वाराणसी, सन् 1954।
शब्दार्थ दर्शन, रचना प्रकाशन, इलाहाबाद, सन् 1968।
मानक हिंदी व्याकरण, विद्याभवन, वाराणसी, सन् 1970।
हिंदी- प्रयोग, साहित्य रत्नमाला, वाराणसी, सन् 1972।
हिंदी कोशों में अर्थ विचार, भारतीय साहित्य-6(4), सन् 1961।
देवनागरी हिंदी-उर्दू कोश, हिंदी ग्रंथ रत्नाकर, बंबई, सन् 1948।
हिंदी शब्द सागर (संक्षिप्त शब्द सागर), ना.प्र. सभा, वाराणसी।
मानक हिंदी कोश—पाँच भाग, हिंदी साहित्य सम्मेलन, प्रयाग।

रामप्रकाश कुलश्रेष्ठ

हिंदी में अव्यय विचार (एम.ए. शोध प्रबंध), सन् 1964।

तालु लेखन और हिंदी स्वर-शिक्षण, भाषा-11(3), सन् 1972।
हिंदी उच्चारण शिक्षण, गवेषणा-5(9-10), सन् 1972 ई.।
हिंदी बोली कोशों का सर्वेक्षण, प्रज्ञा-13(2), सन् 1967 ई.।
हिंदी बोली कोश, कल्चरल फोरम-13(2), सन् 1971 ई.।

हिंदी में अव्यय विचार, गवेषणा-4(8), सन् 1966 ई.।

बेंजमिन शुल्ज़ और उनका ग्रैमेटिका हिंदोस्तानिका, भाषा-19, सन् 1980 ई.।

रामप्रकाश दीक्षित

समकालीन मानक हिंदी के खंडात्मक स्वनिम [(Segmental Phonetics of Contemporary Standard Hindi) (शोध प्रबंध)] टेक्सस्, 1963।

Neuro-mascular Caspects of Laryngcal Contral (Ph.D.) Thesis—टेक्सस), 1975।

—Aspiration : that is How is it Produced, Louisima Usity Speech Communication 1979।

रामप्रकाश सक्सेना

बदायूँ जनपद की बोली का समकालिक अध्ययन (पीएच.डी. शोध प्रबंध), आगरा, 1971, प्रकाशित सन् 1973।

भारतीय भाषाओं में लिप्यंतरण, नागपुर विश्वविद्यालय, सन् 1979।

हिंदी मराठी में लिंग विधान, गवेषणा-27, आगरा।

बदायूँ जिले की बोली में शब्द साधक प्रक्रिया, भारतीय साहित्य-16(3-4), सन् 1971।

रामबख्श मिश्र

गोरखपुर की उर्दू : स्वन प्रक्रियात्मक विश्लेषण (शोध प्रबंध), पुणे, सन् 1971।

हिंदी-अंग्रेजी में कर्मवाच्य, केंद्रीय अंग्रेजी तथा विदेशी भाषा संस्थान, हैदराबाद, 1972 ई.।

रामविलास शर्मा

1. भाषा और समाज, नई दिल्ली, सन् 1961 व 1977।
2. भारतेंदु युग और हिंदी भाषा के विकास की परंपरा, राजकमल प्रकाशन, सन् 1975।
3. भारत के प्राचीन भाषा परिवार और हिंदी (खंड-1), राजकमल प्रकाशन, नई दिल्ली-2, सन् 1979।

4. भारत के प्राचीन भाषा परिवार और हिंदी (खंड-2), सन् 1980।
5. भारत के प्राचीन भाषा परिवार और हिंदी (खंड-3), सन् 1981।
6. राष्ट्रभाषा की समस्या, अक्षर प्रकाशन, दिल्ली, 1965।
7. पश्चिमी एशिया और ऋग्वेद, दिल्ली विश्वविद्यालय, सन् 1994।

हिंदी भाषा की विकास परंपरा भारतेंदु, भारतीय साहित्य 6(2), 1961 ई.

रामेश्वर प्रसाद अग्रवाल

बुंदेली का वर्णनात्मक अध्ययन (पीएच.डी.), लखनऊ विश्वविद्यालय, 1959, प्रकाशक लखनऊ वि.वि., 1963।

पद्मावत : भाषा विश्लेषण, आगरा वि.वि., 1969।

बिहारी सतसई की भाषा, आगरा वि.वि., 1969।

बुंदेली में नाम धातु रचना, भारतीय साहित्य-15 (3-4), 1970 ई.।

लक्ष्मण प्रसाद सिन्हा

रूप विज्ञान, अंशु कमल प्रकाशन, पटना, सन् 1984।

रूप विज्ञान की दृष्टि से मगही और भोजपुरी, वही, प्र.सं.

रूपिमीय विश्लेषण पुरुष (चर्चा) गवेषणा-45, 1985।

हिंदी और बंगला के विशेषण, गवेषणा-38 (1981), आगरा।

लछमन मूलचंद खूबचंदानी

हिंदी उर्दू-हिंदुस्तानी, लिंग्विस्टिक सर्किल, सन् 1968 ई.।

हिंदी-शिक्षण में भाषा-वैज्ञानिक का योग, भाषा-5(3), 1966 ई.।

भारत में हिंदी और अंग्रेजी का प्रकार्यात्मक महत्त्व (लैंग्वेज एंड सोसायटी इन इंडिया), शिमला, सन् 1969।

व्याकरण में चयन की दृष्टि से हिंदी-उर्दू संबोधन, इंडियन लिं. 39(4), सन् 1976 ई.।

Fluidity in Mother Tongue Identity, हाइडेलबर्ग, 1972 ई.।

A Demographic Typology of Hindi-Urdu-Panjabi in south Asia, शिकागो, 1973 ई.।

सिंधी और हिंदी में संज्ञा रूप, आई.एल. 25, सन् 1964।

Language Demography and Language in Education UNESCO Publication, 2001 ।

लक्ष्मीनारायण मित्तल

हिंदी में संधि (शोध प्रबंध), आगरा विश्वविद्यालय, आगरा।

An Instrumental Study of Aspirated Sounds in Hindi, गवेषणा-9-10 आगरा।

भाषा प्रयोगशाला, गवेषणा-11-12, आगरा।

लक्ष्मीबाई बालचंद्रन

हिंदी का कारक व्याकरण (पीएच.डी. शोध प्रबंध) कार्नेल वि.वि., सन् 1971।

A Case Grammar of Hindi, केंद्रीय हिंदी संस्थान, आगरा, सन् 1973।

हिंदी में वृत्तिवाचक सहायक क्रिया, पुणे, सन् 1978।

कारक सिद्धांत, भाषा, 1973।

हिंदी में कर्मवाच्य, पुणे, 1974।

हिंदी में 'तो' निपात, उस्मानिया, 1977 ई.।

Development of Hindi, UNESCO Pub., New Delhi, 2001 ।

विजय कुमार मल्होत्रा

राजभाषा के नए आयाम, इंद्रप्रस्थ प्रकाशन, दिल्ली, सन् 1992।

कंप्यूटर के अनुप्रयोग, वाणी प्रकाशन, नई दिल्ली-2, सन् 1996।

Syntactic Lexicon of Hindi Verbs. IIT, Kanpur, 1992 ।

Design of Hindi of official Languange. Univeristy 1995

विजय राघव रेड्डी

समान स्रोत और भिन्न वर्तनी की शब्दावली—ओड़िया-हिंदी, केंद्रीय हिंदी संस्थान, आगरा, सन् 1974 ई.।

समान स्रोत और भिन्न वर्तनी की शब्दावली—असमिया-हिंदी, वही, सन् 1976।

व्यतिरेकी भाषा विज्ञान, विनोद पुस्तक मंदिर, आगरा, सन् 1986।

हिंदी-तेलुगु संज्ञा पदबंध, केंद्रीय हिंदी संस्थान, आगरा, सन् 1987।

हिंदी-शिक्षण और भाषा विश्लेषण, साहित्य सहकार, दिल्ली, सन् 1998।
भाषिक विवेचन, आलेख प्रकाशन, दिल्ली, सन् 2002।

शब्दकोश : भाषा शिक्षण में उनका उपयोग, गवेषणा-7, सन् 1966।
प्रायोगिक ध्वनिविज्ञान और उसकी उपयोगिता, भाषा, जून 1968।
तेलुगु के संख्यावाचक शब्दों का भा. अध्ययन, गवेषणा-13, सन् 1969।
'कि' और 'की' : वर्णनात्मक विश्लेषण, समन्वय-1972 ई. व भाषा सितं. 1973।
हिंदी का भाषिक परिवेश : उसके विविध रूप, विवरणपत्रिका हैदराबाद

विश्वजीत

हिंदी में विशेषण वाक्यांश, (शोध प्रबंध एम.ए.), आगरा, 1963।
हिंदी वाक्यांशों का संरचनात्मक अध्ययन (पी-एच.डी. शोध प्रबंध), आगरा, 1969।

हिंदी में 'होना' क्रिया की वाक्य रचना, भारतीय साहित्य-16(1-2), सन् 1973।
'होना' तथा विशेषण की समधर्मिता, गवेषणा-11(2), सन् 1973।
हिंदी विशेषणों की व्युत्पत्ति प्रक्रिया, भाषा-11(4), सन् 1965 ई.।

वैश्ना नारंग

Communication of Situation in Hindi (Ph.D.) गरिमाश्री प्रकाशन, नई दिल्ली, 1984।
सामान्य भाषा विज्ञान, प्रकाशन संस्थान, दिल्ली, 1981 ई.।
बीसवीं सदी में भाषा-वैज्ञानिक व्याकरण के रूप प्रकार्य।
संप्रेषणपरक व्याकरण : सिद्धांत और प्रारूप (सं.) सुरेश कुमार कें. हिंदी संस्थान, आगरा।
संप्रेषणपरक हिंदी भाषा शिक्षण, प्रकाशन संस्थान, 1996।
कोरियन भाषियों के लिए हिंदी उच्चारण व शिक्षण, प्रकाशन संस्थान, दिल्ली, 1981 ई.।
Communication Lang. Teaching, Cretive, Boord, 1996
Rules in Hindi and Panjabi I.S.L. (INU) 1983 (A Study in Social Psychology)

दिल्ली के पंजाबी भाषियों की प्रवृत्ति का विश्लेषण, पुणे, 1972-73।

दिल्ली के पंजाबी भाषियों की प्रवृत्ति का विश्लेषण इंडियन लि. 36,(3) 1975।

A Spacograplic Study of Panjabi Vowels, OPEL-3, 1990, New Delhi, 1990।

व्रजेश्वर वर्मा

भाषा शिक्षण एवं भाषा-विज्ञान (सं.), केंद्रीय हिंदी संस्थान, आगरा, 1969 ई.।

भाषा शिक्षण में भाषा-विज्ञान का योग, गवेषणा-9-10, आगरा।

हिंदी और उसका अखिल भारतीय प्रयोग, गवेषणा-2

अहिंदी भाषियों के लिए हिंदी शिक्षण, गवेषणा 4(7), 1966।

हिंदी और उसका व्यवहार क्षेत्र, गवेषणा-8(16), सन् 1970।

वृषभ प्रसाद जैन

प्रतीक और प्रतीक विज्ञान, राजकमल प्रकाशन सन् 1991।

Structuralism & Semiotics

(पाण्डेय शशिभूषण 'शीतांशु'

शैलीविज्ञान का इतिहास, वाणी प्रकाशन, नई दिल्ली-2, सन् 1983।

भारती की काव्यभाषा, नटराज पब्लि. हाउस, करनाल, सन् 1985।

शैलीविज्ञान : प्रतिमान और विश्लेषण, देवदार प्र. दिल्ली, सन् 1984।

शैलीविज्ञान : प्रकार और प्रतिमान, हरियाणा अकादमी, चंडीगढ़, सन् 1987।

शैलीविज्ञान और भारतीय काव्यशास्त्र, नेशनल पब्लि. हाउस, दिल्ली, सन् 2004।

शैलीवैज्ञानिक समांतरता और भारतीय अलंकार, गवेषणा-48 (1986)।

शारदा भसीन

हिंदी जापानी में शब्द स्वन प्रक्रिया (पीएच.डी. शोध प्रबंध)।

A Contrastive Study of Hindi and fiction word Phonology, 1979।

स्वनिम विज्ञान और हिंदी की स्वनिम व्यवस्था, आर्य बुक डिपो, नई दिल्ली, 1983।

प्रयोजनमूलक हिंदी व्याकरण, कें. हिंदी संस्थान, आगरा, सन् 1983।
हिंदी की स्वर व्यवस्था, गवेषणा-37 (1981)।
प्रजनात्मक स्वनिमिकी, गवेषणा-51-52 (1988), आगरा।
हिंदी स्वर स्वनिमों में प्रभेदक अभिलक्षण, भाषा, 1973 ई.।
प्रत्यक्ष भाषा का व्याकरण, इंडियन लि. पुणे 32(1), 1976।
हिंदी की अनुक्रम संरचना में 'अ' का विलोप, लैंग्वेज फोरम 4(2), 1960।
हिंदी की आधारभूत रंग शब्दावली, भाषा-15(3), 1976।

श्याम प्रकाश

ब्रजभाषा की क्रियापद संरचना (डी.लिट्. शोध प्रबंध) आगरा, 1970।

सरयू प्रसाद अग्रवाल

अवध के स्थान नामों का भाषावैज्ञानिक अध्ययन (शोध प्रबंध डी.लिट्), लखनऊ, 1965 ई.।

सुधा कालरा

हिंदी वाक्य विन्यास (पीएच.डी. शोध प्रबंध), लोक भारती प्रकाशन, इलाहाबाद, 1971।

हिंदी में 'अ' विलोप, लैंग्वेज फोरम 2(1), 1976।
क्रियापरक—एक व्याकरणिक कोटि, भाषा, 1973।
हिंदी की प्रेरणार्थक क्रियाएँ, भाषा, 1973।

(क.वें.) सुब्बाराव

हिंदी में संज्ञा पदबंध (Noun phrase), हिंदी-तेलुगु में पूरक रचना (पीएच.डी. शोध प्रबंध), इलिनाय वि.वि., 1972 ई.।
फारसी-अरबी स्रोतों से हिंदी-तेलुगु में आगत समान शब्दावली, आगरा, 1965।

Is Hindi a VSO Language? गवेषणा-21 आगरा, सन् 1973।
हिंदी में आत्मार्थक सर्वनाम, इलिनाय, 1967।
हिंदी में निजवाचक रचनांतरण, भाषा, 1973।
हिंदी में संज्ञा पदबंध संरचना I, I L-37(2), 1976।
हिंदी में पदपरिवर्तन की स्थिति, I, L-39(4), 1978 ई.।

सुरेश कुमार

शैलीविज्ञान और प्रेमचंद की भाषा (शैलीवैज्ञानिक अध्ययन शोध प्रबंध), 1978 ई.।

शैलीविज्ञान, मैकमिलन, नई दिल्ली-2, सन् 1977।

हिंदी इन एडवरटाइजिंग, बाहरी प्रकाशन, दिल्ली, सन् 1978।

अनुवाद सिद्धांत की रूपरेखा, निधि प्रकाशन, सन् 2005 ई. (चतुर्थ)।

वाक्य बंध-संरचना तथा साहित्यिक व्याख्या, गवेषणा-25, आगरा

शैलीविज्ञान की भूमिका, गवेषणा-32 (1978), आगरा।

सूरजभान सिंह

हिंदी का वाक्यात्मक व्याकरण (पीएच.डी. शोध प्रबंध), दिल्ली, 1976, सहकार प्रकाशन, दिल्ली, सन् 1985।

हिंदी भाषा : संदर्भ और संरचना, सहकार प्रकाशन, दिल्ली, सन् 1991।

अंग्रेजी-हिंदी अनुवाद व्याकरण, प्रभात प्रकाशन, नई दिल्ली-2।

हिंदी की अकर्मक क्रियाओं का लक्षण-विश्लेषण, गवेषणा-24, आगरा।

सिस्टेमिक व्याकरण—हिंदी के संदर्भ में गवेषणा-28, आगरा, 1976।

हंसराज दुआ

बोलचाल की हिंदी में क्रियापद (पीएच.डी. शोध) योर्क वि.वि., 1968।

Language Planning in India, Harnam Pub., New Delhi, 1985।

Language use attitudes among ling. CIll Mysore, 1986।

सामाजिक अन्योन्य प्रक्रिया में अपूर्ण, गवेषणा-33 (1979)।

कथनों का संप्रेषणीय प्रकार्य, आगरा।

Language Planning in India, Mysore, 1980।

Language Indentity & Language Maintenence in a Multilingual Situation Point of View in Narrations गवेषणा-45 (1985), आगरा।

हिंदी में नकारात्मक प्रयोग के कुछ पक्ष, पुणे, 1974।

हरिश्चंद्र (हरीश) शर्मा

खड़ी बोली (बोली रूप) के विकास का अध्ययन (पीएच.डी. शोध प्रबंध), आगरा, 1959 ई.।

भाषा-विज्ञान की रूपरेखा, अमित प्रकाशन, सन् 1968 ई.।

ध्वनि विज्ञान, अमित प्रकाशन, गाजियाबाद, सन् 2004 ई.।

कामायनी कोश, वही, सन् 2006 ई.।

कौरवी शब्दकोश, वही, सन् 2007 ई.।

हीरालाल शुक्ल

बघेलखंड का शब्द-भूगोल (शोध प्रबंध), रविशंकर विश्वविद्यालय, सागर, सन् 1971 ई.।

शब्द-भूगोल, रचना प्रकाशन, इलाहाबाद, सन् 1973 ई.।

बघेलखंड की मानचित्रावली, रचना प्रकाशन, इलाहाबाद, सन् 1974 ई.।

हेमा उप्रैति

अल्मोड़ा जिले की कुमाऊँनी का भाषा-भूगोल (पीएच.डी. शोध प्रबंध), आगरा, सन् 1980 ई.।

कुमाऊँनी की क्षेत्रीय बोलियाँ तथा उनका प्राकृतिक स्थिति में सहसंबंध, गवेषणा-59-60 (1992)।

❑❑❑